JN022674

自治のどこに問題があるのか

実学の地方自治論

野田 遊

日本経済評論社

はしがき

　本書は，大学の学部生や大学院生が社会に出ていくにあたってあらかじめ知っておくべき地方自治の本質の理解のために執筆したものである．執筆中，常に念頭にあったのは，市民が無関心なうちに，自治体の政策現場で次々と課題が山積し，財源が逼迫していく現実であった．市民が知らないうちに，状況が深刻化し，特定の公共サービスの対象者が恩恵にあずかり，自治意識の低い職員や関係者がサービスを提供する姿であった．

　本書の主たるメッセージは，自治意識の喚起こそが地方自治の根本的課題という点である．自治意識が重要であるのは，みなさんが今住んでいる地域のことはみなさんと関係があるという表面的な話ではない．みなさんが知らないうちに，みなさんが支払った税金の配分が決められ，みなさんの生活が絶えず変化している点にある．しかも政策資源が枯渇化するなかでは，その変化は往々にして悪い方向へむかう．

　政策は，自治体が勝手に決めているわけではなく，普通は市民ニーズを前提としている．ところが，市民が多様である．多様性は，さまざまな課題の対応に，通常プラスに働きやすいが，自治意識のない多様性に至っては，たまたま声をあげた職員や議員，市民の意見が政策に強く反映してしまうため，むしろ危険である．そのような状況で，市民の無関心や歳出増への同調圧力は，高コスト構造を生んでしまう．自治意識のない市民は，自治自立の精神のない自分を顧みず，政策の失敗をすべて自治体のせいにする．しかも要求水準まで高い．これでは自治は到底実現できない．

　わたしたちは，自分のことは自分で決めている．自分が望む大学等をめざし，自分が活躍できる就職先を探し，自分がやりがいを見出せる仕事に就こうとする．自分が住みたい場所に住み，自分が関心のある趣味をもち，自分

が楽しいと思う遊びをする．そして，自分が人生をともに歩みたい人と家族をもち，自分たちが望む生活をする．わたしたちが生活する場所では，近所づきあいができ，わたしたちはゴミ出しのルールを守り，関心があれば地域のお祭りに顔を出し，関心がなくても居住する市町村と都道府県に税を支払う．そして，選挙に行き，サービスを受け，受けたサービスの質や税に不満があれば，自治体を批判する．

　批判する際に，自治意識をもっているかどうかで，その意味は異なってくる．自分が地域のオーナーであると自覚できれば，自分はどのような政策に関心があるのか，首長や議員，職員，他の市民，そして政策のどこを改善すべきかが思い当たる．自治体の職員や議員は，地域のために政策をつくり，さまざまな活動を担っているが，そうした活動がある種のエネルギーをもって展開されるためには，市民の自治意識がみなぎっていることを理想とする．

　ところが，職員や議員もそうした自治意識が低調な状態に慣れてしまい，市政や府県政に対する市民の無関心を言い訳にして，政策がうまくいかないことを黙認する．無関心の原因は，市民だけにあるわけではなく，政策や制度の理解の難しさもさることながら，自治体による情報提供の消極的姿勢にもある．また，自治体において非常勤職員などの多様な職種で働く人が増えると，自治意識はますます希薄化する現状があるが，このままではいけない．自治体の職員や議員自身が自治意識を強くもち，市民が自治を認識する自治体運営が必要である．

　自治体運営の基準は，民主主義と効率性の2つだけである．この2つの基準はどちらかが強まると別のほうは弱まる関係にあるが，その兼ね合いを決めるのが自治である．本書では，第1章でなぜ自治意識が必要であるかを議論するところからはじめている．そのうえで，全12章に通底する民主的で効率的な自治体運営について，それぞれの項目に沿って再考している．

　地方自治にもさまざまな教科書がある．市民の目線を重視するもの，法務や会計，国際比較など得意とする領域を強調するもの，政治学的知見に力点があるもの，政策分野別に展開するものなどである．本書は，伝統的な対象

範囲（歴史，組織，制度，政策）を包含しつつ，やはり自治の基本である市民の目線を重視した立場に立つ．あわせて，自治体の内部や政策の背景，その過程の実情を十分に反映したものとしている．これは筆者がシンクタンクの研究員として，地方自治が大きく変化した 90 年代終盤から 2000 年代初頭に関わった経験によるものである．もちろん，執務知識を論じるのではなく学問的知見と実践的知識をふまえた議論にするという意味である．このため，書名に「実学」を入れている．

　地方自治は，これまでに何度も重大局面を迎え，制度を変化させ，活動を洗練させてきた．特に 2000 年以降に自治体職員が受けてきた衝撃は非常に大きなものであった．地方分権一括法，地財ショックと市町村合併，従来全く想像しなかった自らの仕事をチェックする評価活動，公そのものの概念を再確認する公再考ブーム，災害や感染症の対策を含む危機管理，そして，AI や RPA をはじめとしたデジタル技術の本格利用である．ここまで自治体政策の現場が変化するとは 90 年代に誰が予想したであろうか．本書は自治体職員が受けてきた衝撃や思いをくみとった内容としており，その意味で，自治体の職員や議員の方々にも共感をもって参考にしていただきたい．

　また，本書は，これまでの日本の研究では十分に注目してこなかった，情報提供と市民の認識の変化，市民満足度，シェアードサービスという，諸外国でも盛んに議論がなされてきた自治の最新領域を扱っている．とりわけ業績情報と評価の関係に関わる行動行政学の知見は，市民の認識の変化に迫るもので，地方自治研究が直視しながら探究すべき対象である．

　こうした自治意識，実学，海外の先行研究をふまえた地方自治論は，研究者にも批判的に読んでいただきたいと強く願う．本書は，自治体運営の効率志向を好まない研究者からすると，不満な点もあると思われる．ただし，お茶を濁した書き方にする者には自治意識を語る資格などないと考えている．

　これまで，学生や院生への講義，あるいは，自治体職員の方々との議論についてまとめることは十分にしてこなかった．このため，岩崎正洋先生から本書の話をいただいた際には，そうした内容をまとめる好機であるとたいへ

んうれしかった．地方自治論を改めてまとめる機会をいただき，先生には深く感謝している．勤務先の大学の政策学部には，政策科学研究の第一線で活躍する専門家が集まっている．博士論文の指導教授であった真山達志先生には，何かと相談にのっていただき，今回も親切に拙稿について貴重なコメントを賜った．また，山谷清志先生と風間規男先生からのご指導により深い学術的解釈を要する箇所が大幅に改善された．研究指導に加え留学先の受け入れ支援を賜った今里滋先生，研究指導のほか，自治体とネットワーク化できる仕事を紹介いただいている新川達郎先生からは，たいへん有益なコメントを頂戴した．大学院時代からよき研究仲間で，大先輩でもある藤井功氏と林沼敏弘氏には，研究者かつ元自治体職員の目線から批判的にみてもらい，実践的見地からアドバイスをいただいた．先生方，みなさんに，深く感謝の意を表したい．

　私事であるが，大学時代，父と小難しい話をするときはベランダで議論するのが日課で，父の体験談をよく聞き，自治意識の大切さを幾度となく痛感したものだった．2018 年 4 月に私が関西の大学に戻ってくるのを一番楽しみにしていた父は，赴任 1 週間前に，「充分幸せだった」という表情で突然この世を去った．それから 3 年になろうとする時期に本書が完成した．もう一度ベランダで話したい感情が湧いてくるが，それがかなわない中，そもそも自分が自治意識を強くもたなければと，しみじみ感じている．

　2021 年 2 月

野 田 　 遊

目　次

III. 編　　成

I. 主 体

第1章
自治意識

1. 地方自治の原点

(1) 地方自治の概念

　なぜ，わたしたちは政府の政策に，批判を投げかけ，それを話題にし，一方で無視できないのか．そもそも，なぜ，社会のルールにしたがって生活するのか．その根本的な理由を深く理解する概念が地方自治であり，これを学問的に研究するのが地方自治論である．

　地方自治を実践する中心的な組織が自治体である．自治体は，日本国憲法で使用される用語としては地方公共団体とよばれる．また，行政実務のなかでは地方団体とよばれることもある．ただし，地方団体は，国の内部団体として指揮命令系統下におかれた機関というイメージがある（大森 2008）．同様に，地方公共団体の「団体」も国の機関の印象がある．さらに，「地方」は，地域の独自性をさすと解釈できるが，中央に対する周辺の意味が強く，「自治」の主体性を減ずるような響きがある．このようなことから本書では，法律を論じる場合を除き，地方公共団体や地方自治体については，「自治体」を使用する．また，地方自治や団体自治，中央地方関係，地方分権など，用語が定着している場合は，そのままそれらの用語を使用する．

　自治体は，法律上，組織や事務，権能が普遍的な市町村や都道府県を普通地方公共団体，それ以外の一部事務組合や広域連合，財産区，東京都の特別区などは，特別地方公共団体とよばれる．特別区は，特別地方公共団体とさ

れるが，公選の区長をもち，都との関係で一部権限が限定的であるものの，自律的に運営されているため，本書では，市町村と同様に扱う．

　さて，地方自治とは，住民自治と団体自治から構成される．住民自治は，市民が自らの地域を自分たちで管理することをさす．それでは，市民とは誰か．市民は，本来，公共的なものごとに自発的に取り組む主体像である．新島襄がいち早く近代国家建設には近代市民の育成が必要であると主張したように，自治意識をもつ市民が自治体や国，また社会をつくるという前提である．現時点でそのような自発的な姿勢でない人々も多いが，それらの人々も近い将来，自治意識をもつことを期待し，本書では，そうした人々を含むすべての市町村民を「市民」とする．住民自治は，市民が自分たちで地域を管理することを意味するため，地域の公共的問題の検討や政策の決定などの過程への市民の参画が求められる．また，市民の意向が政策に反映されることが重要となる．

　一方，団体自治は，自治体が自らの地域を管理することをさす．「団体」の用語がもつ出先機関のイメージはさておき，国に一方的に統制されずに自ら政策を決定することを意味する．権限を移譲し自律的に地域や政策を管理するために，地方分権が推進されてきた．地方分権は，すなわち自治の手段といえる．住民自治に基づき団体自治がなされるため，これら2つの自治が満たされて地方自治が実現する．

(2)　自治体への信託

　自治意識の理解は，社会生活における道理の自覚のための入り口である．自治意識とは，自分が管理する強い思いであり，オーナーシップ（ownership）とも言い換えることができる．新島襄の自治自立や，福澤諭吉の独立自尊の精神は，いずれも市民の主体性に基づく自治意識の必要性を問うものである．

　自治は，市民が自覚的に意識できてはじめて成立する．自治意識の概念は，地方自治のテキストではあまりふれられないが，自治の学習の原点であり，

ジョン・ロックらの社会契約説としての信託理論から必然的に導かれる．わたしたちが生まれた時には既に国や自治体があったので，無意識のうちに政府の存在は所与としてしまいがちである．ただし，もともと政府があったわけではなく，長い歴史のなかで政府存立の根拠ある正統性が模索され，政府は何度も変革され，そして現在，市民が統治権をもつ政府が民主主義社会では当然のこととされている．わたしたちは，政府に対して自分たちの権利を信託しており，政府がわたしたちの意思に反するとき，わたしたちが政府を変革する権利をもつ．

　日本国憲法の前文では，国民主権が規定され，続けて「そもそも国政は，国民の厳粛な信託によるものであつて，その権威は国民に由来し，その権力は国民の代表者がこれを行使し，その福利は国民がこれを享受する」とされている．この国民による信託の議論について，戦後の早い時期に，市民の自治から政府をみる視点に展開したのは松下圭一である．国民主権は，市民の自治体に対する統治権に分節され，国民が国に信託する関係は，自治体においては市民が自治体政府に信託することになるという（松下 1975）．わたしたち市民は，自治体（エージェント，代理人）に信託するプリンシパル（本人）であり，市民と自治体は，プリンシパル・エージェント関係にある．政策決定に直接関与するには人数が多すぎるため，首長（市長，知事）と議員といった代表者を選出し，市民は政策過程に参画できる環境を確保し，これらの仕組みを通じて，自治立法権と自治行政権を行使するという（松下 1975）．

　いったん代表者を選んだとしても参画が必要であるのは，エージェントである代表者から成る自治体がプリンシパルの意向に沿わない行動をとる可能性があることによる．なぜなら，エージェントは，信託されているにもかかわらず，事細かく活動の情報をプリンシパルに提示せず，エージェントの利益のために，プリンシパルである市民の利益に反する行動をおこすからである．エージェントがプリンシパルの意向に反して自らの選好を重視した行動をとることをエージェンシー・スラックとよぶ．

なぜ，エージェンシー・スラックが生じるのか．それは，市民と比べ自治体は，行政活動に関する情報を圧倒的に多く持ち合わせているからである．自治体に信託しただけで放っておくと，市民の意向に沿わない結果になる．ただし，現状の地方自治はより深刻で，市民の意向に沿っているかどうかを判断する以前の状態にある．なぜなら，多くの市民は，そもそも自治体の政策に関心がないからである．このような自治体と市民の間の情報の非対称性の問題を包含する信託関係を所与として，参画，市民への情報提供（広報），市民からの意向聴取（広聴），そして市民による政策の判断のあり方を考える学問が地方自治論である．

(3)　自治意識の必然性

もっと話を簡単にしよう．わたしたちは，自分の生活について，ほとんどのことを自分の意思で自由に決めることができる．他人に迷惑をかけなければ自由に生活すればよい．また，自分たちの住む地域のことについて，自分たちでできることは自分たちで行えばよい．たとえば，地域の美化活動や火の用心といってまわる防災活動などは，自治会・町内会（以下「自治会」という）に所属する市民が自分たちで行っている．ところが，自分たちだけで行うにはあまりに非効率なものがある．たとえば，自分たちだけで，水道施設やごみ焼却場を整備できるだろうか．また，自分たちで小学校を建設し教員を雇い，教育サービスを効率的に提供するのは難しい．

こうした自分たちだけで行うには，あまりに非効率なことを行うために，市民みんなの税金をプールして，それをもとに政策を行う権限を政府である自治体に信託するのである．このとき，主権者である市民が「主」であり，選挙で選んだ首長や議員は「従」の関係にある．ただし，市民が政府に任せるからといって，政府が行うことに無関心であると，自分たちの望む政策やサービスとは異なるものが提供されたり，非効率な運営のもと税金を無駄に使用されてしまう．従である政府は，市民の手足であり，市民が常にコントロールする対象である．このため，市民は，自治意識をもって，政府を統制

し管理する必然性がある．

　政府への信託は，自治体職員が裁量により公共的問題に対応している現状からして，フィクションであると言われることがある．ただし，そもそも自らが自治体を管理していると強く意識しないと，自治体を批判したところで，制度や慣行の改善・是正を自治体の職員や首長，議員に任せきりになり，それが妥当な改善かどうかを判断することさえ十分できなくなる．妥当かどうかの判断は，結局市民がする必要がある．市民が自ら管理する強い意志をもち，自治体の制度や政策を理解し，自治体の会議に参加し，計画に意見を述べ，選挙に行き，場合によっては，自治体の議員や職員に会って話すことが本来は求められる．

(4)　地方自治の根本的課題

　自治体は，地域における教育，保健，福祉，交通，雇用などに関するさまざまな課題を解決しなければならない．それらの課題のなかでも根本的なものが自治意識の喚起である．松下は，都市社会で生活する最低基準であるシビル・ミニマムの保障・拡充，都市・農村の改造，国の政治・経済の再編とともに，市民の政治的自発性の喚起をあげている（松下 1975）．政治的自発性とは，すなわち自治意識のことであり，他に松下があげる課題としてのシビル・ミニマムの拡充，都市の改造，政治，経済の再編は，自治意識が十分な状態でなければ適正な水準を判断しようがないものである．

　市民が政府を管理する主権をもっているにもかかわらず，政府が政策を一方的に決定し実施するのを待っているようではいけない．そうした状態では，市民は，単なるサービスの客体に過ぎないと言っているのに等しい．自治意識は小規模な自治体の市民に限らず，規模が大きく管理が難しい大都市においても当然必要なものである．大都市特例など都市制度上の権能が増え，都市の活力を引き出すためには，むしろ，自治意識が根底になければならない（本田 1995a）．このように，自治意識の喚起こそが地方自治の根本的課題であるといえる．

2. 公概念と政府信託論

(1) 公 概 念

「公」とは何か．いまだに「公」とは，国や都道府県，市役所などと説明している教科書や評論家がいるが，それはまったく反対とも言うべき誤りであり，そのような考え方が市民や国民の自治意識を希薄なものにしている．そして，国や自治体に対して，何かにつけて補償を要求する自治意識なき人々となる．

「公」とは，「人々（Public）」のことである．わたしたちみんなのことである．また，公には複数性，公開性，利害関心の3つの要素がある．複数の人々からなり，公開のもとで進められ，そしてそれらの人々が利害関心をもつ．複数性は単に2人以上というよりは多数を意味する．人々のための政策が公共政策であり，公共サービスである．政策を管理する根源的な主体は市民である．人々のための学校が公立学校である．公立学校もそのあり方を決めるなど管理する根源的な主体は市民である．市における「公」が頭につくものを想定しつつ，それが人々のためのものである点を再確認するとどうであろうか．市の公園，公民館，公共事業，公共交通，公益事業などは，ほとんど市民みんなのためのものである．公園はすべての市民が利用する場所である．公共事業はすべての市民のために行われる事業である．それらは，複数の人々が関わり，公開性のもとで営まれ，人々の利害関心が向けられるものである．

公共交通であるバスは市民のためのものである．電車はどうであろうか．現在は，鉄道会社は私鉄か第三セクターによる経営である．民間企業が経営しているからといって，市民のニーズに沿わない場所に駅を設置したり，ニーズに沿わない運行ダイヤにするようでは公共交通ではない．JRの駅の設置や橋上化はJRだけが費用を出しているわけではなく，税金の投入も協議により決定される．複数の市民の利害関心があり，公開性のもとで運行され

なければならない．

　電気，ガス，水道といった公益事業も民間企業が実施しているからといって市民ニーズをふまえない事業実施は適切でない．電力会社やガス会社は料金が国の規制のもとに決められているが，これは寡占企業という理由だけではなく，本来公共サービスに該当するからである．福島第一原発事故の対応に際し，東京電力が民間企業であると主張し，賠償の仕方や電気料金の設定を独自に行ってよいわけではない．それらは，公開性のもとで決定されるべきものである．これが「公」のつくサービスの本質的な意味である．公共放送であるNHKは受信料だけで運営されているのではなく，税金が投入されており，事業計画は国会で承認される．ちなみに，2020年のNHKへの交付金は36億円である．

　このように公は，わたしたちで構成された全体である．わたしたちがわたしたちのためのサービスを考え，生産し，実施し，享受するのである．そして，公の概念は，生産者と受け手の同一性を含意する．

(2)　需給主体の同一性原理

　民間企業のサービスは，売る人と買う人が異なるが，公共サービスは需給主体が最終的には一致するという需給主体の同一性原理が成立する（飯尾2004）．水道施設でいえば，市民の税金と需要をもとに，浄水や給水，貯水，配水等が政府に信託され，政府が市民のためにそれらを行う（具体的な工事は民間企業に発注する）．供給主体は，市民（本人）が信託する市（代理人）であるが，本人である市民の主体的な意思に基づき市により供給される意味において需給主体は一致する．京都市の小学校は，親が支払った税金をもとに，市が施設を整備するとともに教員を雇用し，教育サービスを子どもに提供しており，世帯単位で需給主体は一致している．

　飯尾（2004）の議論で興味深いのは，公共的な組織が問題とされる際にしばしば適用される民営化の手法は問題の解決に寄与しないという点である．なぜなら，需給主体の同一性原理からすれば，民営化するかどうかではなく，

民主的に運営されるかどうかが問われているからという．民主的に運営されるとは，別言すれば，公共的組織は，市民すべて（複数性）の税金が投入され，市民の利害関心が向けられ，そして，公開のもとで運営されなければならないということである．この議論は民営化だけでなく，協働の担い手の1つとして注目されてきたNPOへの委託でも同様である．NPOに委託したからといって民主的になるわけではない．むしろ，そのNPOのことをほとんど知らない市民にとっては，非民主的な税金の使用を許容していることと同義である．

　需給主体が一致するのであれば，市を批判することは，自己批判しているようなものである．信託する側の市民は，信託した相手が悪いといくら言っても何も改善されない．相手に任せているから無関心になるという姿勢では，お任せ民主主義になる．市民が自治意識をもって自治体や国に，税金の使い方について信託している現状を認識すれば，補償する意味が自覚できるはずである．新型コロナウイルス（COVID-19）感染リスク拡大にともなう補償（特別定額給付金や持続化給付金）は，われわれの税金と借金を原資にしたものである．自粛による感染者抑制と公衆衛生のコスト低減の意味もあろうが，これから社会を担う若い世代が負債を抱えるということでもある．

（3）　自治体運営の2つの価値

　市民が自治体に信託する関係においては，自治体は2つの価値に基づいて運営されるべきである．1つは効率性である．これは，行政学の能率の概念と同様である．市民の税金は，サービスを実施する予算に使用されるだけでなく，自治体職員の給与にもなる．したがって，無駄のないかたちで予算を使用しなければならないし，自治体職員の生産性は高い水準が求められる．なお，地方自治法第1条では「能率的な行政」という表現が使用されているが，本書では「効率性」や「効率的」の語を使用する．

　もう1つの価値は，民主主義である．市民みんなの税金の使い道を判断するわけであるから，民主的に決めなければならないのは言うまでもない．さ

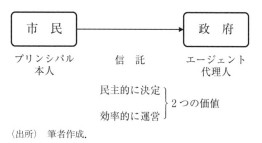

（出所）　筆者作成.

図1-1　政府信託と2つの価値

きほど，公共的組織は民営化ではなく，民主的運営が不可欠であることを議論したとおりである．行政資源を効率的に使うことを，市民が民主的に決定するのが原則であり，このようにして，自治体運営は，効率性と民主主義の2つの価値により運営される必然性がある．

　ところが，民主的に決めるとは，言うは易く行うは難しである．民意は一枚岩ではないし，そもそもの問題として，自治体の政策の体系や地域の問題の本質，細かな制度について市民はほとんど理解していない．自治体職員であっても担当した経験がなければ，それらを十分に認識できない．仮に認識できたとしても市民ニーズを市の職員や首長，議員が十分にくみ取ってくれているかといえば必ずしもそうとは限らないし，職員も裁量で事務を遂行する．このような状況では，いかに市民が情報を提供され，それをいかにくみ取るかが肝要になるが，この議論は第6章や第8章で学習することにしよう．

(4)　NPMの時代から公概念再考ブームへ

　NPM（New Public Management）といって，民間の経営理念や手法を行政に導入する取り組みが世界的に注目された時代があった．先進的な取り組みとして注目されたニュージーランドでは，80年代にその端緒をみることができるが，日本では90年代後半からNPMの潮流が本格化する．現在では，NPMはもう終わったという論者もいる．確かに日本では，ローカル・ガバナンスが2004年頃から叫ばれるようになり，その後自治体の財政状況

の悪化から行財政改革の必要性が強く主張され，実際に行財政改革プランの策定が各市町村で急がれるようになった．行政改革や行財政改革とよばれる取り組みは，80 年代から継続して行われてきた組織や業務の効率化，簡素化，民間移管などの課題に加え，2000 年前後からはガバナンスや地方自治制度改革，公会計改革，そしてデジタル活用といった課題対応へと拡がった．

こうした中で，90 年代に興隆した NPM への関心はすっかり薄らいだとはいえ，NPM の手法自体は，現在でも継続的に活用されている．具体的な議論は第 8 章で詳しくみるとして，NPM は 4 つの理念を自治体の活動に提示した．それらは，顧客志向，成果志向，市場化志向，分権化志向である（大山 1999）．行政活動の事務の簡素化が叫ばれた 80 年代に，すでに効率化という意味の市場化志向の萌芽はあったし，分権化志向はシャウプ勧告以降叫ばれてきた理念である．その意味で，残る顧客志向と成果志向が新しいインパクトを与えるものであった．とりわけ顧客志向は，公平性を重んじる行政には一見馴染みにくい理念であったため，かえって NPM の新しさを特徴づけるものとなった．

NPM のマネジメント手法を最初に自治体に適用したのは三重県の事務事業評価であった．1995 年に，当時の北川正恭三重県知事がさわやか運動を展開し，組織内の手続き重視の文化を改め，生活者起点にたち，事業進捗を把握する行政を推進した．三重県の評価手法は，全国に拡がり，自治体にとって行政に効率化や成果志向を導入する大きな契機になった．のちに，こうした NPM の取り組みは市場偏重主義ととらえられ，社会の分極化が問題視されるようになり，諸外国ではガバナンスや協働の議論がなされるようになる．

日本の自治体レベルでも，2004 年頃から，徐々にポスト NPM として公概念再考の機運が生まれ始めた．その先駆けとなったのは，やはり三重県であり，2004 年当時，野呂昭彦知事のもと「新しい時代の公（おおやけ）」推進調査といって，公概念そのものを再考する調査研究にとりかかったのであった．既に 2001 年には，兵庫県が「新しい公（こう）」の時代をめざす総合

計画を策定していたが，三重県では，公概念をガバナンスの議論をふまえ理論的に紐解いたうえで，行政や他の主体の役割を吟味した意味で大きな進歩であった．同時期，埼玉県や大阪府などでも同様の取り組みがなされ，2006年には京都府が『これからの「公の領域」のあり方に関する研究報告書』をとりまとめた．国において「新しい『公共』への道」を副題にした『国民生活白書』が発行されたのが同じ 2004 年であった．ちなみに，民主党政権時代に「新しい公共」推進会議が内閣府に設置され「新しい公共」宣言を打ち出したのが 2010 年であったことから，自治体は国の議論よりかなり先を進んでいたといえる．

　こうした公概念再考ブームの中で，自治体は，市民，自治会，NPO，企業などの多様な主体を再確認するとともに，主体間のネットワークの中で地方自治が実現する枠組みを認識するようになる．NPM は顧客志向を標榜し，市民を客体ととらえていたために，市民の自治意識は培われず，市民は自治体を批判し，一方の自治体は，逆に評価を受けるため市民への情報提供（広報）と広聴に注力する意識をもつことがなくなった．市民の評価はお墨付きを得る程度のものとされ，実質的な住民自治には無関心であった．それが，公概念再考ブームのもとで，公共サービスは行政だけでなく，多様な主体により担われるもので，市民は客体ではなく市の公共空間を担う主体であるとともに，サービスの受け手であると位置づけられた．需給主体の同一性原理

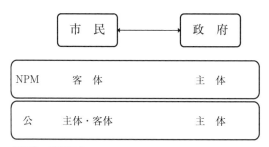

（出所）　筆者作成．

図 1-2　NPM と公概念再考における政府信託の相違

は，こうした主体であり客体である点を論じるものである．この関係を示し
たものが図1-2である．

3. ガバナンス

(1) 自治体をとりまく4つの環境変化

　自治体をとりまく環境変化は，第1に財政難や人材難といった政策資源の
不足があげられる．財政難は90年代初頭のバブル崩壊以降，絶えず自治体
を苦しめてきた．人材難については，2000年以降色濃く表面化してきた人
口減少を背景として，消防団員などのまちづくりの担い手不足，自治体議員
のなり手不足，財政難による限定的な自治体職員確保だけでなく，そもそも
地域の居住者が年々減少している．これらの政策資源の不足は，特に首都圏
を除く地域で深刻である．日本全国どこに行ってもきれいに整備されていた
道路や学校，公共施設，あるいは公共交通について，少子高齢化と人口減少
によって維持費用が底をつきそうな自治体もでてきている．大学進学や大学
卒業後の就職先に，本社機能が集中する東京を選択する学生が年々増加し，
首都圏を除く多くの地域でまちづくりの担い手や担税力ある世帯が減少し続
けている．

　第2の環境変化は，多様な主体の噴出である．自治体の財政難が協働を促
進した側面も否めないが，それでも多様な主体の噴出は，市民の発意から生
まれたものであることには変わりない．そしてそのような多様な主体の噴出
が自治の可能性を大きく前進させた．1995年の阪神淡路大震災時に，それ
まで日本人には不得手と考えられていたボランティアに全国の市民が乗り出
し，1998年の特定非営利活動促進法（NPO法）の制定を経て，多数の
NPOやボランティア組織が全国に設立されるようになった．一方で，日本
はあらゆる地域に自治会がはりめぐらされるように設置されており，2000
年以降，自治体は協働を標榜するようになると，その一翼を担う地縁組織と
して，自治会が改めて注目されるようになった．

　政策資源が不足する中，多様な主体が注目され，一方，主役である市民は，デジタル技術の飛躍的発展により情報交流やキャッシュレス決済を自由に利用する術をもった．このデジタル技術の飛躍的発展が第 3 の環境変化である．とりわけ，スマートフォンをほとんどの国民が保有し，Wi-Fi の環境が公共施設や飲食店などさまざまな場所で整備され，その気になれば手軽に情報入手や情報提供ができるようになった．大学でも学生と教員の連絡は，学生がスマートフォンを持ちはじめた 2010 年頃から超高速にできるようになった．あわせてキャッシュレス決済の波がようやく日本にも訪れ，自治体での税のクレジット納付や多様な支払いが可能となっている．さらに，自治体の内部管理業務での RPA（Robotic process automation），保育所入所選考事務の AI（Artificial intelligence）の活用など，デジタル技術を用いた自治体のスマート化が進んでいる．こうした流れが進めば，サービスや内部管理業務だけでなく，組織全体の業務プロセスや組織構造，あるいは組織文化や風土を変革するデジタルトランスフォーメーション（Digital transformation：DX）の実現が視野に入り，それは自治体の持続可能性の向上に大きく貢献することが期待される．

　このように，政策資源が枯渇化する中，効率的かつ民主的な自治体運営が求められ，一方その解決に対する追い風として，多様な主体の噴出とデジタル技術の飛躍的発展が注目されてきた．他方，日本は現在，地方自治制度の画一性崩壊といった第 4 の環境変化に直面しつつある．日本の地方自治制度は，すべての地域に都道府県と市町村があり，全国いずれの自治体においてもサービスがひととおり揃っている．諸外国と比べて緻密な制度であり，また自治体の事務総量や財政規模も大きい．ところが，政策資源の枯渇化は，市町村間の広域連携をいっそう進展させている地域，町村が多くサービスの維持が困難であるため県が前面に立ってサービスの維持を図ろうとする地域，大都市行政の一元化を図ろうとする地域というように，地方自治制度の多様化を促している．

　これら 4 つの環境変化により，地方自治のあり方が問われているのが今日

的状況である．自治体運営は，自治体の職員や議員だけが取り組むものではなく，自治の主体であるわたしたちが自治意識を明確にもち，地域の問題解決に向け，責任をもって対応する姿勢を要する．その際，自治意識は「自分」だけでなく，「自分たち」であるところが肝心である．そして，政策の決定は常に難しい判断になるため，環境変化にともない絶えず政策を再考していくことが不可欠である．政策資源の枯渇化，多様な主体の噴出，デジタル技術の飛躍的発展，地方自治制度の画一性崩壊といった4つの環境変化への対応は，絶えず地域の問題や政策を深く探究するわたしたちの姿勢を問うている．政府への批判は一旦おいておき，わたしたちは自治意識を強くもち，自分たちが信託する政府としての市町村や都道府県そのもののあり方について，本気で考えるべき時期にきている．

(2) ガバナンスとは

　自治体は，市民が信託する政府として，さまざまな公共政策を形成し実施する中心的な主体である．ただし，自治体がすべての公共サービスの生産と実施を独占することまでは予定していないし，実際そうしたこともできない．そこで注目されるようになった概念がガバナンスである．経営学や法学では既にコーポレート・ガバナンスの概念を研究対象としてきたが，これに対して自治体のガバナンスはローカル・ガバナンスとよばれる．

　ガバナンスは多様に定義されてきたため論者によりとらえ方がやや異なるが，地方自治研究では，特に3つのとらえ方を知っておく必要がある．第1は，多様にとらえられてきたガバナンスを2つの側面を重視して整理するアプローチである．具体的には，「ガバナンス論議には，組織の自己規律やその統制過程に焦点をあわせている場合と，多様なアクターや集団間のネットワークや協働関係に関心を持って議論している場合とがあるように見える．組織ガバナンスとネットワーク・ガバナンスという二つのガバナンスあるいはガバナンスの二つの側面が基本的に重視されており，行政管理をこの観点から考えてみてはどうかという提案である」（新川 2007: 2）．企業，病院，

大学などの組織の統制や規律を問う組織ガバナンスと，多様な主体による政策の管理を問うネットワーク・ガバナンスである．

　第 2 は，ガバナンスをムーブメントとして理解するとらえ方である．「公共の領域を担う主役はむしろ住民の側にあり，その前提として議会や執行部との関係を作り直し，自治の新しい運用秩序を目指しているもの」（今川 2005: 5）というように，ガバナンスの実質は，市民と政府の新しい関係構築の際に生じる自治の運動論である．この定義は，自治の実情を理解するうえで最も本質的な描写である．その理由は，ガバナンスが多様な主体による民主的正統性を内包する概念であることによる（岩崎 2012）．

　ただし，地方自治研究のために，多様な主体と政策の関係を描くうえでは，第 1 のとらえ方のうち，ネットワーク・ガバナンスに焦点をあてた第 3 の定義が有益である．つまり，「公共空間に存在する諸問題の解決に向けて，政府（中央政府および地方政府を含むいわゆる government），企業（民間営利部門の諸主体），NPO，NGO 等（民間非営利部門の諸主体）のネットワーク（アクター間の相互依存関係）を構築し，それを維持・管理する活動（＝公共空間の協働管理）」（真山 2002: 100）である．この第 3 の定義は，多様な主体間の関係の管理に着目したものである．多様な主体間の相互関係の探究は，既に 1928 年に蠟山政道が『行政学総論』の中で行政学研究の主眼としていたものであったという（今村 2009）．ガバナンスは，主体間関係を前提に，多様な主体のネットワークという縄をうまく操りながら地域の問題を解決することである．ちなみに，コーポレート・ガバナンスについても実は同様の枠組みで再考できる．従来は，企業と消費者の関係であったのが，社長と社員，企業と株主，企業と消費者の多様な関係で理解できるため，コーポレート・ガバナンスの主体間関係は，ネットワーク・ガバナンスとしてもとらえられる．

　以上の議論をふまえ，本書では，特にネットワーク・ガバナンスに着眼し，第 3 の定義である公共空間の協働管理を基本とする．日本の地方自治は，2004 年あたりから，協働管理がよい状態をもたらすという規範概念をもっ

たガバナンス（岩崎 2011）に，新たな可能性を見出したのである．

　なお，NPM との対比で，NPS（New Public Service）や NPG（New Public Governance）という概念や表記も使用されているが，本書ではガバナンス（またはローカル・ガバナンス）の概念と表記を使用する．

(3)　ガバナンスの原則と自治意識

　政策に関わる多様な主体が役割を認識し，それぞれの役割を全うするように，透明性，説明責任，参加，有効性，応答性といったガバナンスの原則の確保が必要とされている（大山 2010）．これは，多様な主体の相互作用がより充実したものになり，その結果，政策が有効に形成，実施されれば，ガバナンスがうまく機能するからである．ガバナンスは，生活の質や主体間の相互作用のプロセスの質を高めるための手段とされる（大山 2010）．

　自治会やボランティア，NPO，民間企業の役割は，普段から行っている取り組みの種類や範囲に応じて，地域ごとに検討されるべきものである．これらの多様な主体の役割を検討するにあたって，前提になるのは，自治体の役割を明確にすることである．三重県の「新しい時代の公」推進調査における行政の役割とは，自治体の役割と読みかえられるものであり，①公共サービスの提供主体，②新しい時代の公を広める役割，③公の場を維持・形成する役割があげられている．①は，公権力を背景に規制を行う役割と，福祉向上のための給付サービスを提供する役割である．②は，公概念や信託関係の理解，そして自治意識を市民に広げる役割である．③では，多様な主体が円滑に活動できるように，自治体が多様な主体をつなぎ，交流の場を設け，そして，コーディネーターとして機能する役割である．

　自治体のこれらの役割を念頭におき，ガバナンスの原則が満たされるように，他の主体の役割を地域ごとに検討するのである．ただし，これらの自治体の役割は，市民からの統制なくして裁量的に遂行されるべきものではない．ガバナンスの成熟度を各種指標により国際比較を行った研究では，日本は，諸外国と比べ遅れをとっており，その主たる要因は，非効率な官僚制にある

といわれている（大山 2010）．すなわち，多様な主体の役割は自治体の役割を前提とするが，その自治体の役割が非効率に果たされないように，自治体それ自体を統制しなければならないのである．この自治体を統制する役割を誰が担うかといえば，それは市民である．そして，その役割を全うするためには，市民の自治意識の自覚的保持が肝要となる．

第2章
集権と分権

1. 地方自治制度の歴史

　地方自治制度の類型に関する議論は，国と自治体の間の集権・分権の状況から，各国の行政活動の特徴を比較し，自治のあり方を吟味するものである．先行研究における議論の対象は，団体自治である．本章では，はじめに，地方自治制度の歴史の変革の時期に，自治体が勝ち取った自治とは何であったかを確認することからはじめよう．

(1) 第1の変革（明治期）

　地方自治制度の最初の変革は，明治時代に入り1871年に廃藩置県が行われ，自治体の骨格をつくるための三新法が制定された際に生じた．第2は，終戦から2年後の日本国憲法が施行された時期の変革である．第3は，2000年に地方分権一括法が施行された時期におきた変革で，自治体への分権改革が一斉に進められた．

　第1の明治期の変革は，自然発生的に分布していたそれまでの地域について，体系的な制度の上にのせるもので，いわば，自治体のかたちづくりであった．その骨格は，廃藩置県の7年後の1878年に，三新法が制定されたことによりつくられた．三新法とは，町村を認めた郡区町村編成法，議会を定めた府県会規則，徴収可能な地方税目を定めた地方税規則である．このうち，郡区町村編成法は，府県下に郡区町村をおき，それぞれに長が配置されたも

のである．それまでの経緯として，明治期以前，町村は一種の自治体をなしていたが，一方の府県は，封建領主と幕府による支配のための行政区画として位置づけられてきたことから，自治的要素はなかった（都丸 1982）．

　1888 年に市制・町村制，1890 年に府県制・郡制が施行された．市町村会の議員の選出には，納税額で区分された住民による等級選挙制度が採用され，他方，執行機関として参事会（市長，助役，名誉職の参事会員）が設置された．これと同様に，郡には郡会と郡参事会があった．市長は，市会が推薦候補者を決め，内務大臣が選任する者がつき，町村長には，町村会議員から選出された者が，府県知事の認可を経て就任した．府県の知事は，官選による内務官僚が就任し，1886 年にできた地方官官制に基づき，府県域内の行政事務を包括的に処理した．府県会議員は，市会や郡会などが選ぶ名誉職であった．なお，明治期には，のちに機関委任事務制度となる国政委任事務制度がつくられた．

(2)　第 2 の変革（戦後）

　第 2 の地方自治制度の変革は，1947 年に日本国憲法が施行され，地方自治を規定した第 8 章が設けられたことによるものである．第 8 章では，第 92 条で地方自治の本旨が明記されている．このことにより，自治体の運営は市民の意思に基づく必要があり，また，国と自治体の関係は自治体の意思に基づく必要性を喚起する．次いで，第 93 条と 94 条で，議会の設置，長と議員に対する直接公選が記載され，自治体の権限として，財産管理，事務処理の行政執行，条例制定などが盛り込まれた．それまで官選であった府県知事，間接選挙であった市町村長の両首長とも直接公選となり，自治体議員も選挙で選ばれる二元代表制が確立することになった．

　1940 年代の終わりには，GHQ の要請で組成された使節団によるシャウプ勧告が提起された．これに基づき，国・自治体間の事務の再配分，自治体の税源充実，国と自治体の税の分離独立などの改革が進められた．また，行政事務配分の三原則として，行政責任明確化，能率主義，市町村優先が勧告さ

れた．この三原則を 1950 年代はじめに具体的に検討したのが地方行政調査委員会であり，特に市町村優先を重視するかたちで神戸勧告を行った．ただし，占領政策への反動もあり，勧告どおりには実現しなかった．

(3) 第 2 と第 3 の変革の間

　第 3 の地方自治制度の変革年である 2000 年までは，50 年の年月を要した．1950 年代は，自治体警察の廃止や教育委員の公募制から任命制への移行など，逆コースの時代とされる．民主化とは逆の集権化を志向する意味でこのように表現されるが，単に中央集権を志向したというわけではなく，民主化の視点からの行きすぎを日本的な土俵にのせるための再調整・再選択の時代であった（佐藤 2001）．続く 1960 年代は，全国総合開発計画と経済発展，環境や福祉重視の革新首長の時代になるが，地方自治制度の変化はほとんどなかった．むしろ，府県は総合開発を進めるうえでの国の行政管区とみなされた（河中 1957）．

　1970 年代にはオイルショックを経験して一時経済が低迷するが，その後回復し，1980 年代にバブル経済が興隆し，それが 90 年代初頭まで続くことになる．この間，地方自治制度に関わる変化はあまりなかったが，80 年代に提示された第二次臨時行政調査会の基本答申では，市町村重視の事務配分，機関委任事務の整理合理化，国の関与及び必置規制の整理合理化が主張された．実際には改革がなされなかったが，これらは，第 3 の変革の主要な論点を既に明らかにしたものであった．

　なお，中央集権といっても，自治体が国の末端組織として常に意に反する政策を行わされてきたわけではなく，自治体の側も地域開発などの分野で，地元政治家を動員するなど国への政治的交渉により実施したい政策を実現してきたとされる（村松 1988）．ただし，自治体の政策形成能力を存分に発揮するうえでは，次に説明するような大きな分権改革が必要であった．

(4)　第 3 の変革（2000 年）

1990 年代に入り，一連の分権改革の準備がはじまる．それらは，93 年の地方分権の推進に関する決議，95 年の地方分権推進法の制定，96 年から 98 年にかけての地方分権推進委員会による 5 次にわたる勧告，98 年と 99 年の地方分権推進計画の閣議決定である．そして，475 本の法律の改正・廃止を一括して定めた地方分権一括法（1999 年成立，2000 年施行）に結実する．

主たる変革の内容は，機関委任事務制度の廃止，国の関与のルール化，権限移譲であった．特に，機関委任事務制度は，国が自治体を国の機関として位置づけたうえで委任した事務を実施させる制度であり，この制度の廃止は，中央地方関係における自治体の主体性や市民の自治意識を機能させる重大な変革であった．機関委任事務に関わるものは，自治体議会の議決事件の対象ではなく，自治体に自治はなかったからである．

それが，機関委任事務制度の廃止により，自治体が行う事務は，自治事務と法定受託事務になり，自治事務は法定受託事務以外の事務とされ，全国的に実施すべき事務が法定受託事務とされた．法定受託事務は，国や都道府県が本来果たすべきものを，法律等に基づき市区町村が処理するものである．第 1 号法定受託事務は，国の代わりに行うもので，第 2 号法定受託事務は，都道府県の代わりに市区町村が処理するものである．たとえば，ダイオキシン類による大気や水質，土壌汚染の監視を国に代わって市区町村が行うのは法定受託事務である．こうした法定受託事務に関わるものは，分権一括法施行後しばらく議決事件の対象ではなかったが，2011 年の自治法改正により，国の安全に関することなどを除き，自治体が条例により議決事件の対象にできるようになった．議決対象の意味では，機関委任事務制度は 2011 年にようやく名実ともに廃止され，自治権の範囲が拡大されたといえる．

ところで，戦時中から連綿と続く中央集権体制は，戦後の改革を経るも継続され，ようやく 2000 年の機関委任事務制度の廃止で，分権が大きく前進したようなイメージがある．しかし，市川によると，実際は，戦時中の内務省による集権体制は，戦後 GHQ が否定し，その後，国庫補助負担金制度と

地方財政調整制度を通じて自治体をコントロールしてきた総務省を中心とした福祉国家型集権体制ができあがり，これをターゲットとしたのが2000年の分権改革であったという（市川2012）．したがって，戦後新しくつくられた集権体制を自ら2000年に作り直した改革であったといえる．こうした新しい分権時代の幕開けとなった2000年施行の分権一括法による改革は，第一次地方分権改革とよばれている．

　2004年から2006年までは，地方交付税交付金（以下「地方交付税」とよぶ）削減（5.1兆円），国庫補助負担金削減（4.7兆円），税源移譲（3兆円）を実行する三位一体改革が進められた．財政基盤の脆弱な自治体にとって財政的拠り所であった地方交付税が大幅に削減される地財ショックは影響が大きく，歳入見込みの大幅減を懸念する市町村は合併を積極的に推進した．

　三位一体改革が終わる2006年以降は，第二次地方分権改革とよばれている．これまでに，国が自治体に課していた義務付けや枠付けの一部見直し，国から都道府県・都道府県から市町村への事務・権限移譲，国と自治体の協議の場の法制化が進められた．以降，現在までに数次にわたる一括法が成立し，提案募集方式等により，自治体の実情に即した提案をもとに，権限移譲や義務付け・枠付けの見直しが継続的に進められている．

(5)　地方自治制度変革の課題

　これまでに進められてきた地方自治制度の変革は，事務や権限の移譲が進められる一方で，税源移譲に関しては十分に進んでいない．分権によって権限が国から移譲されても財源がなければ政策の遂行能力は高まらない．そもそも自治体の歳出規模は国と比べて大きいにもかかわらず地方税収が少ないために，国からの移転財源でコントロールされてしまっては自治とは言えない．三位一体改革における税源移譲は，地方交付税や補助金の削減額の合計よりかなり少ないものであったし，消費税増税にともなう増収分は，地方交付税の基準財政収入額に算入され，実際には相殺されてしまう（佐藤2019）．仮に税源が国から移譲されても都市部に偏在するものであると，多くの自治

体の増収には貢献しない．これらの問題を前に，自治体の課税自主権の拡充を叫ぶ声は大きい．

　また，これまでの分権改革では，団体自治を念頭においた分権が進められてきた一方，議論が脆弱であったのは，住民自治に関する地方自治制度の改革である．第3章で議論するように，二元代表制における自治体議会の権限は小さく，首長執行部による政策の有効性や自治体運営の生産性をチェックする機能は十分ではない．議会の機能をいかに強化するか，あるいは二元代表制に代わる政府形態として何が妥当かといった検討はもっと深く議論されなければならない．

　また，住民自治は，市民の自治意識を前提としているが，現在の制度は，果たして自治意識をもって地域の課題や政策を検討できるものといえるだろうか．地域自治組織や地域運営組織といった自治組織創設に関わる制度がつくられてきたが，特定の市民だけが関わる組織になっており，そうした課題の克服は，依然困難な状況にある．いかに自治意識を涵養し，市民が政策にコミットしていくのか．そのための地方自治制度の再考を学ぶのが地方自治論であり，本書では，特に市民ニーズ，参加，広報にその解決の手がかりがあると考えている．それらは，第6章や第8章で議論することにしよう．

2．地方自治制度の類型

(1)　分権・融合の行政スタイル

　中央地方関係から地方自治制度の国際比較を行う際に，参照頻度が高いのが天川モデルである（天川 1985）．これは，縦軸に集権・分権をとり，横軸に分離・融合をとって団体自治の特徴を論じるものである．「融合」は言い過ぎであるため，複雑に絡み合う状態をいう「分有」の方が適切であるといわれる（大森 2008）．ただし，本書では一般に使用される「融合」で統一することとしたい．

　天川モデルの集権・分権の軸は，自治体が自らの区域において政策を決定，

実施するうえで必要な権限を，国が握っている程度をさす尺度である．集権的であれば，自治体の自律的判断に基づく政策遂行が困難になる．したがって，自らの区域で政策を自ら決めるために，分権が推進されてきたのである．

　自治体の区域内の政策については，自治体の政策だけでなく国が管理する政策も遂行されている．国が行う政策を国が出先機関を設けて実施していれば，自治体が行う必要はないが，国が出先機関以外に，自治体を通じて国の政策を行う場合は融合的になる．分離・融合の軸は，こうした自治体の区域で実施される政策の管理について，もっぱら自治体だけで行う場合を分離，国と自治体でともに行う場合を融合とする尺度である．

　天川モデルのほかにも，自治体と国の関係について，集権・分権の概念のとらえ方を異にするモデルがいくつか提案されている（北山 2015）．ただし，天川モデルの分離・融合の軸は，地方自治のテキストや自治体の研究会でよく参照され，自治体の活動の実態について実務感覚からみても受け入れやすい．日本の団体自治の特徴は，自治体の活動量が多いにもかかわらず，政策決定の権限がその活動に見合っていないことである．日本の自治体は，諸外国と比べて活動量は大きく，サービスの守備範囲も広い．活動量について具体的にみてみると，日本では自治体の支出は，国のそれの 3 倍弱もあり，自治体の支出の GDP 比は，イギリス，フランス，ドイツなどよりも大きい（野田 2007）．アメリカでは，州政府のもとにあるカウンティや市町村が自治体に該当し，州そのものは国のような存在である．したがって，連邦政府と州，州と自治体の二重構造となっているが，中央地方関係を論じる際には，連邦政府と州の関係が中央と地方に当てはまり，伝統的に州は地方政府として扱われてきた（西尾・大森 1986）．しかし，国として位置づけられるような州を地方側に含めた場合のアメリカの地方政府支出の GDP 比は，日本の自治体のそれとほぼ同程度となる．逆にいえば，州を除く自治体の支出のGDP 比は日本よりかなり小さいわけである．このように，日本の自治体の活動量は国際的にみてもかなり大きいのである．

　活動量が大きい中で，分権一括法をはじめ，分権が推進されてきたのも事

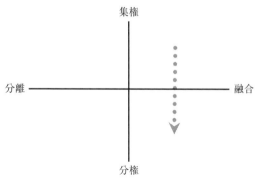

（出所）佐藤（2003: 6）.

図 2-1　天川モデルでみた 2000 年の分権改革

実である．しかし，天川モデルの分離・融合の軸でみた融合型の行政スタイルは，分権改革で大きく変わったわけではない．地方自治法第 1 条の二の 2 で，国は国際関係と全国的視点の政策を行う役割をもつと規定されている．国際関係は外交や防衛，通貨，出入国管理，貿易，全国的視点の政策は公的年金や公的保険，感染症予防，義務教育が当てはまるであろう．この後者の全国的視点の政策が必要という姿勢で，国は自治体の政策に広く関与してきた．そして，その結果が融合型の行政スタイルとなった．2000 年の分権改革では，図 2-1 に示すように，集権・融合から分権・融合に移行したといわれている（佐藤 2003）．

　佐藤は，2000 年の分権改革による変化について次のように指摘する．分権改革は，自治体を国の下請け機関とする機関委任事務制度を廃止したが，機関委任事務の多くは法定受託事務となり，法律に基づいて国が自治体に仕事を遂行させる状態は変わらないという．このため，融合型の中央地方関係のもと自治体の業務が非常に多い状態は変わらないわけである．分権改革は必要なものではあるが，自治体は権限が移譲されたので自由に政策を決定し実施できる環境になったと，即座に理解するのは早計である．

(2)　英米型と大陸型

　地方自治制度の類型として，従来から説明されてきた2つの典型は，英米型と大陸型である．前者は分権・分離型，後者は集権・融合型の地方自治として要約される（西尾1993）．この議論は90年代以前のもので，現在までに分権改革が継続的になされてきたことを考えると随分古く聞こえるかもしれないが，現在の制度は過去の制度からの経路に依存する意味において，当該議論の理解は欠かせない．以下，西尾（1993）に基づくと次のように説明できる．

　英米型は，イギリスやアメリカ，カナダ，オーストラリア，ニュージーランドなどが該当し，国から自治体への分権の程度は大きく，国と自治体が行う活動は，分離して推進される．通常，中央政府は分権的である．先述のとおり，英米型に含まれるアメリカの中央地方関係を論じる場合，伝統的に州は地方側にカウントされ，連邦政府と州の関係が議論の対象となっている．

　英米型の特徴は，国家成立以前から自治が存在し，国が行政区域を区分する前から草の根の自治が存在した点にある．また，警察は基本的に基礎自治体が担い，基礎自治体の首長と議員は制度創設の初期から直接公選である．基礎自治体は，国や州の法律による創造物として位置づけられるため，行ってよい事務は制限列挙で示される．そのうえで，国が自治体を法律や裁判によりコントロールする（立法的・司法的統制）．たとえば，国が規定した権限を自治体が越えて事務を行うと，国が訴訟を通じて無効とする．これをウルトラ・ヴァイレースの法理（権限踰越の法理）という．ただし，自治体は，与えられた権限の範囲においては，自由に活動することができ，日常的に国の監督が及ぶ範囲や程度は小さい．

　大陸型は，フランス，ドイツ，オランダ，イタリア，スペインなどが該当し，国から自治体への分権の程度は小さく，自治体内での活動は，自治体と国の双方が権限をもち，お互い関わりながら（融合的に）政策が推進される．天川モデルの融合型行政スタイルを特徴とし，中央政府は集権的である．日本は，明治期にプロイセンの地方自治制度を導入したことから，大陸型の制

表 2-1　地方自治制度の類型

類型	国	統制の手段	自治の特徴
英米型	イギリス，アメリカ，カナダ	立法的・司法的	分権・分離型
大陸型	フランス，ドイツ，イタリア	行政的	集権・融合型

（出所）　西尾（1993: 57-63）の議論をもとに整理.

度を採用したと解釈できる（阿部 1999）.

　大陸型は，あらかじめ自治が根づきそれをもとに自治体を創造するのではなく，人為的に行政区域が設定される．広域自治体の長は，国からの役人の派遣による者が就任するため，広域自治体は国の下部組織の位置づけとなる．自治体が行う活動は，概括授権方式によるため，自治体と国の権限配分は明確ではなく，たえず融合的に活動が推進される．国は自治体に対して，通知や指導，誘導などによりコントロールする（行政的統制）．警察は国が一元管理する．

　これら2つの類型は，第二次大戦後，福祉国家化にともない相互に接近することになる．公共的問題が広範囲に認識され，政府が行うべき政策が増加していくと，分権・分離型を採用していた国では，行政統制を通じて融合的になり，また，集権的な対応による全国的な政策遂行を必要とするようになった．一方，集権・融合型であった国は，自治体の区域での政策の関与には手一杯となり，分権的で分離型の対応を志向するようになる．

3.　自治体運営と集権・分権

(1)　民主主義と集権・分権

　自治体を民主的に運営するうえで，集権と分権のいずれが望ましいだろうか．市町村と都道府県の関係では，市民に身近な政府である市町村に可能な範囲で権限が下ろされているほうが望ましいが，都道府県も市町村と同じく自治体であるため，市町村に権限が移譲されなくても都道府県で政策が実現できればよいという見方もできる．この場合，都道府県の民主的統制さえ十

分になされていれば，都道府県と市町村の関係における集権・分権は，いずれでも問題はない．一方，自治体と国の関係においては，自治体の民主主義の確保のために，自治体自らが政策を決定し実施できる権限をもつことが必要となる．したがって，自治体に対して分権的なほうがよいのはいうまでもない．

　自治体の民主的運営は，政府規模の大小にも関わる．政府規模が小さなほうが，市民からみて透明性を確保しやすいため自治体のサービスへの認識が高まり，市民は自らの1票が自治体に影響を与えるだろうと市民有効性は高くなる．その結果，参加もしやすく，そして統制可能性も高くなる．自治体もそうした市民からの監視を意識して，質のよいサービスと適正な水準の課税を維持する．そうすることで，財政規律が保たれる可能性も高まる．逆に政府規模が大きくなると，サービスの認識や市民有効性は低下し，市民が自治体を統制できる可能性は弱まる．ただし，自治体の政策対応能力（応答性）は，政府規模が大きなほうが高まる．このように民主的運営からみた政府規模は，サービスの認識と市民有効性の面では小さなほうが，応答性の面では大きなほうがよい（野田 2012a）．政府規模が大きい場合，高い応答性を維持するための政策対応能力が求められ，そのためには，国からの権限や税源の移譲が必要となる．国による市町村合併の推進策は，政府規模の大きな自治体をつくるものであり，本来は分権を求める帰結となる．

　以上のように，自治体の民主主義を担保するうえでは，国から自治体への分権が求められ，とりわけ規模の大きな自治体をつくる合併推進は，分権をいっそう求める．

(2)　効率性と集権・分権
①規模の経済
　効率性から集権・分権の是非をみるとどうであろうか．サービスの供給からみると，集権には大きなメリットもある．たとえば，自治体を認めず，国がすべてのサービスを集中的に管理し，国民にサービスを一律に提供したほ

うが，サービスを生産する 1 人あたりのコストは低下する．サービスの生産主体や供給主体の規模が大きくなればなるほど，1 人あたりのサービスコストが低下する性質を規模の経済という．また，大きな規模の政府が，さまざまなサービスを扱うほうが，サービスの範囲が狭いケースより，複数のサービスの生産や供給の際に使用する資源を共有できるため（すなわち資源の重複分を削減できるため），サービス当たりのコストが低下する．これを範囲の経済という．また，こうした規模の経済や範囲の経済による効率性は，供給側の技術面に依存するもので，技術的効率性という．

　このように，自治体がサービスを管理する権限を認めない場合は，自治体の自治を認めず，実際には無理だと思うが，国民による民主的統制が徹底していれば，ある意味，国全体で自治を担うことになる．こうしたケースは極端な話であるが，自治体に自治を認めるケースでも，国ができる限り多くの権限で多くのサービスを担う場合は，供給面での効率性を高めることができる．したがって，技術的効率性からみれば，集権が望ましいといえる．国が集権的に多くのサービスを担う状況は，全国に小規模の自治体が数多く分布し，それらの小規模の自治体による分権ニーズがあまりないケースがあてはまる．小規模の自治体ではサービスを担う政策対応能力のための財源や人的資源が乏しいため応答性は低くなり，期待もされなくなると，そうした自治体に多くの権限を移譲する必要性は高まらない．

　一方，規模の大きな自治体は，小さな自治体よりサービス供給の効率性が高いため，規模の大きな自治体に権限を多く移譲することにより，高い供給効率性を確保することも可能である．この場合，国が一律に行うときよりは効率性は低くなるが，自治体を分節的に立地させるより，大括りにしたほうがサービスの供給コストは低減し，効率的な自治体運営は可能になる．このように，規模が大きな政府であるほうが，サービスの供給コストが低下することから，市町村合併が推進された．

　以上の議論をまとめると，技術的効率性からみれば，それが高い順に，国による集権的供給＞規模の大きな自治体による分権的供給＞規模の小さな自

治体による分権的供給となる．

②分権化定理

　効率性の点からみても分権のほうが妥当であることを示した重要な知見がある．これは，分権化定理とよばれるもので，ウォーレス・オーツ（Wallace Oates）が理論化したものである（Oates 1972）．自治体ではなく国が一律にサービスを提供しようとすると，国は各地域のニーズや実情を理解していないため，平均的なサービスを供給してしまう．このサービスの水準は，それぞれの地域のニーズとは合致しない量であり，国全体でそうした需給ギャップをみると供給面で非効率になる．規模の経済や範囲の経済は，サービス供給の技術的な側面からみた技術的効率性であったが，分権化定理はニーズとの関係でみた配分効率性を論じる．

　地域の課題や必要な政策は，その地域の自治体の市民や議員，職員が最もよく知っている．国からキャリア官僚が都道府県の総務部長や財政課長など主要ポストへ派遣されているが，キャリア官僚が能力を発揮するためには，その前提として，地域について熟知したベテランのプロパー職員から情報を十分に入手しなければならない．

　このように，配分効率性からみると，自治体への分権を進め，各地域の判断でサービスを生産，供給するほうが国全体として効率的になる．

③自治体間競争

　自治体間で競争する環境を想定すると，分権と集権のどちらが望ましいだろうか．地域に多くの自治体があり，市民が自治体のサービスを認識でき，自由に移動できるなど一定の環境が整っている場合，「足による投票」といって，市民は自らの選好に合う自治体へ移動する（Tiebout 1956）．

　各自治体は，自らの地域やサービスの魅力，また税金の安さを売りにして，流入人口の増加をめざす．小さな自治体が数多く分布しているほど，質の高いサービスと低い税をかかげ自治体間で競争する．こうした競争が効率性を

高めるというのが，ティブー仮説である．したがって，分節的に分布する自治体に対して分権を進めたほうが効率性は高まる．その意味で，市町村合併が市町村の数を減らし競争の程度を低下させるのなら，効率性にはネガティブな影響を与える．もっとも，市民の移動は，金銭面，家族との関係，雇用環境をふまえると，実際には自由ではない．また，市民と自治体の間には情報の非対称性の問題があり，自治体は一般に生産性や応答性が低く，サービスや税に関する情報提供も十分に行っていない．このような点を考慮に入れると，現実の社会は，円滑な自治体間競争が必ず成立する環境とはいえない．

　自治体間競争が円滑に行われた場合でも，集権のほうが望ましいという見方もできる．自治体間競争の帰結は，福祉の水準を切り下げようとする底辺への競争（Race to the bottom）を導くため，国による関与を要し，そのために集権が求められる．ポール・ピーターソンのシティ・リミッツ論は，足による投票をベースにしたものであるが，産業政策などの開発政策と，福祉などの再分配政策を比べると，政策決定者は，産業政策による税収増と人口流入を狙い，福祉より開発の政策を選択する可能性が高いという（Peterson 1981）．仮に，自治体が福祉重視の政策をとると，低コストで充実した福祉サービスを求め流入人口が増加し，担税力のある所得が高い人たちは税がいっそう高くなるため，自治体外に流出してしまう．このような現象は，福祉の磁石（Welfare magnet）とよばれ，福祉の給付水準が高い州ほど失業率は高くなるといわれる（Peterson and Rom 1990）．こうして，福祉の磁石が生じる懸念から，自治体は，福祉の水準を切り下げようとし，福祉は社会的に最適な水準より低くなるとともに，競争により地域間格差が生じてしまう．この地域間格差は，望ましくない状態であるため，国の関与が要請される．つまり，集権を求めるということになる．

　このように，自治体間競争の議論では，分権と集権の両面の妥当性を指摘できてしまう．さらに話を複雑にするのが，スピルオーバーの問題である．サービスの便益は自治体の区域内でとじているわけでなく他地域にスピルオーバーしている．たとえば，特定の自治体の環境政策の効果は，税金を支払

っていない他の自治体の市民が住む地域にも及ぶ．よい効果は外部経済，悪い効果は外部不経済として，サービスと税による受益と負担の関係が成立しなくなる．スピルオーバーの問題を解決する主要な方法は，合併により区域を広げることである．ただし，どの程度まで広げればよいかは明確な基準はなく，際限なく区域を広げると，それは最終的には国の区域と一致してしまう．

(3)　自治体運営と集権・分権

　自治体運営の民主主義という点では，自治体への分権が望ましい．分権は，自治体の政策決定や実施に関して政策対応能力を高めるために必須である．とりわけ規模の大きな自治体にとっては，十分な参加制度により市民から統制される仕組みを備えたうえで，いっそうの分権が求められる．政府規模は，サービスの認識や市民有効性の点では小さなほうがよいが，政策対応能力の面からみれば，大きなほうがよい．

　一方，サービス供給の効率性の点からすると，規模の経済や範囲の経済が働くため，集権が望ましい．こうした技術的効率性を国への集権で実現しようとすると，民主主義からみた分権の効果とトレードオフの関係になる．ただし，規模の大きな自治体にできる限り分権を進めることで，それらの規模の大きな自治体における技術的効率性の効果が一定確保できるのも事実である．しかも，分権化定理からすれば，地域のことをよく知っている自治体に任せたほうが配分効率性が向上するため，分権の妥当性はさらに高まる．このことから，自治体運営においては，規模の大きな自治体が増えれば，総じて分権が望ましいといえる．

　これが自治体間競争の環境を想定すると，集権・分権の是非は判断が困難になるのであった．ただし，自治体間競争がなければ，自治体のサービスの向上や税の効率的使用は実現しない．このため，自治体間競争そのものはあったほうがよい．競争の帰結として生じる地域間格差に対しては，国の関与が許容され，その１つの方策として地方交付税などの財政調整がなされると

理解できる．スピルオーバーの問題は，完全には解消できないが，解決策の1つとして，合併による自治体の区域拡大がある．もちろん，区域拡大は政府規模の拡大につながり，サービスの認識や市民有効性といった民主性を低下させる要因になるので，政府規模拡大には，民主的統制の確保が必要というう留保つきである．

　要約すると，財政調整により地域間格差の解消を図る制度のもと，分権で権限を移譲された規模の大きな自治体が，十分な参加制度により市民から統制され，他の自治体との間においては競争しながらサービスの質を向上させるというのが，集権・分権のあり方の一応の落し所である．

　とはいえ，自治体には，市町村と都道府県，さらには一部事務組合や広域連合などもある．たとえば，規模の小さな市町村を前提として，それを包括する都道府県が市町村の事務を一定カバーし，なおかつ都道府県への参加制度を通じて市民からの統制が十分になされれば，民主主義や効率性を維持することができる．このことから，上記の要約は一般的なケースであって，地域の事情によって多様な自治体運営がありうる．自治体間の関係をふまえた民主主義と効率性，地方自治制度の多様性は，第 10 章以降で検討する．

　いずれにしても国の関与は地域間格差の解消を根拠に認められるが，基本的には分権推進が望ましいという理解はできるだろう．

第3章
自治体議会

1. 二元代表制と議会

(1) 二元代表制と議会の機能

　日本の自治体の政府形態（Forms of government）は，市民が首長と自治体議員を選ぶ二元代表制である（本書では，「地方議員」や「地方議会」ではなく「自治体議員」や「自治体議会」とよぶ）．二元代表制では，議会と首長が政策議論を深め，互いにチェックしあい，政策の改善と不正を抑止する機関対立主義が働くことを前提にしている．

　二元代表制のもと，議会は，政策決定機能と監視機能を担っている．議会は，建前上は立法機関であるが，政策立案機能をもつとは自信をもっていえないため，本書では政策決定機能とよぶ．まず，政策決定機能には，議決権があげられる．条例の制定・改廃，予算の議決，決算の認定，地方税の賦課徴収，財産の取得・処分などの権限を有する．また，予算の提出権はないが，議案の提出権を議員，委員会ともに保有する．首長執行部が政策を上程する前には，あらかじめ議会対応といってインフォーマルに議会側と調整を行う．これらの機能は，本書では政策決定機能と言うが，実際には次に説明する監視機能に含まれるという解釈もできる．二元代表制といっても，後述するように，議員は政策の執行イメージを明確にもたないため，条例や予算などの可否は言えても，現実に即した適切かつ具体的な修正まではなかなか難しい．

　このため，機関対立主義において，議会の代表的な機能は，監視機能とい

うことになる．監視機能には，検閲・検査権，監査請求権，調査権，同意権，不信任議決権などがある．検閲・検査権は，事務に関する書類・計算書を検閲し，報告を求め，当該事務を検査するものである．監査請求権は，監査委員に対する事務の監査の実施と報告を請求する権限である．また，調査権は，自治法第 100 条に定められた百条調査権とよばれるもので，百条委員会を設置して疑義のある事務の調査を行ったり，関係者の出頭，証言，記録提出を請求できる強い権限である．さらに副知事や副市町村長，監査委員の選任同意権をもつ．不信任議決権については，自治法 178 条に規定された首長の不信任を議決する権限である．これに対する首長の権限として議会解散が可能であるが，解散しなければ首長は失職し，解散した場合でも招集後最初の議会で不信任を議決されれば，首長は辞めなければならない．

　二元のうち議会の方が強い権限をもつという見方もできる．たとえば，議会は最終的な決定権限をもち，また，首長の関心が低い個々の政策課題では議員が影響力をもつとされる（曽我・待鳥 2007）．ただし，本書では，従来からよくある見解にならい，首長に権限が偏在する結果，首長優位になるという立場をとる．首長への権限偏在の状態は，上田（2012）における首長の優位性の議論に基づき以下の 3 点があげられる．

　第 1 に，首長が自治体を統括して代表し，事務を管理執行する点である．首長の権限は，議員の制限列挙主義とは異なり，概括例示主義で示されるため，グレーゾーンが生じそれらは首長側の権限であると拡大解釈がなされる．

　第 2 に，予算提出権を保有しているのは首長である．政策の大半を首長部局がつくり，議会は，自治体職員による議会対応で意向を汲んでもらうとはいえ，確認・微修正をする役割にとどまる．議会の議決権や調査権は，首長と議会の間でよほどの対立の構図とならない限り発動されず，日常的には首長優位の行財政運営が継続される．しかも実際に予算を執行するのも首長側の自治体職員であるため，執行イメージは首長側がもち，議員はそれをもたないため具体的な政策議論は首長側が先導する．こうした上田（2012）による執行イメージの議論は，実務に通じた論者からしか出てこないもので，政

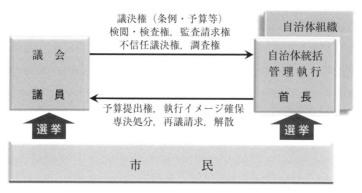

図3-1　二元代表制

策案のたたき台をつくるうえで首長側が優位になる本質的に重要な要因である．

　第3は，議会との関係において，首長は専決処分や再議請求の権限を有する点である．専決処分とは，議会の議決すべき事件について特に緊急を要し，議会を招集する時間的余裕がないときに首長が処分するものである．この権限が濫用されると，首長の独断専行が可能となる．また，再議請求は予算や条例などについて議決に異議がある場合，首長は議会に再議に付すよう要求できる権限である．この権限は，事実上の拒否権であり，やはり首長優位を体現するものの1つである．

(2)　議会の運営制度

　自治体議員の活動にはさまざまなものが含まれるが，大きくは3つに区分できる．1つは，会期中に，本会議や委員会に参加して議案の審議等を行う議会活動とよぶことができるものである．2つ目としては，市民からの依頼や問い合わせに対応して相談にのり，必要に応じて自治体へ問い合わせたり，また，地域のイベントに参加したりする一般的活動である．3つ目として，党に所属する議員は，県本部の会議参加や国につなぐ情報交換を行うなど政

党活動を行う．以下の内容は，議会活動に関わる制度についてである．

　議会は，定例会と臨時会により運営される．定例会は，2月（3月），6月，9月，12月というように，年4回ほど開かれるところが多い．条例で回数を決めることができ，通年会期制を採用するところもある．定例会以外に，緊急時には，臨時会が開かれる．たとえば，COVID-19が拡がった2020年の京都府議会では，2月13日から3月19日まで，およそ1カ月の定例会を開催し，その後，4月27日の臨時会と，5月22日〜27日の臨時会を開き，COVID-19感染リスクに対応するための補正予算を議決した．

　定例会の中身については，一定の会期があり，その期間中に，本会議と委員会が開催される．長崎県長与町の定例会の例は，図3-2のとおりである．

本会議
開　　会　議長の開会の宣告で始まります．
議案上程　議案が提出され，会議の議題となります．
提案説明　議案提出者が内容，理由等の説明をします．
一般質問　各議員が町政全般において質問します．
質　　疑　議案の内容や不明な点について，議員が質疑し提案者がこれに答えます．
委員会付託　それぞれの議案をより詳しく審査するために，所管の委員会へ付託（任せること）します．

委員会
審　　査
採　　決　付託された議案などについて，詳細に審査し委員会としての可否を決定します．

本会議
委員長報告　会期最終日の本会議において，委員会の審査の経過や結果を報告します．
質　　疑　委員長報告に対する質疑をします．
討　　論　議案などに対して，反対又は賛成意見を述べます．
採　　決　議案の賛否を決定します．（議会の意思決定）
閉　　会　議長の閉会宣告で会議の終わりとなります．

可決された議案

町長が実施

（出所）　長与町ホームページ．
（https://webtown.nagayo.jp/gikai/gaiyo/main_－4.html）（2020年12月1日筆者閲覧）

図3-2　長与町議会における定例会の流れ

本会議は，議員全員で構成され，議案の内容説明を受けたうえで一般質問を行い，委員会に付託される．委員会での議案審査の結果は，本会議に戻され，最終的に賛否が採決される．これら本会議や委員会のほかに，必要に応じて全員協議会が開催される．全員協議会は，議員全員が参加し，重要課題について首長や執行部からの説明を受けたり，意見を述べるなどして，調整を図るものである．

委員会は，条例により，常任委員会，特別委員会，議会運営委員会を設置できることになっている．議員は1つ以上の委員会に所属する必要がある．委員会のうち分野別政策課題を検討するのが常任委員会である．これは，総務や文教，建設，厚生などに分かれ，首長執行部の主要部門に対応するように構成され，議案や請願などを審査する．これに対して，特別委員会は，税財政や地方創生，基本構想など，分野横断的な課題ごとに設置される．また，議会運営委員会は，議会の日程や審議方法などの運営に関して検討する委員会である．なお，委員会は，定例会や臨時会の閉会中でも開催することができる．

市民の請願については，議員は紹介議員となり，議会で採択されれば，請願が市長や市に提出されその実現への努力が要請される．ちなみに，陳情は紹介議員なしで議会に文書で要望するものである．とはいえ，このような形式をとらなくても地域の実情は，議員に電話一本で要望がなされる日常がある．

（3） 会　　派

議員は，議会で審議，活動するうえで，会派とよばれる政策や考え方を同じくするグループに所属する．会派に所属しない場合，委員会所属や代表質問ができなくなるほか，さまざまな情報が入ってこなくなる．このため，会派には所属したほうが活動範囲拡大のメリットがある．

会派に所属しないデメリットを解消するために，政策志向が同じでない議員が会派に含まれることや，逆に，同じ政党でも異なる会派に所属するケー

スもよくある．この場合，同じ政策を志向するという会派の位置づけや，会
派に対して政務活動費を払う意義が薄れてしまう．

(4)　議会の運営方法

　自治体議員は，議会の運営制度のもとで，自由に討議できる環境かといえ
ばやや異なる．その主たる要因は，標準会議規則があり，それにならって全
国の自治体が同様の運営内容としたからである（大森 1995）．標準会議規則
とは，具体的に，標準都道府県議会会議規則，標準市議会会議規則，標準町
村議会会議規則である．自治法第 120 条では，自治体議会が会議規則を設け
なければならないとされているが，本来，標準どおりに行う必要はない．

　たとえば，標準市議会会議規則をみると，議事の進め方について質問者が
議長に一般質問の要旨を文書で通告しなければならないとか，発言はすべて
簡明にする，委員長が委員として発言しようとするときは委員席に着き発言
するなどと，細かく記載されている．参考とするのはよいが，それにならっ
た運営に慣れてしまうと，運営の形式を常に念頭においてしまう．このため，
自由な発想に基づく議論や討論の末に発展的内容になるといったことが少な
くなる．ちなみに，標準会議規則以外に，標準委員会条例，標準傍聴規則な
どもある．

　特に，一括質問の後に，一括答弁を行う方式（一括質問一括答弁方式）は
問題である．議員が一括で質問した後に，首長執行部が出てきて，それぞれ
の質問に一括で回答して議論は終結（場合によって再質疑）し，次の議員が
壇上にあがりまた一括で質問するというスタイルでは，議論を表層的なもの
にしてしまう．このため，北海道栗山町議会は 2003 年 3 月定例会から一問
一答方式を採用した．また，2007 年には東国原元宮崎県知事が同じ方式を
採用したことから注目を集め，その後一問一答方式を採用する自治体は全国
で増加した．

　他方，2006 年には，市民に開かれた議会とするために栗山町議会が議会
基本条例を制定し，その後，全国に条例制定が拡がった．議会基本条例は，

標準会議規則の類とは異なり，自らの運営の基本事項を再確認するものであった．

　以上は，しばしば議論されてきた議会運営上の問題や動向であるが，実は，議員にとってこのような形式的な審議で事足りる理由もある．なぜなら，定例会前に，執行部の自治体職員が議員に個別に事前説明に行き，議員との間で意見交換と実質審議が行われているからである（中邨 2016）．これが自治体職員が言葉にする議会対応である．もっとも，こうした意見交換で調整できるのは，議員が関心をもつ個別課題に限定され，市政全般にわたる課題や議員の関心の低い課題は，事前の議会対応だけでは調整されにくい．このため，やはり議会で自由に議論できる改革が求められる．

2．自治体議員

(1)　議員のなり手

　自治体議員の被選挙権は，満 25 歳以上の自治体議員の選挙権を有する日本国民で，直接公選による．立候補者は住民である必要があり，都道府県議会議員においては，3 カ月以上同じ都道府県内の同じ市町村に住所がある者（同じ都道府県の他市町村に引っ越したとしてもその後も住所を有する場合を含む）である．市町村議会議員，都道府県議会議員いずれも任期は 4 年である．選挙権については，満 18 歳以上の日本国民で 3 カ月以上その市町村に住所を有する者である．

　議員の構成は，市民の代表であるのなら，年齢や性別，職業などを考慮して地域社会の縮図であることが求められる．ところが，実際の議員は，年齢は高く，男性に偏っている．60 代以上の議員の割合をみると，都道府県議では約 4 割，市町村議で約 5 割，町村議では 8 割弱にまでなる．60 代以上の議員がほとんどの議会で，効果的な子育て支援策を検討できるだろうか．総務省「地方公共団体の議会の議員及び長の所属党派別人員調」（2019 年 12 月末現在）をみると，女性議員の割合は，特別区議で 3 割であるものの，都

道府県議や町村議ではおよそ 1 割，市議は 16% で，また，区議を除き 8, 9 割が男性である．

　職業についてはどうだろうか．都道府県議や市区議では，半数ほどが議員専業である．これは専業で食べていける報酬をもらっている点が背景にある．ところが，町議では専業は 2 割にとどまり，3 割ほどが農業関係，他は建設業や卸売・小売業などの自営業を営みながら兼業で議員活動を行っている．

　なり手不足と相まって，特定の層のみの議員で議会が構成されると，民主的正統性は確保できない．過疎化が究極に進んだ高知県大川村は，人口約 400 人で，議員定数の 6 名を確保できない状況が予想されたことから，2017 年に村議会廃止と総会設置を検討したことで有名である．自治法第 94 条では，議会を置かずに選挙権を有する者の町村総会を設けることができることになっている．大川村では，最終的にアンケートで議員になってよい人を確保し村議会廃止は免れたが，近い将来，同様の状況の自治体が出てくることも予想される．

(2)　議員定数

　議員定数は，2011 年から条例で決定できるようになった．一般に大都市圏ほど定数は多く，人口規模が小さな自治体ほど少ない．都道府県議の定数は，東京都（127 人），神奈川県（105 人），愛知県（102 人），大阪府（88 人），鳥取県（35 人），島根県（37 人）である（2020 年 5 月末現在）．これを県議 1 人当たりの対象人口（代議数，人口÷定数）でみると，たとえば，東京都では代議数が 10 万人をこえ，鳥取県では 1.7 万人であるというように，大都市圏ほど多くなる（中邨 2016）．つまり，代議数でみれば，鳥取県の方が東京都よりかなり民主的ということになる．

　市町村議の定数はどうであろうか．「市議会議員定数に関する調査結果」（全国市議会議長会 2019）によると，1 市平均定数は，5 万人未満の自治体で 16.9 人，5 万〜10 万人未満は 20.3 人，10 万〜20 万人未満は 25.2 人，20 万〜30 万人未満は 30.9 人となっている（2019 年 12 月末現在）．この水準は，

都道府県議と比べるとかなり少ない．ちなみに，アメリカの自治体の議員数
は，一般に5名程度と小規模であり，定数が50名を超えるシカゴやニュー
ヨークを除き，大きな自治体でも15名前後という（中邨2016）．もっとも，
日本の自治体はアメリカのそれと比べサービスの守備範囲が広いことから，
首長執行部を監視するうえでは，少ない定数で十分とはいえない（中邨
2016）．一方，市民からすれば，税金で報酬をもらっている議員数が多いと
いう状態に対して，民主主義の手段が多いのだと手放しで喜べる余裕もない．
議員の活動の成果が十分に見えないにもかかわらず，税金から少なくない報
酬を支払っている現実に対して疑問視するのは，一般的な市民感覚である．

　自治体議員のなかで，一般に定数削減余地が大きいと思われるのは，都市
部の都道府県議である．その理由は，現状の活動内容からすると，その定数
の大きさの必要性は見出しにくく，市町村議と比べて市民からの距離も遠く，
市民に身近な活動を行う頻度も低い．報酬と県民への役割が見合っていない
のである．広域自治体の議員であっても，県民から信託を受けた自治体の監
視や政策決定を担う主要な主体であることには変わりない．県民の意向を十
分にふまえ，社会の現実を把握しなければならない．

　政令指定都市の市民にとって都道府県議の意義は，さらに低くなる．政令
指定都市の議員定数が既に多いなかで，都道府県議まで多いため，市民の議
員重複感やコスト負担感は大きくなる．2020年5月31日現在，大阪府議88
人に対して大阪市議83人，神奈川県議105人に対して横浜市議86人，愛知
県議102人に対して名古屋市議68人，京都府議60人に対して京都市議は
67人となっており，いずれの政令指定都市の市民にとっても重複感は大き
く，市議の役割だけで十分なようである．とりわけ，京都市議数は，府議数
を上回っている．京都府議60名のうち京都市の選挙区からの選出は，34名
で府全体の半数を超える．京都市の市議が既に68名いるなかで，さらに府
の半数以上である34名の府議が市域から選出されていることになり，府議
の重複感はかなり大きい．大阪府は他に堺市，神奈川県では川崎市と相模原
市といった政令指定都市がある．また，名古屋市は改革により定数が75名

から大幅に削減されたため，他の都道府県とは並列に議論できない点もある．一方，京都市議数が府議数を上回るのは，京都市のプレゼンスが府より大きいことの表れのようにうつる．

(3)　議員報酬と政務活動費

　表 3-1 は，2019 年の議員の報酬月額である．都道府県で，平均して議長が毎月 99 万円，議員が 83 万円支給されている．報酬月額の最高額は愛知県で，議長に至っては毎月 120 万円を超えている．都道府県で報酬月額が最も低い大阪府議はどの程度の年収になるであろうか．期末手当を計算すると（3 割削減前の月額 93 万円で計算される），430 万円弱がボーナスとなり，年収は 1200 万円以上になる．なお，報酬以外に，公務出張の旅費や議会出席時の費用弁償もあるが，大阪府議は本会議等の公務出張の府内交通費は支給されない．

　また，政令指定都市も都道府県と同水準の報酬が支払われている．これに対して，町村の平均報酬月額はかなり少なく，都道府県や政令指定都市の 3 割に満たない．京都府内の議員の報酬月額でいえば，京都府議 96 万円，京都市議 96 万円，宇治市議 53.5 万円，長岡京市議 45 万円，向日市議 40 万円，伊根町議 14.8 万円で，都道府県と政令指定都市の報酬が際立って高い．

　議員の収入には，報酬以外に，政務活動費がある．これは，各自治体の条例に基づき使途が決められ，政策立案・決定に関する調査研究や情報収集のために必要な経費として使用できるものである．選挙活動や後援会主催の報告会・行事では使用できないが，一般に市民への広報や研修への参加に対して使用できる．政務活動費は，会派や議員個人に支給され，自治体によりその額は異なる．1 人当たり年額は，たとえば，京都府内の議員では，京都府議 648 万円（少ない会派で 600 万円），京都市議 648 万円，宇治市議約 60 万円，長岡京市議 15 万円，向日市議 13 万円弱であり，やはり都道府県と政令指定都市の額の高さは際立つ．

　議員報酬や政務活動費のコスト高の議論は，民主的運営のための代議数確

表 3-1　自治体議会の議長・議員の 1 人当たり平均報酬月額
（2019 年 4 月 1 日現在）

(円)

	議長		議員
都道府県（平均）		988,562	828,686
最高	愛知県	1,209,000	愛知県	977,000
最低	大阪府	819,000	大阪府	651,000
政令指定都市（平均）		969,565	811,443
最高	横浜市	1,179,000	京都市	960,000
最低	相模原市	779,000	浜松市	648,000
市（平均）		493,794	429,046
町村（平均）		292,242	220,984

（出所）　総務省「地方公務員給与実態調査結果」(2019 年).

保の議論よりも，市民に大きなインパクトを与える．市民が議員の資質や業績を感じることができないなかで，民主的運営を実感できないと判断し，それならば，都道府県議等に対するあまりに高い維持コストを削減すべきという考えになるのは，信託する側の市民感覚からすれば自然である．

　ちなみに，全国の政令指定都市の中で議員報酬が最も高い京都市は，2001 年以降，財政非常事態宣言を出し続けている都市である．しかも，財政調整基金が政令指定都市の中で最下位であり，2020 年度にはそれがついに枯渇化した．京都府の財政状況についても財政力指数は 0.58（2018 年度）で，1 人当たりの税収は全国平均より低く，ここ数年間でも全国との差が拡大している．

　市・府県ともに，現状の財政状況をまともに読めば，高額な議員報酬を出し続けることに市民が納得するはずはなく，とりわけ府県議の重複感は強い．そうした声がすぐに上がらないのは，あまりにも自治体議会への関心が低く，議員数が何人いてどのような活動を行い，そうした活動のために報酬などでどの程度高コストであるかについて，ほとんど知られていないからである．議会への無関心が高コスト構造を維持してしまっているのである．

（4）　アメリカの自治体議員の報酬と政務活動費

　日本の自治体議員の定数がいかに多く，報酬がかなり高い水準であるかは，アメリカの自治体と比較すればよくわかる．もちろん，文化やエスニシティが異なるほか，アメリカの自治体の守備範囲は，日本のそれより狭く，市町村が存在しない地域があるなど地方政府体系も異なり，日米の単純比較には注意を要する．しかし，アメリカの自治体議員は，区分された地域を担当し，市民の相談に積極的にのり，パブリックヒアリングを行うなど，議員個人の自発性やリーダーシップが日本とは比べ物にならないほど強い．日本の文化とは異なるとはいえ，そのような自治意識をもつ代理人に税金を支払うのと，そもそも活動があまり認知されていない代理人に支払うのとで，どちらが許容できるだろうか．

　もちろん，アメリカの自治体といってもその運営は多様である．メイウッド市（カリフォルニア州）のように，市長でも年収が何と350ドル（4万円弱）の自治体があるかと思えば，ロサンゼルスのような高額な報酬（年2000万円）を支給する自治体もある．ただし，高額なケースは非常に稀で，一般にアメリカの自治体議員の報酬は日本よりかなり低い．たとえば，人口7万人のミシガン州サウスフィールド市の議員は7名で，報酬は年1万7000ドル，これに政務活動費に相当する旅費・研修費が年6000ドル，電話代月100ドル，合計で1年約260万円である．これが報酬と政務活動費を加えた年額である．議会は1年を通じて週1回の頻度で18時30分から開催されている．議員は兼業で，普段はコミュニティカレッジの教授，自動車関連会社の人事スタッフ，会計士，エンジニア，他はリタイアした方々が就いている．

　日本の自治体議会と比べていかに報酬や政務活動費が低いかがわかるであろう．この金額で行う背景には，兼業がある．そして，それを担保する制度として，議会を夕方から開催，週1回の頻度で開催という運営方法に工夫が施されていることは重要である．

3. 選挙制度と与野党関係

(1) 選挙制度

　自治体議会の選挙は，有権者が1人の候補者だけを記載し（単記），当選確定者の余剰分や落選者の票を他へ移さず（非移譲式），得票数の上位から当選となる単記非移譲式投票である．選挙区は，定数1の小選挙区と，定数が2以上の大選挙区がある．有権者には，はがきで投票のお知らせが送られてくるため，それを持参して指定された投票所（区役所や小学校等）で投票する．

　投票の前日までに区役所などで期日前投票を行うことができるほか，障がいや介護について投票証明書の交付が受けられる人は，郵便等による不在者投票も可能である．自ら投票用紙に記載できない人は，投票所の職員が代わりに候補者名を記載する代理投票も行われている．民主主義の根幹である選挙権をできる限り円滑に享受できる仕組みが整えられている．

　しかしながら，こうした単記非移譲式投票と大選挙区による選挙制度は，政党が掲げる政策への投票を促すことにはならないという課題がある．小選挙区で1人を選ぶ際に，二大政党が政権公約を市民に提示し，政党の政策方針が反映される政党ラベルから政策を認識し投票するのとは対照的である．このように，大選挙区での単記非移譲式投票では，候補者の議席獲得の動機は，政策志向ではなく，狭い範囲の個人的利益志向になるという（ヒジノ2015）．この傾向は，政令指定都市を除く市区町村の選挙で顕著であり，また，そうした市区町村では，市区町村を1つの選挙区にして多数の候補者が選ばれるため，政党ラベルの効果はあまりなく，無所属が多くなるという（辻2019）．

　定数の多い選挙区（政令指定都市や都道府県の一部）では多党化が進み，一方，定数の少ない都道府県の選挙区では自民党が優勢になるが，これは立憲民主党など，自民党の対抗馬としての選択肢が有権者に明確でないからと

される（辻 2019）．かつての民主党は，定数の多い選挙区で安定した議席確保ができず，国政レベルの政党再編は，結局，自治体政治には反映されなかったという（砂原 2017）．このように，政党ラベルの効果は，自治体議会選挙ではなかなかみられない．ただし，無所属議員が多い市区町村の政治についての研究が希薄なまま政党政治化が提言される現状への警鐘も鳴らされている（木寺 2018）．換言すると，そもそも現状の市区町村政治の土俵では政党政治化は馴染まない可能性がある．市区町村議会の実情をみると，会議中ほぼ発言のない高齢な地元有力者が長年議員を務めるなかでほとんど議論らしい議論ができない環境であったり，自治制度をほとんど理解せずに主体的に判断できない議員が多数いたり，同じ主義主張や政党所属の議員が好き嫌いで異なる会派に所属するなど，とても政党政治化には馴染まない環境のように思えることもある．

　他方，都市部においても新たな問題が生じている．都道府県議選の選挙区の定数は，政令市議選の選挙区定数ほどには多くないため，自民党とそれに対抗する政党が候補者を擁立してしまうと，小さな政党や無所属議員には，戦える余地がなくなる．この結果，都道府県議選の定数に近い数，場合によっては定数と同一の人数の立候補者数となる．すなわち，定数と同一人数の選挙区では無投票当選になってしまうということである．

（2）　無投票当選

　統一地方選の投票率は，総じて市町村議選の方が都道府県議選より高い．ただし，いずれの投票率も低下し続けており，全国平均で 2003 年と 2019 年の 15 年間で比較すると，都道府県議選は 52.5％ から 44.0％ へ，市町村議選は 55.9％ から 45.2％ へと下落している．2019 年の京都府議選は 37.8％，市議選は 38.1％ とかなり低い水準であった．投票率が低下すると再選率が高まるため，高齢議員が増えるという問題も浮上してしまう（中邨 2016）．

　さて，2019 年の統一地方選の無投票当選は，町村議選は 23.3％，市議選は 2.5％ であった．ところが，都道府県議選の無投票当選が 26.5％ と最も高

表 3-2　京都市選挙区の定数・立候補者数・無投票当選（2019 年

	北区	上京区	左京区	中京区	東山区	山科区	下京区	南区
京都市議会議員選挙定数	6	4	8	5	2	6	4	5
候補者数	8	5	15	8	3	7	6	8
競争率（倍）	1.3	1.3	1.9	1.6	1.5	1.2	1.5	1.6
無投票当選は●								
京都府議会議員選挙定数	3	2	3	3	1	3	2	3
候補者数	4	2	3	3	2	4	2	3
競争率（倍）	1.3	1.0	1.0	1.0	2.0	1.0	1.0	1.0
無投票当選は●		●	●	●			●	●

（出所）　京都市ホームページ（https://www.city.kyoto.lg.jp/senkyo/page/0000145261.html）より

く，その数は 671 人にのぼった．2011 年までの統一地方選では町村議選に
おいて最も無投票当選の割合が高く，次いで都道府県議選であったが，2015
年から都道府県議選の無投票当選の割合が最も高くなった．京都府の例でい
えば，2019 年統一地方選の府議選では，上京区，左京区，中京区，下京区，
南区は無投票当選であった．これらの定数を合計した 13 人，すなわち京都
市から選出される府議の 3 割以上（京都府全体でみても定数が 60 人である
から 2 割以上）が，戦わずして勝利をおさめたことになる．
　都道府県議選の無投票当選が生じる理由の 1 つに，議員のなり手不足もあ
るが，都道府県議選の無投票当選が都市部でおきていることに注目しなけれ
ばならない．これは，先述のとおり，都道府県議の定数は，政令市議や市区
町村議ほどには多くはなく，規模の大きな政党の所属議員以外には勝ち目が
ないため立候補者が減るからである．政令市議選の選挙区では無投票当選は
少ないが，政令指定都市の都道府県議選の選挙区で無効票当選が多い．表
3-2 は，2019 年 4 月統一地方選の京都市議選と京都市選出の京都府議選の定
数，候補者数，競争率，無投票当選をまとめたものである．定数は，上京区
では市議選 4 に対して府議選 2，左京区は市議選 8 で府議選 3，中京区は市
議選 5 に対して府議選 3 である．この結果，上京区や左京区をはじめ 5 つの
選挙区で無投票当選となった．市町村議選の競争率 1.4 に対して，府議選は
1.2 であり倍率は低い．ただし，府議選では政党ラベルの効果が一部及ぶた

統一地方選挙)

右京区	西京区	伏見区	計
9	6	12	67
11	9	13	93
1.2	1.5	1.1	1.4
5	3	6	34
6	5	8	42
1.2	1.7	1.3	1.2

筆者作成 (2020 年 12 月 1 日閲覧).

め，小規模政党や無所属議員は立候補しづらいのである．

(3)　与野党関係と相乗り

　所属党派別の人数 (2019 年 12 月末) は，都道府県議では，自由民主党 (以下「自民党」とよぶ) がおよそ半数，無所属 2 割，公明党 8％，共産党 5％ である．知事や市区町村長は，ほとんどが政党に所属しない (無所属は知事では 1 人を除く全員，市区町村長では 99.3％)．市町村議では，無所属 7 割，公明党 1 割，共産党 8％，自民党 7％ で，その他は 2％ 未満である．

　政党化は，都道府県と政令指定都市で進んでいる．大阪では，2019 年春，地域政党・大阪維新の会と，自民党や公明党とが大阪都構想に関して対立し，市長・知事のダブル選挙になった．大阪の政治状況は，首長が議員を率いる地域政党の党首になるもので，機関対立主義が機能しなくなるという問題はある (江藤 2011)．しかし，政党間で政策を競う政党政治がみられるのも事実である．

　そもそも多くの自治体議会で大阪のような政党政治が活発ではないという現状がある．その表れの 1 つが国政の与党と野党が自治体の首長選挙で同じ候補者を支持する相乗りの問題である．

　相乗りが生じている場合，国とは異なる変わった与野党関係となってしまう．大森は，こうした与野党関係は，機関対立主義を軽視したものであると，次のように指摘する (大森 1995)．国の議院内閣制では，公選された議員から内閣が組成され，与党により大半の国務大臣が各省庁を分担管理する関係において，内閣に対して与党議員が協調的，野党議員は批判的な立場を形成する．これに対して，日本の自治体議会は，首長執行部に対して監視する野党的な機能を期待されているにもかかわらず，多くの首長支持議員が与党的立場を自覚し，首長もそうした議員を与党，首長選挙時に支持しなかった議

員を野党と認識し，首長と与党とされる議員は慣れ合いの関係になるという．

4. 自治体議会の改革

　選挙制度改革は，一般の市区町村議会が政党政治化を可能とする土俵をもっているかどうかを明らかにしたうえで検討されるべきものとするならば，現時点では，選挙の仕組みより，議会の機能や運営上の改革のあり方を理解しておくのが得策である．むしろ，議会の機能や運営上の改革が政党政治化の土俵をつくる側面もある．

　そうした意味で，自治体議会の改革においては，第1に，議会の機能強化が求められる．1つは，議会の政策立案機能の向上である．本書では，議会は政策決定機能を有すると論じてきたが，立法機関固有の政策立案機能を本気で強化するのであれば，議会事務局のスタッフの充実は必須で，首長部局からの人事異動による配置だけに頼るのは改めなければならない．この問題の補完として，滋賀県大津市が取り組む草津市や高島市との意見交換の場の創出，近隣大学との協定による人材育成は，新しい動向である．

　ただし，そもそも監視機能こそが代表的な議会の機能であるという考え方からは，それを徹底するために，政府形態そのものを再考すべきという議論もある．自治体の与野党関係における相乗りは，二元代表制における首長優位の権限配分を前提にした，議員自らの政策実現のための歩み寄りの結果とされる（名取2009）．つまり，二元代表制のもとで議会の機能を高める改革は非常に難しいといえる．したがって，二元代表制を所与とせず，議院内閣制やカウンシル・マネージャー制（Council manager form）など，議会で決めたことを執行する議会一元制を前提にした改革の方が，目標管理に基づく自治体の経営を行いやすいという考え方もあらわれる（後2007）．議会の代表的な機能である監視を徹底しようとすると，やはり執行権が必要であり，そのためには，二元代表制ではない議会一元制が検討に値するという意味である．

　アメリカの中小都市で採用されるカウンシル・マネージャー制では，カウンシル・マネージャーが財政部長などの主要ポストを任命し，その下に各部署がぶらさがる．議会や首長は政治的決定を行い，カウンシル・マネージャーは市政全般の指揮により効率的な行政運営に専念する．議会は行政を監視し，万が一行政運営に問題があると判断されると，議会から雇われたカウンシル・マネージャーが責任をとって辞職する．この政府形態を採用すれば，特に人口減少自治体において，サービスの応答性やアカウンタビリティの強化を期待できる．

　第 2 に，議会改革のためには，議会に対する市民の認識を向上させる工夫が求められる．これまでに，議会からの情報発信が重要といわれ，議会報告会を行っている自治体は既に相当数にのぼる．その他，ツイッターなどのSNS による情報発信やライブ配信も行われている．このような議会報告会や情報発信を積み重ねたとしても，市民が議会に関心をもつかどうかは疑わしい．むしろ，議会に意見を言える広聴機能が求められる．とりわけ日本の自治体議会は風通しが悪く，市民は蚊帳の外に置かれた感覚となる．これに対して，アメリカの自治体議会は風通しがよく，議員は市民目線で自由に討議し，しかも傍聴者の発言機会まで設けられている（中邨 2016）．

　日本でもたとえば，滋賀県大津市では，重要な課題について，賛否双方の市民から意見を聴く市政課題広聴会を開催している．また，愛知県犬山市では，市民が直接議会に意見を述べる場をつくるためフリースピーチ制を導入している．1 人 5 分の持ち時間で，7 名が夜に開催される定例会で意見を述べ，それを受けて全員協議会でその内容の反映を検討している．1 人 5 分では時間が短すぎるように思われるが，市民が意見を述べる機会確保に向けた1 つのステップである．

　議会改革の第 3 の視点は，なり手不足解消のための運営改善である．定例会や臨時会を開催せずに，1 年を通して定期的に会議を開く通年会期制を採用し，夜間・休日開催にする選択は効果的である．通年会期制は，特に町村議会で採用が多く，たとえば，大阪府内では，四條畷市，島本町，豊能町，

能勢町，河南町が採用している．長野県喬木村では，本会議を土日，常任委員会を平日夜間に行い，兼業議員が参加しやすい制度としている．アメリカの自治体議会の多くは，18 時 30 分や 19 時開催など夜に議会を開いている．このような運営改善は，議員のなり手不足解消だけでなく，傍聴者の参加促進に向けた環境づくりでもある．

　先に述べたとおり，サウスフィールド市の報酬年額は 260 万円であった．この程度であったとしても，通年会期で夜間開催とすれば，兼業議員になろうとする市民が現れるのではないだろうか．あわせてサラリーマンの兼業には，休職扱いを認める企業の存在とそれを実施する企業を認証し税を優遇する自治体の制度があれば効果的と指摘されている（中邨 2016）．こうした運営改善により，特に，地域に居住し続けてくれるサラリーマンとともに，地域のことをよく知っている子育て経験のある主婦の議員がふえることを期待したい．そうした議員が増加すれば，これまでほとんどの議員や首長が避けてきたさまざまな既得権益に対する裁定の目が開かれ，政策の優先順位付けが，各層の市民が求めるバランスのとれたものへと大きく変わるはずである．

II. 管理と実践

第4章
自治体組織と職員

1. 市民からみた自治体の組織と職員

　自治体の組織と公務員（以下，公務員は自治体職員や職員とよび，公務員像，公務員試験，国家公務員法，地方公務員法，公務員型は，そのまま使用する）は，市民からどのようにイメージされているだろうか．一般に市民は，行政に対する信頼は低く，アンチガバメントの態度をもつ傾向がある．信頼の低さは，組織の肥大化，遅い意思決定，市民ニーズへの不十分な対応，年功序列型賃金制度のもとでの低い生産性といったイメージからくるものである．ただし，実際の自治体の組織の姿や職員の全体像を把握してそのようにイメージしているわけではない．

　日本の自治体は，他国の自治体よりサービスの守備範囲が広く，組織の規模も大きく，事務量の多い重たい政府である．仕事の仕方は大部屋主義であり，一所の執務空間で人間関係が重視され仕事振りは相互評価による（大森2006）．事務量が多く重たい自治体であることは，出先機関や関係組織が多く，また雇用する非常勤職員や業務の委託も多くなる性質を意味する．肥大化した組織の業務を担う公務員像は，実はわたしたちが思っているよりも広い範囲に及ぶ．本章ではそうした公務員像の広がりを学習する．

　大部屋主義は，「公式の（事務分掌規程上の）任務は課や係までしか規定されておらず，その規定は概括列挙的（○○に関すること）であり，職員は，そのような課ないし係に所属し，しかも物理空間的には一所（同じ部屋）で

仕事をするような組織形態」(大森 1995: 138) とされる．自治体の部署を直
接訪れてみればわかるように，1 つの部屋にいくつかの島とよばれる机のか
たまりがあり，そこで仕事をする職員を横から見張るように管理職の者が配
置され，それらの管理職をうしろから見張るように上位の管理職が配置され
る構成である．机と机の間のパーテーションもない中で仕事をし，上司がそ
れを常に管理する環境である．欧米の自治体の個室主義とは異なって，近く
の者にすぐに声をかけられることから円滑にコミュニケーションを図れる．

　他方，組織として仕事をするため，個人の責任感や新しい政策にチャレン
ジする組織風土の形成には不向きである．また，厄介な問題として，仕事を
しない人がいても組織として仕事をしているため，見て見ぬふりをして組織
で責任をとるように業務調整がなされ，仕事をしない人をそのまま温存させ
てしまう．この結果，できる人に仕事が集中する傾向が強くなる．

　市民は，肥大化した実際の公務員像や，大部屋主義のもとでの仕事の仕方
について，必ずしも把握しているとはいえないが，市民の抱く自治体職員の
遅い意思決定や低い生産性などのイメージは間違っているとはいえない．た
だし，どのような組織構造でいかなる職種の職員が働いているかに精通する
と，問題はより複雑かつ深刻であることが理解できるだろう．本章では，は
じめに自治体組織の構造と公務員像を確認する．そのうえで，自治体職員の
キャリアや就業環境，能力育成について検討する．

2. 自治体組織

(1) 首　長

　市町村長は満 25 歳以上（都道府県知事は満 30 歳以上）の日本国民の候補
者から直接公選制により選ばれる．いずれも任期は 4 年である．首長が，国
会議員や自治体議員，自治体職員，また，請負関係にある民間企業の役員と
兼務することは，地方自治法で禁止されている．首長は，議員とは異なり，
住民である必要はない．

　首長主義のもと，日本の首長は大きな権限をもっている．地方自治法149条では，「概ね左に掲げる事務を担任する」（概括例示主義）といって，議案提出，予算の調製と執行，税や手数料の徴収，決算の議会への提示，会計監督，財産管理，公の施設の管理，証書・公文書の保管，それら以外の事務の執行という9例をあげるが，あくまで例であり，これら以外にも，規則制定，事務組織の設置，主要な委員の任命など非常に広い範囲の権限を有する．以下では，まず，首長主義を維持する自治体の組織構造を概観する．

(2)　自治体組織の構造

①首長部局

　自治体組織のかたちを端的に表現すると，ピラミッド型組織（階統制組織）といえる．ピラミッド型組織は，トップダウンによる指揮命令系統が明確であり，決まったサービスを大量に生産するうえで最も合理的な組織構造である．ただし，多様に変化する公共的問題の環境や市民ニーズに適応するためには，政策現場に近いところで問題や市民ニーズを確実にとらえた政策の立案ができる組織構造が求められる．このため，これまで組織をフラットにしたり，プロジェクトチームを組成するなどの工夫が試行されてきた．

　ピラミッド型組織の内部をみると，首長をトップにいくつかの執行機関と補助機関がおかれる．具体的には，首長のもとに各部署により構成される首長部局と，各種の行政委員会がぶら下がる．こうした構成を，執行機関多元主義という．また，各地区の市民や課題に近いところでサービスを提供するために，都道府県の場合は，県税事務所，健康福祉センター，土木事務所，児童相談所，産業技術センターなど，市町村の場合は支所などの出先機関がおかれる．

　首長部局には，総務，財政，企画といった管理業務を担当する総務系組織と，福祉，産業，都市計画などの分野別施策を担当する事業系組織があり，事業系組織の各部には，それぞれ名称は異なるものの総務を担当する課が概ね設置されるように入れ子構造となっている（松井2012）．

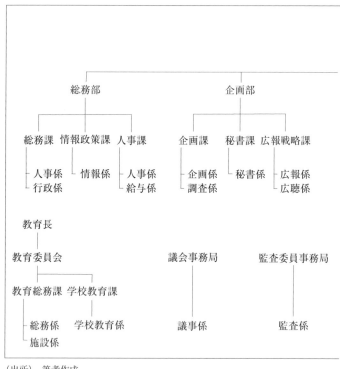

（出所）　筆者作成.

図 4-1　行政機

　ところで，戦後，都道府県の組織編成は国が示した標準局部例に従う必要
があり，1991 年の標準局部例廃止後も，人口規模別の局・部数（法定局部
数）が決められ，2003 年の地方自治法改正まで自治組織権が制約されてい
た（稲継 2013）．ただし，現在はそのようなことはなく，対応すべき政策課
題に応じた組織編成が可能である．本来は，問題や市民ニーズといった環境
に適応する組織編成が望ましいが，知事交代時に知事が独自色を出そうと，
前知事が導入したフラット化や横割り組織の本部制を見直す傾向がある（北
村他 2017）．マニフェストで新しい政策を標榜して当選したのであるから従
来と異なる色を出そうとするのはわかるが，税金の効率的使用の責務におい

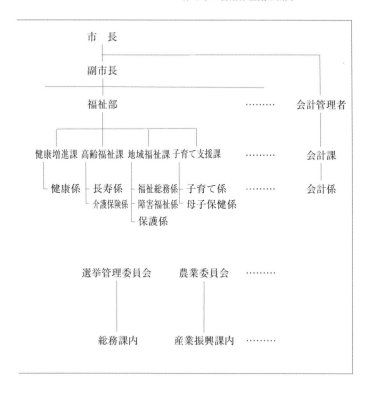

構図のイメージ

て，知事が変わるたびに組織再編が行われるのは必ずしも妥当ではない.

②行政委員会

　行政委員会や行政委員は，1機関への権限集中の回避，中立的な行政運営，市民参加によるコントロールのためにおかれるもので，首長から独立した権限や地位を有する．行政委員会として市民が最もよく耳にするのは，教育委員会であろう．これは，首長が議会の同意のもと任命した教育長と委員からなる委員会で，そのもとに事務局がおかれる．市町村により名称は異なるが，教育総務課や学校教育課，社会教育課，図書館などの組織が事務局にぶら下

がる構造である．2015 年からは，いじめ問題への自治体の応答性を高める
ために，教育委員会が首長と議論する総合教育会議の設置，ならびに首長に
よる教育に関する大綱策定が義務づけられている．

　自治体職員の給与条件や不利益処分への不服申し立ての審査を行うのが人
事委員会や公平委員会である．人事委員会は，都道府県と政令指定都市など
比較的規模の大きなところに設置される．自治体職員はその地位の特殊性か
ら労働基本権のうち争議権が認められていないため，その代替措置として，
これらの委員会が設置されている．

　その他にも，選挙の管理や執行，選挙人名簿の調製，普及啓発など選挙に
関する事務を行う選挙管理委員会，都道府県警察の運営を管理する公安委員
会，農地の売買や貸借の許可，農地転用に関わる事務を担う農業委員会（市
町村のみ）などがある．

　行政委員としては，財務に関して法令違反の有無や効率的使用の監査を行
う監査委員がいる．行政委員会が複数の委員の合意に基づき政策を決定する
合議制の機関であるのに対して，行政委員は 1 人で活動する独任制である．

(3)　環境適応の組織編成

　指揮命令系統が明確なピラミッド型組織は，トップダウンの業務遂行を得
意とするが，市民ニーズや問題の変化といった環境への適応は不得手である
ことから，政策現場に権限を下ろして問題発見志向で取り組む組織編成が求
められる．

　代表的な方法は，組織のフラット化である．ピラミッドの階層の一部を削
減することでよりフラットな構造とし，意思決定の迅速化を図る．たとえば，
課長－課長補佐－係長－係員の中間管理職の一部をなくし，課長－リーダ
ー－担当とし，リーダーのもとに担当が複数いるグループ制にするような構
造である．階層が削減されるため，決済手続や連絡調整の効率化が図られる．
特に組織が大きな都道府県では，グループ制を試行したところがいくつかあ
り，最も早く試行した静岡県では，1998 年度から課を廃止して行政の目的

別に小規模な室を設置し，部長から係員まで 7 階層あったのを 5 階層にし，部の再編も行った．施策目的別組織ということであるが，そもそも組織が大きすぎる都道府県ならではの対応である．

　市町村レベルでも，多治見市が 1998 年に係制を廃止したように，全庁的に組織をフラット化し，グループ制を導入しているところがある．ただし，大都市を除く市町村の組織は都道府県の組織よりかなり小さい．このため，既に効率化している市町村にとっては，フラット化は業務に比して人員が余っている都道府県や大都市の話という感がある．これは，市町村は，市民と直接対峙しながらサービスを提供しており，市民ニーズが目前にあるなかで即応が求められるからである．極端な例をいえば，小さな町村の中には総務課が企画，公共施設の管理，広報，情報公開，法務，庶務に加え，PFI などのプロジェクトや国が誘導する新しい政策への対応など驚くほど広範囲に対応しているところもある．このように，フラット化を採用するほどの階層がない市町村も多い．

　なお，多治見市では，グループ制と同時に，勤務評定に関係する目標管理制度を導入し，部長や課長の目標達成状況を市民に公表している．これは責任主体としての自治体職員の自覚がうかがえる事例で，市町村として先進的であるばかりか，フラット化を試行してきた都道府県よりも前へ進んでいる．

　フラット化以外にもさまざまな方法がある．プロジェクトチームの組成は，各部署からメンバーを招集した組織を特別につくる方法であり，どこの自治体でも行っているアドホックな組織設置である．課をまたいで同じプロジェクトを担当するため，縦割り行政の解消，政策課題への対応，職員間での斬新なアイデア出しと意見交換，新しい人間関係の構築といった効果がある．

　また，危機管理や広報，経営戦略など特定の課題を中枢に据えるために，これらの部門を首長直轄の位置づけにする組織再編もある．あるいは，かつて佐賀県が行ったものであるが，予算と人員管理の権限を総務部から各本部へ移譲した本部制の事例もある．

　組織編成において重要なことは，政策課題への対応である．古い話である

が，アルフレッド・チャンドラーの「組織は戦略に従う」という考え方に対して，イゴール・アンゾフの「戦略は組織に従う」がある．本来，環境に適応するための政策に従う組織が必要である．ところが，古くからの踏襲で作られてきた組織が政策を規定してしまい，環境変化に適応しにくくなる．縦割り行政のもとで同様の政策が別々の部署から実施されるように，政策は組織構造に従う．これを改善するために，問題や市民ニーズといった環境に適応する政策課題を念頭におき，組織構造を導くのがよい．つまり，「政策が組織に従ってしまい」縦割り行政となるので，環境適応をめざして「組織が政策に従う」ように組織を編成するのである．

3. 自治体職員

(1) 自治体職員数

「地方公共団体定員管理調査」（一般職常勤職員のみ）によれば，2019 年の総職員数は 274 万人少々である．最多であった 1994 年からは大幅に減少している．とりわけ，2005 年の総務省通知による集中改革プランの策定要請の影響は大きかった．これは，2005 年度から 5 年間で，過去 5 年の実績を上回る職員数削減の定員管理を求めるものであった．2004 年度は，地財ショックにより地方交付税総額や臨時財政対策債が前年度比 1 割以上減という状況にあったこともあり，自治体の現場は大きく混乱した．国に比べて実際に政策を実施する自治体，とりわけ市町村では，集中改革プランにより，多い業務量を少ない人数で対応しなければならない体制を強いられ，現在に至っている．

(2) 公務員像と責任主体

地方自治の教科書では，自治体の公務員像を描く際，図 4-2 のような構成がよく紹介される．構成は，公立の小中学校や高等学校等の教員 4 割弱，一般行政部門 3 割少々，水道などの公営企業部門や警察官が 1 割ずつ，消防は

6％である．これには，任用や勤
務，分限，懲戒，服務などの基準
が特別に規定されている特別職は
含まれない．特別職は，首長（市
町村長，知事）や副市町村長，副
知事，議員のほか，監査委員，選
挙管理委員会や教育委員会などの
委員，消防団員，水防団員，特定
地方独立行政法人の役員などがあ
てはまる．一般職とは，特別職以
外の職員である．

　一般職常勤職員に限った公務員
像は，市民・自治体間の信託関係
に内包された応答的な政策遂行を
担保する「責任主体」の概念をあ

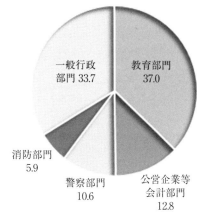

(注)　2019 年 4 月 1 日，計 2,740,653 人．
(出所)　総務省ホームページ（https://www.
soumu.go.jp/iken/kazu.html）を一部
省略（2020 年 12 月 1 日閲覧）．

図 4-2　自治体職員数の部門別構成
（一般職常勤職員）

いまいにする．責任主体とは，全体の奉仕者，法令遵守，職務専念，秘密保
持，信用失墜行為の禁止といった従来の自治体職員としての義務より前進し
た積極的に公共的問題を解決しようという主体概念である．応答的な政府で
あるためには，幹部の決意だけでなく職員の意志が必要とされる（西尾隆
2013）．

　正確には市区町村，都道府県，一部事務組合などの組合・広域連合，特定
地方独立行政法人で仕事をしている人は，すべて自治体職員であり，それは，
選挙で選ばれた人か否か，また，非常勤職員や臨時職員，定年後に再雇用さ
れた職員にかかわらず，すべて自治体職員である（坂 2004）．さらに重要な
ことに，パートタイムの会計年度任用職員（一般職非常勤職員）であっても
自治体の政策を担う人たちであることには変わりなく，まぎれもない責任主
体である．したがって，市民から信託を受けたサービスを担っている自覚が
必要である．

むしろ，窓口で市民に直接応対する職員には正規職員でない人が多く，そ
れらの職員が公務員像のイメージを強烈に印象づけている．自治体の方針と
しては，定型業務という理由だけで非常勤職員を窓口に配置しているようで
あるが，研修コストをあまりかけず，職員の責任主体意識を十分に喚起して
いない現状は市民の不満を増大させるばかりである．対応の善し悪しは，窓
口の非常勤職員を支える常勤職員の判断や方針に基づく部分もあるものの，
常勤，非常勤，臨時の別なく自治体職員として責任主体であるという認識に
ついて，いま一度自覚が必要である．

(3)　自治体職員ではない責任主体

　自治体職員でなくとも，自治体からの税金をもとにした資金を供給され，
公共サービスを担う場合は，同様に責任主体としての認識が必要である．た
とえば，自治体の有償ボランティアや業務委託を受ける場合は私人や団体，
民間企業，NPO として公共サービスの形成や実施に関わる．
　また，一般地方独立行政法人の職員は，自治体職員には含まれない．この
地方独立行政法人とは，自治体が「公務員型」に指定すれば特定地方独立行
政法人，「一般型」に指定すれば一般地方独立行政法人に区分される組織で
あり，一般型は自治体職員ではなく，給与面で勤務成績のウェイトが大きく
なる．ただし，業務委託や有償という場合の資金の出どころは税金であり，
一般地方独立行政法人も自治体から資本金等を拠出されて公共サービスを実
施している．
　これらの政策主体は，自治体職員ではないというように区分されたに過ぎ
ず，政策を担う責任主体であることには変わりない．自治体組織ではない組
織に所属する彼女/彼らは，市民からみれば，公共サービスを担う責任主体
であり，不正なく効率的にサービスを供給する責任を負っているのである．

(4)　新しい職種

2015 年度から始まったものとして，日本版シティマネージャー制度とよ

ばれる地方創生人材支援制度がある．これは，地方創生に従事するため，国家公務員や大学研究者，民間人材を，首長の補佐役として 2 年間派遣する制度であり，市町村まち・ひと・しごと創生総合戦略の各種施策を強力に推進する役割を担う．2019 年 8 月時点で約 230 名が市町村に派遣されている．

　派遣先での役職には，副市町村長として特別職，常勤一般職の幹部職員，あるいは非常勤特別職となる顧問や参与等の種類がある（内閣官房まち・ひと・しごと創生本部事務局『地方創生人材支援制度による派遣希望人材の募集について（大学研究者及び民間人材向け）』2016 年 12 月）．外から登用された地方創生人材支援制度の評価はこれからであろうが，制度が継続されてきたことからすると，その活動は一定評価されているものと思われる．

　2020 年度からは，情報通信技術をはじめとした未来技術を活用した事業や企画等を担う民間人材として，デジタル専門人材が政令指定都市を除く市町村に派遣されることになった．役職は，地方創生人材と同様に副市町村長や幹部職員等である．

　ほかに，2009 年度から続けられているものとして，千以上の市町村へ数千人が派遣されている地域おこし協力隊がある．これは，過疎地域などの条件不利地域へ住民票を移して，地域の地場産品の PR やブランドの向上，環境保全，まちおこしなどの活動を 3 年以内で行うものである．地域おこし協力隊の職種は，一般職非常勤職員である会計年度任用職員に該当する（全国町村会総務部法務支援室『非常勤職員の整理と分類について』2018 年 12 月）．

　地域おこし協力隊には，地元の市民や市の要望に応えて加工品の開発やイベントでの出品を行ったり，その後，開業を行うような期待された実績をあげる人たちがいる．また，真庭市のように，協力隊卒業生による起業が数社あり，地域への定着率が高い事例も出始めている．他方，地方創生人材支援制度のような幹部人材ではないにもかかわらず，あたかもコーディネーターやコンサルタント気取りのような振る舞いばかりで実績をあげない事例や，自己実現の優先度が高すぎる人が思いどおりにならないため，地域に対して不満を抱く事例も見かける．しかし，自己実現の優先度が高すぎる彼女/彼

らも，税金の投入のもとに働く自治体職員であり，自己実現だけで働いてよいわけではなく，公共的問題の解決にあたる責任主体である自覚が必要である．

(5) 自治体職員の分類

「一般職と特別職」の分類以外に，「職種に基づくもの」，「現業と非現業」などの分類がある．「職種に基づくもの」は，一般行政職や学校事務，警察事務などの行政職，電気や土木などの技術職，保育士やケースワーカーなどの福祉職，消防士や警察官などの公安職，その他（栄養士や司書など）に区分できる．これは公務員試験を受ける際に，募集要項に掲げられる区分である．

　現業職員は，勤務時間や労働安全衛生法などの取り扱いが異なる職員で，現業職員以外を非現業職員という．現業職員は，清掃作業，衛生作業，道路補修，下水道管理，保育所・学校給食，学校用務員，公用車運転，農業補助員，動物園飼育などの技能労務職である．

　その他，市町村営バス，東京都の都営バス，長崎県の県営バス，公営の地下鉄，水道局などに勤務する自治体職員は，公営企業に勤務することから，企業職という．

(6) 任命権者と指揮監督権者が異なる職員

　複雑であるのは，教職員と警察官である．教職員に関しては，県費負担教職員制度というものがあり，都道府県は，義務教育費国庫負担（教職員給与の3分の1）を国から配分されたうえで，市町村の小中学校や特別支援学校の教職員の給与を負担するとともに，任命権も都道府県教育委員会がもつ．ただし，政令指定都市は，教職員給与の3分の1の国庫負担を配分され，市の小中学校と特別支援学校の教職員の給与を負担し，任命権は政令指定都市教育委員会がもつ．県費負担教職員制度の目的は，市町村域では優秀な人材や財源が限定的になることへの対応と，広く人事交流を行う目的がある．

　次に警察官は，基本は都道府県職員で，任命権者は，道府県は警察本部長，都は警視総監である．ところが，警視正以上（上位から警視総監・警察本部長，警視監，警視長，警視正）になると，地方警務官といって一般職の国家公務員になり，国家公安委員会が任命する．したがって，都道府県が合併したり，道州制を導入する際に，それらの自治体が警察事務を引き受けると，自治体数が少ない中で，国からコントロールされやすくなる（西尾 2008）．

　このような任命権者と指揮監督者が異なる問題のかつての代表例は，都道府県知事の指揮監督を受けながら国家公務員として仕事をしていた地方事務官制度であった．これは 2000 年の地方分権一括法施行により機関委任事務制度とともに廃止されたが，その背景として，もともと大日本帝国憲法下では，都道府県職員はみな官吏（国家公務員）であったという事情がある．これが日本国憲法施行により，知事とともに都道府県で働いていた職員は自治体職員になったが，学校や社会保険事務所，勤労署の職員や警察は，当面は官吏とされた．その後，警察は異なる制度となるが，地方事務官制度については，指揮監督権が知事にあるとはいえ，形ばかりのものであったため，自治体の権限明確化のため 2000 年に廃止された．

4．キャリアと給与

（1）　キャリア

①採用・異動

　自治体職員は，筆記と面接を通じた公開競争試験による任用制度（メリット・システム）で採用される．メリットとは，職員にふさわしい能力としての資格を意味し，政治的闘争による恣意的人事（スポイルズ・システム）を改善するために導入されたもので，専門的・技術的能力が重視される（今里 2000）．つまり，標準的職務遂行能力を見える化させるためのものである．

　ただし，今里（2000）によれば，「職員にふさわしい能力」というメリット概念は変容しうるもので，政治的な権威配分と無関係ではないという．こ

の考えを自治体の人事政策に転用すれば，公開競争試験という条件のもと，市町村や都道府県によって求める能力は異なって設定することができ，そうした設定は自治体ごとに裁量の余地があるといえる．このようなことから，2010 年代の有効求人倍率が上昇を続けた時期には，特に都市において，民間企業で活躍しそうな決断が早くフットワークの軽い人材など，独自の採用基準を念頭に面接重視により採用を行う都市が増加した．

　一般的には不況期に自治体職員への就職希望が多くなる傾向にあるが，単に安定的であるからという理由で，自治体職員への就職を希望するのでは責任主体からはほど遠い動機である．採用時に積極的な自身の性格の一面をアピールしておきながら，入庁後，責任が重くなる昇進を意図的に避けるという態度をとる職員もいるが，このような態度は市民に到底納得してもらえるものではない．

　一方，いつの時代も公共的な問題解決をライフワークにしたいと願う人が自治体職員の中でリーダーシップを発揮しているのも事実である．近年は，民間企業からの転職者も増えており，民間企業で養われた決断力やコミュニケーションスキル，フットワークの軽さといった能力は，硬直的な自治体運営に新風を吹き込むものとなる．首都圏を除く多くの自治体で人材難に直面するなか，都道府県や都市などでは積極的に経験者採用を行っている．地元出身で進学や就職で道府県外に出た人材が戻ってきて，自分を育ててくれた地元のために生涯をかける選択は，地域にとって大きなメリットとなる．

　さて，多くの自治体職員は，採用後，定年退職までに出先機関や他の組織への出向も含め，複数の部署へ異動しながらそれぞれの政策分野における実践的知識を習得するとともに，上位の職へ昇任しながらキャリアを形成する．

　職位には，主事，主任，係長，課長補佐，室長，課長，部長，局長といったものがある．このような一般的な人事異動のスタイルが採用されるのは，ゼネラリストの人材育成をめざしているからである．一方，最終的に部長へ昇任する人材が，早い段階で人事課や財政課を経験するように選抜されるルートもあり，こうした人材は一般的な勤務年数である 3 年を超える 5，6 年

間を人事，財政で勤務する（竹内 2019）．その他，マニフェスト選挙で当選
した首長の意向をトップダウンで政策にするために企画部門に特別に配置さ
れる人事もある（竹内 2019）．

　また，電気などの技術職で入庁後，途中から企画部門の一般職とともに働
き，全庁的な主力職員となるケースもある．自治体の政策現場では，自分の
能力が開花する場面に多々巡りあうため，仕事はしてみないことにはわから
ないといえる．その逆もあり，対人的サービスを基本とする部署よりは，会
計や財務に関わる部署があっているような場合もある．

　異動のニーズをふまえた制度として，豊中市が 2020 年度からはじめた庁
内人材公募や，どの自治体にも備わっている異動希望を申請する制度もある．
前者の庁内人材公募は，職場と職員のそれぞれのニーズの完全な合致を基本
とした制度で，組織の活性化に貢献する．もっとも，自治体職員は，一度勤
務した分野から基本的に 3 年ほどで他部署へ異動するため，自分が勤務する
部署に適合的でなかったとしても，その後の異動機会を想定し自治体で働く
動機づけを維持できる可能性は，民間企業よりも高い．

②昇　　任

　昇任は，係長職や管理職などになるための昇任試験や人事評価制度により
行われる．人事評価は，形式的には，企画立案や専門知識，判断力などの能
力評価と，業績をもとに行う業績評価によりなされる．ただし，自治体の仕
事は，民間企業のように具体的な商品やサービスの売上によって評価できる
わけではない．代わりに，多様な価値観やアクターが渦巻く公共的問題を調
整する能力が問われる．

　調整能力は，個人の判断力，将来を見通す想像力，フットワークの軽さ，
経験のほか，地域内外の影響力ある企業や NPO，議員，国などとの厚い人
脈の活用力に支えられたものである．とはいえ，売上とは異なり，調整能力
が高いかどうかは正確には判断しにくいため，昇任は，個人の能力と経験と
は関係のない性別や出身校などの属性や首長の選挙結果が考慮されることも

ある（出雲 2012）．特に都道府県では，人事評価に影響していると実証するのは難しいが，出身大学による集団意識が存在し，同一大学の出身者が多い場合は，上位の公立高校出身者であるかどうかが職員間の議論になることもある．

③定　　年

　2022 年度から，国家公務員の定年が 60 歳から 2 年ごとに 1 歳ずつ引き上げられ，2030 年度に 65 歳を定年にする国家公務員法の一部改正，ならびに自治体職員も条例に基づき同様の措置をとるための地方公務員法の一部改正が検討されている．65 歳まで働けるのであれば，多様な経験をしてきたベテラン職員が，60 歳直前の役職から解き放たれ，自治意識に基づいて機動力ある社会貢献をすることにも期待がもてる．また，人口減少社会で人手不足という民間企業へも定年延長を促す意味でよい刺激を与える．

　60 歳になる直前に就いていた役職がその後も変化しないとなると人事の停滞を招くが，法案によると，これを避けるために，60 歳になると役職から外す役職定年制（管理監督職勤務上限年齢制）がある．国家公務員では 60 歳であるが，自治体の場合は，役職の範囲や定年とする年齢は条例で定めることになる．ほかに，60 歳から 65 歳までの間に本人の希望で退職した職員が短時間勤務に切り替える制度として，定年前再任用短時間勤務制がある．

　なお，当面，国家公務員の給与は 60 歳直前の 7 割の水準にするように決められることを理由に，自治体職員も同水準にするよう要請されるようであるが，行う仕事との関係で給与水準を決めるのは，本来，自治体側に裁量がある．

（2）　給　　　与

　自治体職員の給与は給料と手当から構成される．手当は，ボーナスに該当する期末手当や勤勉手当，その他，扶養手当や住居手当，通勤手当といった

民間企業と同様のものだけでなく，夜勤や休日出勤のための手当や特殊勤務手当など多様なものがある．毎月振り込まれる給料は表 4-1 のとおり，職務経験年数に応じて昇給（表の下にいくほど給料が増加）する年功序列型賃金制度に基づいている．

　表の右側にいけば，たとえば，係長から課長補佐，課長補佐から課長というように職位が昇格する．昇格すると同じ職務経験年数であっても給料月額は高い．こうした給料表の給料月額の大きさは，医療職＞教育職＞警察職＞一般行政職の順となっている．

　地方公務員法では，人事評価結果を任用や給与へ反映することが義務付け

表 4-1　自治体職員の給料表のイメージ

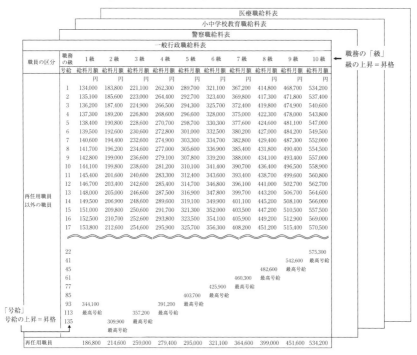

医療職給料表 / 小中学校教育職給料表 / 警察職給料表 / 一般行政職給料表　（職務の「級」 級の上昇＝昇格）

職員の区分	号給	1級	2級	3級	4級	5級	6級	7級	8級	9級	10級
		給料月額（円）	給料月額（円）	給料月額（円）	給料月額（円）	給料月額（円）	給料月額（円）	給料月額（円）	給料月額（円）	給料月額（円）	給料月額（円）
再任用職員以外の職員	1	134,000	183,800	221,100	262,300	289,700	321,100	367,200	414,800	468,700	534,200
	2	135,100	185,600	223,000	264,400	292,700	323,400	369,800	417,300	471,800	537,400
	3	136,200	187,400	224,900	266,500	294,300	325,700	372,400	419,800	474,900	540,600
	4	137,300	189,200	226,800	268,600	296,600	328,000	375,000	422,300	478,000	543,800
	5	138,400	190,800	228,600	270,700	298,700	330,300	377,600	424,600	481,100	547,000
	6	139,500	192,600	230,600	272,800	301,000	332,500	380,200	427,000	484,200	549,500
	7	140,600	194,400	232,600	274,900	303,300	334,700	382,800	429,400	487,300	552,000
	8	141,700	196,200	234,600	277,000	305,600	336,900	385,400	431,800	490,400	554,500
	9	142,800	199,000	236,600	279,100	307,800	339,200	388,000	434,100	493,400	557,000
	10	144,100	199,800	238,600	281,200	310,100	341,400	390,700	436,400	496,500	558,900
	11	145,400	201,600	240,600	283,300	312,400	343,600	393,400	438,700	499,600	560,800
	12	146,700	203,400	242,600	285,400	314,700	346,800	396,100	441,000	502,700	562,700
	13	148,000	205,000	246,600	287,500	316,900	347,800	399,700	443,200	506,100	564,600
	14	149,500	206,900	248,600	289,600	319,100	349,900	401,100	445,200	508,100	566,000
	15	151,000	209,800	250,600	291,700	321,300	352,000	403,500	447,200	510,500	557,500
	16	152,500	210,700	252,600	293,800	323,500	354,100	405,900	449,200	512,900	569,000
	17	153,800	212,600	254,600	295,900	325,700	356,300	408,200	451,200	515,400	570,500
	22										575,300
	41									542,600 最高号給	
	45								482,600 最高号給		
	61							460,300 最高号給			
	77						425,900 最高号給				
	85					403,700 最高号給					
	93	344,100			391,200 最高号給						
	113	最高号給		357,200 最高号給							
	135		309,900 最高号給								
再任用職員		186,800	214,600	259,000	279,400	295,000	321,100	364,600	399,000	451,600	534,200

「号給」号給の上昇＝昇格

（出所）　総務省ホームページ（https://www.soumu.go.jp/main_sosiki/jichi_gyousei/c-gyousei/pdf/kyuuyo-tk_01.pdf）を一部省略（2020 年 12 月 1 日閲覧）.

られ，評価結果の勤勉手当や昇給への一律支給という対応は不適切とされるが，実際には昇給や勤勉手当へ評価に応じた反映を行っていない市町村も多い（総務省 2019a）．この背景にあるのは，年功序列型賃金制度や，勤務年数に応じて支払われる退職金の大きさがある．

　職階制は，自治体職員の職について，「種類」と「複雑さ・責任」といった合理的基準に基づき分類し，人事行政から恣意と情実を排斥する科学的分類法である（晴山 1989）．職階制は，地方公務員法には 1950 年に盛り込まれるが（2014 年地方公務員法改正に基づき削除），ほとんどの自治体では導入されていない．ただし，給料表だけは，同一の職に同一の資格と給与をあてはめるという職階制の考えに基づいている．ちなみに，職階制は自治体にまったく導入されていないという理解は誤りで，実際には弘前市などいくつかの自治体で導入されていた（川手 2006）．

（3）　人事交流

　人事交流は，市町村から都道府県や国へ出向，都道府県から市町村や国へ出向，都道府県や市町村から民間企業等に出向，国から都道府県や市町村へ出向のパターンがある．また，最近は少なくなったが自治体国際化協会などの海外の事務所や国内外の大学へ自治体から出向するケースもある．基本的に多様な現場の経験を得てキャリアを形成することが主要な目的であるが，国との関係においては国へのパイプを形成する意味もある．民間企業への出向は，サービスの生産性の高さやマナーを直接体験する意味がある．また，研修として，NPO の現場で一定期間働くといった事例もある．

　人事交流そのものは，実際に他の組織で実践的知識や組織の文化，マネジメントを学ぶ機会であり，自治体職員のキャリア形成には有益である．他方，総務省のキャリア官僚が都道府県の総務部長や財政課長へ出向するというような，国から自治体へ出向する場合，出向官僚にとっては地方交付税や補助金を要求する立場での経験がその後の本省での政策立案での参考になると考えられている（北村ほか 2017）．とはいえ，このような出向は，自治体にと

って必ずしもメリットが大きいとは言えない．その理由は，出向官僚は決断力が早く，さまざまなプロジェクトを立ち上げたがるものの，わずか 3 年ほどで本省に戻ることになり，地域のために責任を自らとるような働き方をしないからである．

(4)　デジタル技術を活用した就業環境

　自治体の就業環境もデジタル化によりかなり変わってきた．1 つは，2018年頃から自治体の管理業務支援として普及してきた RPA による業務の効率化である．RPA とは，定型業務をソフトウェアで自動化するものであり，たとえば，申請受付から，その内容をコピーして，他のソフトを起動させ，統一のフォーマットに貼り付け，別のファイルに画像形式で保存し，統一フォーマット内で与えられた数値をもとに提供できるサービス水準を算定するなど，一連の作業を自動化するものである．OCR–RPA で手書きのものを電子化すれば効率化は飛躍的に向上する．

　RPA は，エクセルのマクロ機能と違い，異なるソフト間で一連の処理を自動化できる．しかも巨額の情報基盤システムを導入せずに，既存のシステムを基礎にしたソフトウェアとして安価に導入でき，また，業務時間が 8 割以上効率化できたという事例もある．神奈川県政策研究センター『全国自治体における RPA の導入状況（アンケート調査概要 2019 年 6 月）』によれば，現状では財政・会計・財務・税務への適用が多い．

　2 つ目は，管理業務への AI の活用である．RPA，AI ともにソフトウェアやハードウェアを開発し自治体を支援してきたベンダー側の技術開発による貢献である．AI を用いた管理業務の代表格は保育所認定審査業務である．保育所入所審査は，従来，場所や料金，姉妹/兄弟と同じかどうかなどの条件をふまえ，個々のニーズに則して担当者が多くの時間をかけて認定審査業務を行ってきた．これをゲーム理論の思考や学習が可能な AI により，利用者の希望にできる限り適うように瞬時に行うわけである．AI の活用事例として，港区が行う多言語の AI チャット，室蘭市や千葉市が行う AI による

道路の路面損傷の自動検知などがあり，その他にも用途の拡大が模索されている．管理業務への RPA や AI の活用は，処理時間の大幅な短縮による効率化だけでなく，人的資源が十分に確保できない自治体のサービス維持に向けた組織管理の効率化に一定程度貢献する．

　3つ目は，テレビ会議システムなどの意思決定支援技術である．特にCOVID-19 感染リスクが高まって以降は，Zoom などのテレビ会議システムで庁外のものと会議が行われるようになっている．豊中市では，スマートオフィスを推進するために，2019 年度からフリーアドレス制，無線 LAN環境，WEB 会議，会議中の資料のペーパーレス化を実践している．また，2020 年度からは，時差出勤制度やテレワークも行われている．あわせて，国においてもハンコ文化を見直し，押印削減や電子文書が本物であることを証明する e シールの技術導入などの検討が進められている．自治体の就業環境も働きやすい環境になっており，以前の自治体の職場イメージとはかなり異なる．

(5)　自治体職員の能力育成

　田中（2012）によれば，自治体職員の能力育成には，3つの柱がある．それらは，研修所研修を行う Off-JT，職場研修である OJT，そして自学である．これらのうち，Off-JT は多様な講師の講義を聞き，自治体職員の意識変容をもたらすが，実際の行動変容にまではなかなかつながらないという．

　結局，行動変容につながるものは，職場で問題の本質に迫る経験を得るOJT とされる．確かに実際に仕事に取り組んでいるときにしか，直面する問題に身をもって経験することができないし，責任感をもった行動はとれない．その意味で，職場が人を育てるわけである．優れた上司や同僚に恵まれればよいが，そうでなければ本人の動機が低下する．しかし，たとえ優れた上司や同僚に恵まれなくてもそうした職員をみて，なぜ優れていないかを絶えず自問自答することも必要である．その際の基準は，田中が真山（2001）の探索型問題の議論を持ち出して説明するように，問題の本質を探索的にみ

ることができるかどうかである．昔から上司が行ってきたから前例踏襲で対応するというのではなく，そもそも何が問題かを探索し，問題の本質をよみとく能力の訓練が必要である．探索型問題の事例は第6章で論じており，また，この議論は，第7章の危機管理対応と前例懐疑思考の論点と同様である．

第5章
税 財 政

1. 行財政改革志向とコスト意識

(1) 行財政改革志向

　平成の大合併が急速に進んだ 2005 年，総務省は，職員数削減目標を盛り
込んだ集中改革プランの策定を自治体に要請した．2005 年といえば，合計
特殊出生率が過去最低の 1.26 を記録し，深刻すぎる少子化が露呈した時期
でもある．その 3 年後の 2008 年にはリーマンショックが日本経済を襲い，
自治体の財政難が加速した．平成の大合併の終結宣言が出された 2010 年前
後には，民主党政権が行政刷新会議で行った事業仕分けをマスメディアが盛
んに取り上げ，行財政改革の機運がさらに高まることになった．

　以降，自治体でも事業仕分けや外部評価を実践するようになる．ただし，
実際に仕分けを行う委員が行政内部の様々な制度を一朝一夕に理解するのは
困難なこともあり，事業仕分けを行う自治体は徐々に減少する．代わりに，
従前から策定してきた行財政改革に関する大綱やプランに基づく改革が進め
られ，行財政改革志向が自治体内でますます存在感を増すことになった．

　また，公共施設の巨額の更新需要への対応として，2014 年に国から公共
施設等総合管理計画の策定が要請された．さらに，2018 年には公共施設の
長寿命化計画の策定が求められる．あわせて，近年では，行財政改革に取り
組まない自治体は，地方交付税の算定で減額されるようにもなってきている．

(2)　コスト意識の欠如

　行財政改革を具現化する方法は，歳入増と歳出減の 2 つしかない．このうち，歳入増の方策は，増税や未利用財産の売却，使用料の見直しを除けば，即効性があるのはネーミングライツの活用ぐらいしかなくその増収効果は小さい．歳入増の基幹をなす地方税の増加は，景気変動に影響を受ける企業の所得に依存するものであるが，企業立地や定住促進，一歩進めて定住増のための教育への投資は，基本的な歳入増加策になりうる．順当にいけば，こうした政策の実施により一時的に歳出が増えたとしても，立地した法人や流入者からの地方税の増加に加え，地域経済の成長にともなう税収増という循環までを期待できる．ただし，いずれの自治体においても企業立地や定住促進が高い確率で成功するとは決していえない．税収増に効果がある歳入増加策の見極めは非常に難しく，妙案はなかなか出てこないのが実情である．

　一方，財政難の自治体にとっては，有効な行財政改革を進めるために，やはり歳出削減が必須となる．ところが，近年の日本では，1% でも必要な事業であれば，声の大きな人が「必要だ必要だ」と騒ぎ立て，自治体全体の市民にとってどのようなメリットがあるかを十分に議論もせず，みなそれに同調，もしくは無関心の態度をとっている．守備範囲の広すぎる日本の自治体像は，個々の事業の必要性だけを叫び続ける人たちの意見に対して，同調と無関心の態度を継続してとった結果である．

　国と自治体の税源配分は概ね 6：4 であるが，自治体に対する地方交付税や国庫支出金等による移転財源を経て，歳出はおよそ 4：6 となる．つまり，日本の多くの政策は，自治体が実施しているのである．自治体の行財政運営において，もっとも重要な問題は，コスト意識の欠如である．民間企業だけでなく，個々の世帯の家計でも当然コスト意識を前提に活動している．しかし，市民から集めた税金ではコスト意識が薄れてしまい，にもかかわらず何かにつけて市民は補償を要求し，自治体は税金を自分のお金だと勘違いし，歳出抑制に歯止めがかからなくなる．

　京都府の『府民だより 6 月号』(2020 年) をみると，With コロナ対策と

して，中小事業者や府民生活を支えるための緊急経済対策1114億800万円をはじめ，医療検査体制の確保や感染拡大防止体制など使用する金額を掲載し，それを成果のようにうたっている．一方でその財源についての記載はない．国からの地方創生臨時交付金や国庫補助によるものであればそれを明記しないと府民も京都府財政（自分たちの税金）は大丈夫かと心配になってしまう．6月号時点での緊急経済対策の額だけでも府民1人あたり約4万3000円にもなる．補正予算が決まっていないとはいえ，目途として，府のWithコロナ対策は国からの交付金や補助金で賄えるのかどうか，府の負担はどの程度かなど，緊急時であっても財源に関するおおむねの説明はすべきである．Withコロナ対策で不正のないようにどのような対策をしているか，COVID-19で府の財政がどのようなダメージを受けるのか，次年度の税収落ち込みはどの程度かなど，コスト意識に基づく府からの説明は2020年発行のいずれの府民だよりのどこにもない．なぜ，コストである財源について市民にしっかりと説明する習慣のない自治体が多いのかと，コスト意識の欠如を痛感する．

　歳出減は，民間委託などの民間活力の導入だけでなく，そもそもサービスを廃止する英断も含む．この基本的な考えは，いずれの自治体の行財政改革大綱やプランでも同じである．異なるのは，歳入の状況と，歳出減のために実際にメスを入れるかどうかである．本章では，はじめに，自治体の財政指標で都道府県別の財政状況を概観し，そのうえで，歳出や歳入の内訳について学習する．

2．自治体の財政指標

(1)　主要財政指標

　自治体の財政状況を端的に判断するために，財政指標でみる方法がある．財政指標には，財政力指数，経常収支比率，ラスパイレス指数などさまざまなものがある．たとえば，財政力指数は，その名のとおり自治体の財政力を

市民ニーズ（需要）とそれに対応する収入から判断するもので，後述する基
準財政収入額を基準財政需要額で除した値の過去 3 年間の平均値で表す．財
政力指数が 1 を超えている状態は，平均的にみて市民ニーズよりそれを賄う
収入が大きいことを意味し，財源に余裕がある状態を表す．都道府県におい
て財政力指数が 1 を超えるのは 2018 年度決算で東京都のみである（図 5-
1）．東京都の 1.18 に次いで，愛知県や神奈川県で財政力指数が高い．図に
は掲載していないが，財政力指数が 1 を超える市町村については，トヨタ自
動車をはじめ関連企業やものづくり産業が多く立地する愛知県内で多い．

　また，経常収支比率は，人件費，扶助費，公債費等の毎年支出しなければ
ならないものが，経常的な収入（地方税や地方交付税等の経常一般財源，減
収補塡債特例分，臨時財政対策債）に占める割合で算出する．算式は複雑に
みえるが，要するに，普段の収入からどうしても支出しなければならない支
出の割合を示すもので，財政構造の弾力性を判断する．2018 年度決算で経

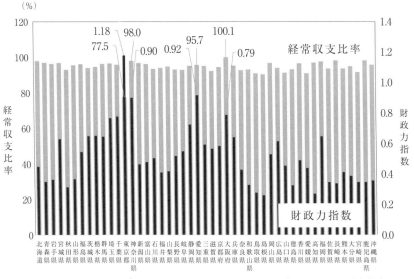

（出所）　総務省ホームページ「平成 30 年度地方公共団体の主要財政指標一覧」より筆者作成．

図 5-1　都道府県の財政力指数と経常収支比率（2018 年度決算）

常収支比率をみると，都道府県の平均は 93% にもなっており，収入のほとんどは支出先があらかじめ決まってしまっている状態にある．このような状況では，新たな政策を実施できる余地は少ない．都道府県の中では，東京都だけが 90% を大きく下回り 77.5% である．富が東京都に集中しているがゆえの結果である．

(2) 健全化法に関わる指標

2007 年に，「地方公共団体の財政の健全化に関する法律」（健全化法）が成立した．健全化法は，それまでの財政再建制度とは異なり，財政再生基準の判断を要する前に，早期健全化基準を設け，対象範囲も一般会計だけでなく，一部事務組合や公社，第三セクターなど地方財政全般に及び，さらに，現金収支だけでなく負債の実態が判明するストック情報（将来負担比率）を公開するなどの特徴がある．

健全化法に関わる指標は 4 つある．1 つは，実質赤字比率である．これは，標準財政規模のうち，自治体の一般会計等を対象とした実質赤字額がどの程度あるか，その比率を示したものである．2 つ目は，連結実質赤字比率であり，自治体の全会計を対象にして，標準財政規模に対する連結実質赤字額の比率を示す．3 つ目は，実質公債費比率である．これは，自治体の一般会計等が負担する元利償還金等の標準財政規模に対する比率の 3 年間の平均である．4 つ目は将来負担比率である．地方公社や出資法人等を含む，自治体の一般会計等により将来負担すべき実質的な負債の標準財政規模に対する比率である．実質公債費比率と将来負担比率は，基準財政需要額算入額分が控除されるなど，実際の計算は複雑である．

さて，健全化判断比率とは，これら 4 つの財政指標で定められる．そして，いずれかの指標が早期健全化基準以上となった場合，財政健全化計画の策定が義務づけられる．再生判断基準は，将来負担比率を除く 3 つの指標のことであり，いずれかが財政再生基準以上となった場合，財政再生計画の策定が求められる．

3.　自治体の歳出入

(1)　予算制度

　自治体の予算は，国と同じで毎年度その 1 年の予算を対象に議決する予算単年度主義をとっている．また，基本的に当該年度の予算により同じ年度の歳出にあてる会計年度独立の原則に基づいている．

　前年度までに決定された予算が 4 月から開始される．これを当初予算とよび，もし 4 月に入るまでに予算が成立しない場合は，つなぎ予算として，人件費や扶助費等の義務的経費を中心に 1〜3 カ月程度の暫定予算が組まれる．また，予算に必要な追加や変更が生じた場合，補正予算が組まれる．

　自治体の会計には，一般の歳入歳出として経理する一般会計と，特定事業の経理を扱う特別会計がある．ところが，自治体ごとにこれらの会計の範囲が異なるため，比較可能なように表したものとして普通会計という決算統計上の概念がある．自治体により一般・特別会計の範囲が異なるのは，個々の自治体の政策目的により，一般会計から切り分けて特別会計で処理するケースが異なるからである．このようなことから，普通会計は，一般会計に，特別会計のうち公営事業会計（公営企業や介護保険事業などの会計）を除いたものを加えて計算される．

(2)　歳　　出

①目的別歳出

　予算は，議会の議決が必要であり，その執行には，款項間の流用が基本的に禁止されている．このように課税や歳出について，市民の代表である自治体議会による行政のコントロールが必要という考えを財政民主主義とよぶ．自治体の歳出の状況をみるためには，目的別あるいは性質別の区分により，変化を判断するのがよい．目的別歳出の区分は，議会費，総務費，民生費，衛生費，労働費，農林水産業費，商工費，土木費，消防費，警察費，教育費，

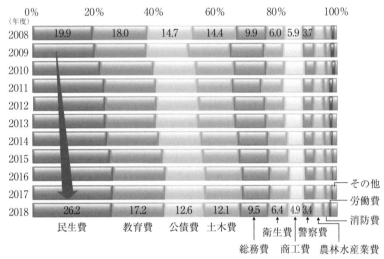

図5-2　目的別歳出額の推移（都道府県・市町村計）

（出所）　総務省（2020）『地方財政白書』より作成.

災害復旧費，公債費等がある.

　図5-2をみればわかるとおり，近年は民生費の割合が最も大きく，しかも拡大傾向で推移している．無駄な公共事業をやめればよいと思ってもここ10年間の土木費の割合は，むしろ減少している．高齢者福祉，障害者福祉，子育て支援，生活保護といった民生費が拡大しているのである．いずれの分野も，持続可能な行財政運営のために，歳出削減の可能性を再確認すべきであるが，拡大している民生費は検討の必要性が特に高い.

　お年寄りにやさしいまちづくりや安心のまちづくりは，どこまで追求しなければならないのか．限られた予算を念頭に，本来必要なセーフティネットの水準を再確認すべきであるし，世代間の不公平感に配慮した政策立案について考えなければならない.

②性質別歳出

　性質別歳出は，義務的経費（人件費，扶助費，公債費），投資的経費（普

通建設事業費，災害復旧費，失業対策費），その他（補助費等）に分類される．これらのうち，義務的経費の割合が高いと財政は硬直化し，新しい政策を実施できなくなる．この状態は，先述の経常収支比率の高さで測られる．

　投資的経費は，まちづくりにおけるインフラ整備のための投資であり，交通環境や産業支援，教育，生活インフラなど，さまざまな政策目的を実現するための基盤的コストである．内訳は，自治体の単独事業，国からの国庫支出金で執行する補助事業，国の直轄事業負担金である．

　直轄事業負担金は，国の道路や河川等の事業実施にともない地域が受益を受けるため，国の事業であるにもかかわらず，自治体が一定負担するものである．たとえば，2020 年 3 月開通の国道 112 号霞城改良では，総事業費約259 億円のうち，2 割強の約 59 億円が山形県の負担となっている．本来国の事業であり，それに応じて歳出を余儀なくされるのは問題とされ，維持管理

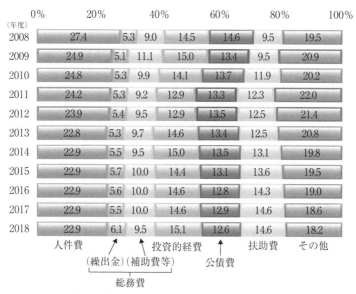

（出所）　総務省（2020）『地方財政白書』より作成．

図 5-3　性質別歳出額の推移（都道府県・市町村計）

に関しては負担金が廃止されたが，新設・改築の負担金は継続されている．

　また，扶助費は，社会福祉，高齢者福祉，児童福祉，生活保護などの福祉の経費である．

　図5-3をみると，人件費が2割を占めて最も大きく，投資的経費は15%程度で推移してきた．2018年度では総務費と扶助費もそれぞれ約15%である．この10年ほどで人件費の割合は低下傾向で推移している．総務費や投資的経費はそれほど変わっていないが，一方，扶助費は2008年度には1割に満たなかったのが，10年間で年々増加し，近年は15%ほどの水準にある．

(3)　歳　　入
①首都圏への税源の集中

　地方税の賦課・徴収は，必ず条例に基づいてなされる必要がある．この考え方を地方税条例主義という．課税について条例で可決されれば，自治体は自由に課税できるというわけではない．課税される側の企業や市民の財政余力がなければならないからである．結局のところ，この財政余力は，人や企業，権限が集中する首都圏においては高いが，その他の地域では低い．

　地方創生などの地方自治の主要課題を解決できない根本要因は，首都圏への税源の集中であり，税源集中の背景には政策を決める権限をもつ省庁の東京一極集中がある．各省庁の東京立地の理由が，企業や関係団体が東京に集中しているからというのは，原因と結果が逆である．各省庁が東京に立地しているから，金融をはじめ大企業が許認可権限をもつ本省との情報交換のしやすい東京に集中し，大企業や人口の集中は関連産業の首都圏集積を加速させ，これにともない，首都圏に居住する人口がさらに集積する．この結果，税源が首都圏に集中する．国会対応のために各省庁が東京に立地するという理由も，政策の決定に依拠した立地を主張するのみで，政策の前提となる問題を検討するうえで適切な立地という視点が欠如しているし，また，本省が東京以外に立地しても組織編成上の工夫で国会対応はできるはずである．

　各省庁は長い間東京に立地しているが，省庁間の連携が促進されるわけで

はないので，セクショナリズムが解消されることはない．そもそも各省庁の東京立地の必要性などなく，経済産業省は広島県，国土交通省は岩手県，環境省は滋賀県などというように，分散立地を検討すべきである．これまでなかなか成果が表れない地域活性化，過疎対策，構造改革特区，地方創生，連携中枢都市圏などの政策は，いずれも中央官庁の移転（各地へ分散）により，解決の道のりが短くなるはずである．

　日本の自治体の財政運営は，このような権限集中を背景とした首都圏への税源集中という問題を抱えており，歳入は特定地域に過多の状況にある．これを調整する地方交付税を含め，以下では，歳入の内訳をみていこう．

②地 方 税

　自治体の最も重要な財源は地方税であり，これは，使途が限定されない一般財源である．歳入に占める地方税の割合は，個々の自治体で大きく異なるが，2018年度決算（都道府県・市町村計）でおよそ4割である．同決算でみると，地方税の割合が日本で一番高いのは東京都の69.4%である．次いで神奈川県（63.8%），愛知県（54.9%），埼玉県（52.3%），大阪府（49.5%）であり，5位以内に南関東の3都県が含まれる．ちなみに，千葉県は47.6%で7位である．逆にワースト5は，岩手県（15.6%），島根県（17%），高知県（18.1%），徳島県（18.9%），鳥取県（19.2%）であり，これらの県では，地方税は全体の2割に満たない．このような地方税の偏在の問題に少しでも対応するため，2008年度からふるさと納税制度が実施されている．

　都道府県の歳入は，個人道府県民税と地方法人二税（法人道府県民税と法人事業税），地方消費税，自動車税，軽油引取税などから構成される．これらのうち，個人道府県民税と地方法人二税，地方消費税の割合が大きく，これらは景気動向に左右されやすい．

　市町村の歳入は，個人市町村民税，法人市町村民税，固定資産税，都市計画税などから構成される．市町村民税とともに割合が高いのが固定資産税であり，都市計画区域においては都市計画税もあわせて徴収される．これらは

景気動向に左右されないため，重要な基幹税である．

東京都の特別区では，固定資産税や法人市町村民税などが共有財源にされ，東京都との調整のもとで配分される．詳しくは，第 10 章で都区財政調整制度を論じる．

③地方交付税

地方交付税の財源 　地方交付税は，一般財源として自由に使える財源であり，歳入に占める割合は，2018 年度決算（都道府県・市町村計）で 16.3%である．地方交付税の割合は，個々の自治体で大きく異なり，割合が高い順に，鳥取県（39%），高知県（38.8%），島根県（37.4%）となっている．地方交付税が高い自治体は，自らの地域で，基本的な需要をまかなうことが困難なところである．したがって，第 2 章でみたとおり，地域間格差の是正のために国の関与が許容され，地方交付税が自治体間の財政調整機能を担うのである．

地方交付税は，所得税と法人税の 33.1% と酒税の 50%，消費税の 19.5%，ならびに地方法人税の全額を財源とする．ただし，これらだけでは不足する．ここで重要になるのが，地方交付税法に基づき毎年つくられる地方財政計画である．全国の自治体の歳入歳出や公債の状況から地方交付税の必要額を推計し，その必要額に対する財源の確保状況と不足額を明瞭にする．不足額は，一般会計からの特別加算や臨時財政対策債などで賄われる．このような財源不足への対応を地方財政対策とよぶ．地方交付税は，自治体の財政調整機能だけでなく財源保障機能も有しているのである．

ところが，財源保障機能は，自治体の歳出を拡大する要因にもなっている．国が見積もる自治体の需要に応じて，国の裁量で財源が調整される結果，自治体の需要（すなわち歳出）が過度になるからである（岡本 2002）．

臨時財政対策債は，自治体の借金とされるが，それらの元利償還金（元金と利子）は後年度の基準財政需要額（自治体内の市民ニーズの計算上の総量）に算入されることから，地方交付税の先送りになる（赤井ほか 2003）．

別言すれば，財源不足額のうち臨時財政対策債は，本来国が財源補償すべき
ものを自治体が国の肩代わりをしているといえる．特に，財政力が高い都道
府県には過度に配分される．たとえば，神奈川県では2019年度末で臨時財
政対策債が地方債発行額の半分以上を占める．

**配分の算式
と留保財源**
　地方交付税の94% は普通交付税，6% は災害などの緊急時の
需要に応じて配分される特別交付税である．普通交付税は，自
治体の基準財政需要額から基準財政収入額（自治体内の税収見
込に75% を乗じた額＋地方贈与税等）を引いた財源不足額をもとに配分さ
れる．基準財政収入額が基準財政需要額より大きい場合，不交付団体となる．
都道府県では，財政力指数が1を超える東京都のみが不交付団体である．

　基準財政収入額を税収の75% にして，25% の留保財源を残しているのは，
需要額から収入額を引いた地方交付税をそのままもらえるようにすると，定
住促進や企業誘致などにより，税収増加を促進する努力が失われるからであ
る．たとえば，留保財源がない場合，企業誘致で1億円の税収が増えても地
方交付税は1億円減ってしまい，企業誘致をしなかった場合と差がなくなっ
てしまう．ところが，留保財源があれば，1億円のうち75% に該当する
7500万円分の地方交付税は減少するが，一方，地方税収は1億円増加する．
地方税1億円増加，地方交付税7500万円減少で，全体として2500万円は増
加し，企業誘致を行う意味がでてくる．

**非効率に関
する問題**
　しかし，地方交付税は非効率に係る問題を有する．赤井ほか
(2003) の議論を紹介すると，次の3つの非効率の問題が指摘
されている．第1は，いったん生じると相手の影響力が強くな
り元に戻せなくなるホールドアップ問題である．地方交付税がなければ独自
に税収増の取り組みを行っていたかもしれない自治体は，地方交付税がある
ため税収増加に向けた行動のインセンティブが削がれる．この結果，本来救
う必要のない自助努力で税収を確保できたはずの自治体までも救ってしまう．
自治体と国の関係は，貧困の罠にはまるのである．

　第2は，ソフトな予算制約である．後述の地方債との関係で，財政規律が

緩くなる問題である．公共施設の建設のための借金に対して，その元利償還金を国が交付税措置（後年の自治体の基準財政需要額に算入）をしてくれる仕組みがあると，自治体は，借金する際に，後々国が救ってくれるであろうと，ベイルアウト（事後的救済）を想定し，財政規律が緩くなるわけである．

第3は，交付税の価格効果である．国の政策誘導で交付税措置がなされると，自由に使用できる財源として本来使用すべきであった事業実施を控え，必要のない事業に予算を使用する傾向がある．すなわち，地方交付税が補助金化し，資源配分がゆがめられるのである．

④国庫支出金・都道府県支出金

国庫支出金は，各省庁が自治体の政策推進に対して経費の全部または一部を補助する財源で，使途が決められている．歳入に占める割合は，2018年度決算（都道府県・市町村計）で14.7％である．都道府県においては，沖縄県（27％）のほか，福島県，熊本県，宮城県，岩手県など，規模の大きな震災を経験した県でおよそ2割と高くなっている．

国庫支出金の種類には，自治体が法令に基づき実施しなければならない事業を国と自治体で負担する国庫負担金，国の事業を自治体に委託する国庫委託金，国が奨励したい政策のための国庫補助金がある．たとえば，国庫負担金には生活保護や児童手当の負担金，国庫委託金には国政選挙や国の統計調査の委託金がある．国庫補助金は，わたしたちがよく想像する道路整備などの補助金であり，社会資本整備総合交付金などがあてはまる．

なお，市町村が受ける支出金には，国庫支出金以外に，都道府県支出金がある．これは，都道府県が単独で市町村に交付するものと，国庫支出金をもとに市町村に供給する間接補助金がある．

これらの国庫支出金，都道府県支出金は，両方とも使途が決められている特定財源である．

⑤地 方 債

　地方債は，自治体による会計年度をこえる資金の借入である．自治体の事業のうち道路や橋梁，公共施設などのインフラは，多額のコストが一時的に生じるものであり，現役世代だけが使用するのではない．このため，地方債で賄うことにより，将来世代の負担も視野に入れた公平な負担が課される．歳入に占める割合は，2018 年度決算（都道府県・市町村計）でおよそ 1 割である．

　自治体財政上，政策を赤字でまかなうことは厳格に制限されなければならない．このため，経常的な赤字を埋めるための赤字地方債の発行は，地方財政法第 5 条で禁止されている．ただし，同条但し書きでは，公営企業に要する経費，出資金・貸付金の財源，地方債の借換えに要する経費，災害復旧等の財源，公共施設や公用施設の建設等の財源として，地方債の発行が可能とされる．

　なお，地方債の交付税措置がなされることによるソフトな予算制約や交付税の価格効果は，不必要に地方財政を膨張させる深刻な問題である．

⑥そ の 他

　歳入には，その他にもさまざまなものがある．地方譲与税は，国が便宜上徴収するが自治体に譲与するもので，地方道路譲与税や石油ガス譲与税などがある．

　また，公共下水道の整備等に際する受益者負担などの負担金や分担金，公共施設使用に係る使用料，戸籍関係証明書等を発行する際にかかる手数料，土地などの財産を売り払って得られる財産収入などがある．

（4）　財源の区分

　自治体の財源には，一般財源と特定財源がある．一般財源は，地方税や地方交付税など，使途が限定されていないもので，何に使用してもよい．したがって，自治体としては一般財源の確保が財政的自立の基本となる．ただし，

交付税措置による誘導がなされると，地方交付税が補助金化（特定財源化）する．

特定財源は，国庫支出金や地方債など使途が決まっているものである．国庫支出金は，各省庁が立案した政策を自治体に実施してもらうために，一定の補助を出しつつ，自治体も必要とするため一定の自主財源を使用する．これは「国による誘導」であり，逆に自治体からみれば，「メニューの自発的な利用」である．

ほかに，自主財源と依存財源という区分がある．自主財源は，自治体が自主的に収入する財源で，地方税，分担金・負担金，使用料，手数料，財産収入などである．依存財源は，国や都道府県に依存するもので，国庫支出金，都道府県支出金，地方交付税，地方譲与税などがあてはまる．

(5) 基　　金

自治体は，基金を積み立てており，財産を維持したり，事業の実施に充当している．地方税の歳入は，景気変動に左右されるため，不足時に取り崩し，余った際に積み立てる財政調整基金がある．

また，借金の返済に向け，財政を健全に運営するためのものとして減債基金がある．その他，公共施設の整備など特定目的のために運用する基金もある．

4. 公　会　計

ここまでの議論における自治体財政は，歳出と歳入についてであり，資産や負債を考慮していないため，財政状況の本質はわからない．自治体の会計制度は，単式簿記，現金主義に基づき，コスト情報やストック情報が不明瞭であるという問題があった．このため，全国の自治体は 2000 年以降，総務省が主導してきた公会計改革に沿って，資産や負債，コスト情報の可視化を図ってきた．また，東京都においては，独自に公会計改革に取り組んできた．

　収入と支出の片方を記帳する単式簿記とは異なり，民間企業が採用する企業会計では，収入支出を借方と貸方に記載する複式簿記であるため，資産と負債が明らかになる．また，記帳する収入支出の認識基準は，自治体は現金主義に基づき予算や決算を行うのに対して，企業会計では，収入や支出の必要性が発生した時点とする発生主義である．すなわち，実際の現金収入や支出に関係なく，発生主義で財務情報が把握できるため，コスト情報が明らかになる．自治体が採用する現金主義では，減価償却費や退職手当引当金といったコスト情報が不明確になるのである．

　公会計改革では，財務書類と固定資産台帳の整備が進められ，2017 年度末までにほぼすべての自治体が総務省の示す統一基準による公会計を作成した（総務省 2019b）．このような改革により資産や負債が一定明瞭になり，市民 1 人あたりの行政コストや負債，基礎的財政収支，さらに，公共施設などに対する世代間の負担比率が明らかになりつつある．もっとも，施設や事業，組織別に分析できるよう，より精緻な財務書類や固定資産台帳を作成する必要があり，同時に財務書類を適切に分析する自治体職員のスキル向上も求められる．

5．持続可能な財政に向けた取り組み

　持続可能な財政の確立に向け，全国の自治体では，公共施設の統廃合，民間移管，定員の適正化など，以下に示すようなさまざまな方法で歳出削減を模索している．国からの誘導でようやく着手しているものが多いが，膨張する歳出を削減するためには，いずれの改革も欠かせない．

　一方，市民が歳出増への同調圧力と無関心の態度をとっていると，以下の改革は円滑には進まない．仮に改革が進んだとしても，同調圧力と無関心の態度のもとでは，歳入見込み以上の歳出が維持され，持続可能な財政には至らない．行財政改革を根本から進めるためには，やはり市民の判断が必須である．歳出増への同調圧力と無関心の態度を断ち切るために，財政事情と政

94

策の現状をわかりやすく市民に伝え，判断を仰いでいく仕組みが求められる．この点は，第8章の「民主的決定のための広報」で検討する．

公共施設の統廃合　道路をはじめ，河川，学校，上下水道などの施設において，耐用年数をこえるものが今後増加する．このような中，国からの要請に従うかたちであるが，自治体内のインフラの更新，統廃合，複合化，長寿命化について計画を策定し対応が始められている．

　たとえば，下水道事業については，施設や管路の老朽化にともなう更新コストが莫大にかかるのに，その財源を捻出しようにも人口減少で料金収入が低下するという危機的状況の自治体もある．このため，地方公営企業法の財務規定を適用した企業会計方式を採用し，コスト情報やストック情報を明瞭にする経営合理化が要請されている．

民間移管　公立保育所の民間移管や窓口業務の民間委託などが進められている．PFI などによる公共施設の整備といった民間活力の活用では，サービスの質の向上も視野に入ってくるが，対人的サービスにおける民間移管においては，質の改善より人件費の抑制に主眼がある．市民からすればサービスの提供主体が自治体から民間事業者に利用途中で変更になるのは不信を高める．このため，民間移管に際しては自治体側が市民に十分に説明する機会を確保のうえ，効率的な運営手段として民間移管や委託を検討する必要がある．

定員の適正化　再任用職員や会計年度任用職員を増やしつつ，適正に定員管理を図っていく戦略である．アメリカの自治体が財政難の際にとる常套手段は，カウンシル・マネージャーによるパートタイム職員の合理化である．市民の税金を使用しているというコスト意識に基づき，人件費削減を念頭におくのは必然である．働く者の権利は尊重すべきであるが，市民からの信託を受けて税金を使用している点にもしっかりと目を向けなければならない．

広域自治体対応　2018年度から，国民健康保険事業は，都道府県が財政運営の中心的な責任主体となり，市町村は都道府県から提示

される標準保険税率にあわせるようになっている．そもそも保険事業を小さ
な市町村単位で行うには無理があり，その意味では介護保険事業の都道府県
単位への再構築もそろそろ必要である．

広域連携の検討　一部事務組合や広域連合，事務の委託などの自治体間の広
域連携（シェアードサービス）の検討は依然必要である．
消防やごみ処理などにおいて既に他の市町村と連携がなされてきたが，専門
人材や事務の共有で応答性や効率性を向上できるものは，まだいくつも検討
できる．

デジタル技術の積極活用　情報システムのクラウド化は，ソフトや機器の更新費用の削
減方策である．AI や RPA を用いた内部事務の効率化は，
業務時間を大幅に削減できるだけでなく，多様な市民ニーズ
を最適化する可能性がある点で，魅力的な歳出削減の方策の1つであり，現
在，適用可能な事務について検討されている．また，オープンデータ化は，
行政情報の共有による事務やサービスの改善に寄与する．

第6章
市民ニーズと参加

1. 政策過程と市民ニーズ

(1) 政策過程

①政策とは

　最上位計画である総合計画の政策体系をみればわかるように，個々の事業がいくつか束ねられ施策になる．このとき，事業は施策の手段となる．施策は，政策の手段であり，施策がいくつか束ねられて政策になる．このように，自治体の政策は，政策−施策−事業の目的手段の体系を成している．事業や施策を含めて一般に「政策」とよばれる．さらに，予算，条例，施政方針，あるいは個々の行政計画そのものも「政策」といえる．具体的な予算や条例をあえて「政策」というのは，予算をただ事業費の集まりとしてとらえるだけでは，後退した理解にとどまるからである．予算をもとにした政策が誰にどのような目的のもと，いかなる手段で届けられ，しかもどのように立案，実施，評価されるかといった，政策の要素（対象，目的，手段）や過程までを理解するためである．

　政策のとらえ方は，論者によりさまざまな観点から提案され，不統一になっている（真山 1999）．本書では，最もよく利用される西尾による定義「活動の案」（西尾 1995: 41）を採用する．この定義は，政策の立案，決定，実施などを行うための活動とその案を区別しており，活動する組織や活動分野は限定されない．政策主体である組織が企業の場合は企業政策，あるいは経

営政策となり，自治体の場合は自治体政策となる．公共政策の「公」は「人々」であるから，自治体や国以外に市民，NPO，企業が担う人々のための政策も公共政策に含まれる．

活動分野は，福祉，教育，経済，文化などさまざまなものがあり，政策は分野を限定しない．公共政策に限ると，企業の経営政策など純粋に民間企業に帰属するものを除き，社会を対象とするほとんどの分野を対象にしている．こうした分野を限定しないという性質は，大学の政策系学部のアイデンティティに関わる．大学の学部は，経済や法律などの何らかの分野を切り口にしていることがほとんどで，極論すれば，経済学部は経済政策，法学部は法政策というように，概ね分野に応じた政策を対象に研究する．これに対して，政策系学部はあらゆる分野を対象とし，さらに政策の過程をも対象とする．

政策系学部には多様な分野の専門家が所属し，それらの専門分野で確立してきたアプローチやモデルを用いて，公共的問題の解決方法を研究する．それらの個々の学問によるアプローチやモデルなどを用いて見えてきた問題の本質は，各分野で異なる．すなわち，同じ問題でも多様なアプローチやモデルで料理すると，それぞれ異なるとらえ方ができ，従来一面的にとらえられることの多かった問題について，多様な観点からアプローチし，その本質に迫ることができるのである．政策系学部は，多様な分野のさまざまなアプローチとモデルを用いて問題の本質に迫る能力を養う場である．

②政策過程

政策は，何らかの問題があり，課題が設定され，課題解決のための代替案がいくつか検討され，最も有効であるなど適切なものが決定，実施，評価される．そして，その結果を問題の認識や課題設定，代替案の検討にフィードバックさせる．こうした一連の流れを示したものを政策過程モデル（政策段階モデル，教科書モデル）という．

最初に，問題と課題の相違を認識しておく必要がある．問題は理想と現状のギャップであり，課題はそのギャップを縮めることである（真山2013）．

問題の認識は政策過程においては最も重要な前提である．問題の認識を誤ると
その後の政策過程は全く見当違いな作業をしていることになるからである．

　問題は2つに分けられる．ほとんどの人が認識しているものの，対症療法
的な政策に結びつくような認識型問題と，逆にほとんどの人は気づいていな
いが，問題解決的な政策に結びつく探索型問題である（真山 2001）．高齢化
問題を例にとると，福祉需要を念頭に，高齢者福祉サービスの充実を図ると
いう政策が導かれるようなとらえ方の問題は認識型問題で，少子化対策を行
う帰結になるとらえ方の問題が探索型問題である．過疎の問題でいえば，過
疎地域への補助金供給を導くものが認識型問題で，近隣の中枢都市への投資
政策を導き出すものが探索型問題である．高齢化は，高齢者福祉を充実させ
ても，少子化を改善しない限り解決できるものではない．過疎の問題は，過
疎地域に投資しても限界があり，近隣の中枢都市の衰退を防ぐための投資に
より圏域全体が浮上しない限り解決しない．このため，少子化対策や中枢都
市への投資といった探索型問題から導かれる政策が必要となる．

　課題設定は，対応すべきものとして課題が議題として設定されることであ
る．議題にのらないものは決定されないわけであるが，社会的に重要な問題
であってもとりあげられると都合が悪いケースでは，意図的に議題にされな
いこともある．この現象を「非決定」という．

　代替案とは，政策案のことで，政策過程モデルでは複数作成される点が念
頭におかれる．このため，それらのうち最も適切なものが決定される．代替

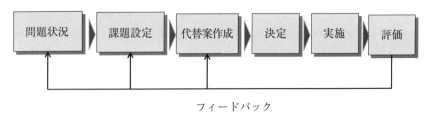

（出所）　筆者作成．

図 6-1　政策過程モデル

案の作成は，首長の任期（4年）ごとに，政策が異なるという政治のサイク
ルや，単年度で事業を実施するといった予算のサイクルにより影響を受ける
（天川 2009）．

　決定は，何らかの基準を設定し採用すべき政策の適切性が判断される．そ
して決定された政策は，自治体を含む多様な主体により実施される．実施中
もしくは実施後一定期間をおいて評価がなされる．これは，政策目標のとお
りに実施できているかを測定したり，政策の効果を分析するためである．評
価結果を反映させるフィードバックの矛先は，問題状況，課題設定，代替案
作成のいずれか，もしくはそれら複数のケースもありうる．問題状況や設定
した課題の認識が誤っていなかったか，検討した代替案が適切でなかったか，
政策の目標設定そのものに誤りがないかを確認する．

(2)　市民ニーズ

　政策の前提には，市民ニーズがあると考えられることから，特に問題状況
と課題設定において市民ニーズをふまえているかどうかが，政策立案者が第
1にとるべき態度となる．そのうえで，市民ニーズに沿った代替案を作成し，
実施後は，評価の過程で市民ニーズを満たす政策の効果が得られたかを判断
する．

　市民ニーズとは，公共的問題に関わる市民がもつ潜在的，顕在的要求であ
る．自治体の政策現場で自治体の職員や議員が用いる用語である．市民ニー
ズは，日本では必ずしも学術的に十分に議論されてこなかったが，西尾によ
る行政需要と行政ニーズの区分は有名である．これは，公共的問題に対して
解決が必要な市民の要求のうち，課題設定がなされていないものを行政需要
（潜在的，顕在的の双方を含む），代替案の検討に向け課題設定がなされてい
るものを行政ニーズと区分するものである（西尾 1990）．政策現場で使用さ
れる市民ニーズは，西尾の行政需要と行政ニーズの双方を含むものである．
本書では，既に広く普及している市民ニーズの用語を使用する．

2. 参　　加

(1)　参加の本質

　市民ニーズは，常にあいまいで多様である．選挙を通じた間接民主主義では民意の政策への反映は十分ではなく，したがって，間接民主主義の補完として，市民が政策過程に直接参加する仕組みがある．

　今川によれば，住民参加は，行政が設定したものに対して住民の側が多様な利害調整に乗り出し，当事者責任と行政との役割分担のもと，政策形成過程に直接かかわるものとされる（今川 1993; 2005; 2013）．本書では「市民参加」の表記を使うが，「住民参加」も同じ意味である．参加の本質は，主体的な利害調整，当事者責任，役割分担であるという．行政の外側から行政に影響を及ぼそうとする 60 年代の住民運動やデモ活動などのカウンターデモクラシー，あるいは，意見募集やパブリックヒアリング，パブリックコメントなどの広聴活動は，参加には含まれないとされる．つまり，参加には，市民相互による「水平的・自律的な調整」（今川 2005: 64，以下「水平的調整」という）が必須であり，これこそが参加の本質とされる．

　この本質は，繰り返し紹介されてきたシェリー・アーンスタインによる参加の階梯でいう「市民権力の段階」（degrees of citizen power），あるいは，シャンドらの参加類型論における管理（control）に達する段階ととらえることができる．参加の階梯における「市民権力の段階」は，非参加（nonparticipation）（世論操作，セラピー），形式的参加（degrees of tokenism）（情報提供，協議，宥和）に続く，最上位の段階であり，パートナーシップを結び，権限が移譲されたうえで，市民が自主管理を行う状態をさす（Arnstein 1969）．シャンドらの参加類型論は，単なる情報提供から自主的な管理の段階に移行するにしたがい，すなわち，情報（information），協議（consultation），協働（partnership），移譲（delegation），管理（control）と進むにしたがい，参加機会が徐々に増大するととらえるもので，管理の段階になると

市民自らがコントロールする姿が描かれる（Shand and Amberg 1996）．

　市民相互による水平的調整の本質から離れて市民参加を論じると，地方自治の根本的課題である自治意識の醸成からやや離れた小手先の方法論になる懸念が生じる．このため，水平的調整を実現する参加のみを対象に議論するのは重要である．しかしながら，ほとんどの市民があいまいなニーズしかもたない現状があり，そうしたなかで，市民ニーズをいかに把握するかを検討するうえでは，広く参加と理解されている手法をそのまま参加に関わる手法と解釈する戦略的後退が得策である．本書では，この考え方にそって参加に関わる手法を広く解釈する．また，参加には，市民から意見を聴取する広聴活動も含むと考える．

　さて，参加手法を，国の法制度や自治体の条例により規定されたハードな手法と，そうではないソフトなものに区分してみてみよう．

(2)　参加に関わる手法
①参加に関わるハードな手法

　地方自治法に規定された参加は，手続きが明確であり，参加に関わるハードな手法として位置づけることができる．これは，政策過程のすべての段階に関わるもので，参加主体は市民である．条例の制定・改廃の請求，議会の解散請求，首長・議員・主要公務員の解職請求，事務監査請求といった市民の一定数以上の署名に基づきなされる直接請求制度や住民監査請求，住民投票制度があてはまる．

　住民監査請求は，事務監査請求が事務全般を対象に，有権者総数の50分の1以上の署名に基づき請求されるのに対して，違法・不当な財務会計上の行為に対して1人で請求できるものである．住民訴訟を行うには，先に住民監査請求を行う必要がある．興味深いのは，新聞記者や市民オンブズマンとよばれる組織が行政や議会の不正を見抜く際に，この住民監査請求をしばしば活用する点である．筆者が相談を受けた政務活動費の不適切使用の事例でも，新聞記者が住民監査請求により不正の証拠を入手し，新聞やテレビで報

道され返金に至った.

　住民投票はといえば，日本国憲法第95条に規定されたもの（一部の自治体においてのみ適用される特別法を定める際の手続き），首長の解職（リコール）や議会の解散など直接請求制度の手続き，合併特例法に基づく合併協議会設置の際の手続き，条例に基づく手続きがある．いずれも政治的争点になるが，とりわけ大きな話題となるのは，首長の解職と条例に基づく住民投票である．条例に基づく住民投票は，原子力発電所，基地，産業廃棄物処理施設の建設の際に行われるものがあげられ，条例を策定したうえで住民に賛否を直接問う.

　その他の参加に関わるハードな手法として，パブリックコメント制度がある．パブリックコメント制度は，計画素案をホームページなどにより周知し，素案に対する意見を募集し，収集した意見への対応を検討，公開する手法である.

②参加に関わるソフトな手法

　国の法制度や自治体の条例に規定されていないものが，参加に関わるソフトな手法であり，調査，会議，意見募集があてはまる．参加主体には，市民，自治会，NPO，市民組織，ボランティア，商工会や農協などの各種団体，企業がある.

　調査の手法には，アンケート，インタビュー，フォーカスグループ，市政モニター，討論型世論調査，サウンディング型市場調査がある．アンケートは，行政計画の策定時に行われたり，毎年市民意識調査を実施する自治体もある．また，アンケートの手法は，郵送式だけでなく，民間のインターネット調査会社のパネルを用いた低コストでデータ収集が早いインターネット調査もある．インタビューもZoomなどによりオンラインで行う場合がある．フォーカスグループは，グループインタビューともよばれ，座談会形式で普段の会話と同様の場をつくり，その場の議論の中で自然な質問を交わしながら問題の本質を探る手法である.

　また，討論型世論調査といって，市民間の討論を促す資料を提供したり，
専門家からのレクチャーを受けてもらい，いくつかの小会議と全体会議での
討論を行ったうえで改めて調査を行い，市民の意見やニーズの変化を把握す
る手法がある．その他，サウンディング型市場調査は，不動産利活用や公共
事業の構想の初期段階で，事業スキームなどについて，民間事業者と直接対
話し，民間ならではの提案や意見を組み込もうとするものである．

　会議は，審議会，公聴会，委員会，市民会議，地域懇談会，タスクフォー
ス，タウンミーティング，パブリックヒアリング，フォーラム，ワークショ
ップ，ワールドカフェ，パブリックインボルブメントなどを開催して市民の
意見を把握する手法である．このうち，パブリックインボルブメントは，道
路のルート検討の段階で市民に入ってもらい合意形成を図る手法であるが，
会議に位置づけられる．以上は，行政による広聴が中心であるが，議会が市
民向けの説明会を開催し，意見を聴取するといった会議形式の議会による広
聴もある．

　意見募集は，市役所や市民会館などへの意見箱の設置，インターネットを
通じた意見収集，NPO 等からの協働事業の提案募集があてはまる．

③情報公開制度とオンブズマン制度

　参加手法に関連する制度として，情報公開条例に基づく情報公開制度や，
行政を監視統制するオンブズマン（Ombudsman）制度がある．情報公開条
例は，日本では 1982 年に山形県金山町ではじめて制定され，その後全国に
拡がったものである．情報公開法（対象：行政機関）の制定が 1999 年
（2001 年施行）であるため，情報公開条例は自治体の政策形成が国に大きく
先行する代表的事例の 1 つである．市民は，情報公開の請求書を提出し，公
開決定の通知を得れば公文書が公開され，窓口で閲覧かコピーをとる．非公
開となり不服がある場合は審査請求ができる．ただし，公開には労力や費用
がかかり，請求者にだけ公開され面的な拡がりをみせないことから，参加の
十分条件を担保するためには，第三者機関を通じて公文書が自由に閲覧でき

る仕組みが必要とされている（今里 1995）．

　オンブズマン制度は，議会や行政の長から任命されたオンブズマンが，行政組織への調査権をもち独立的に調査を遂行し勧告するものである．日本の自治体では，首長からの任命による川崎市や中野区などのオンブズマン制度がある．自治体にオンブズマン制度が必要な理由は，自治体では国よりも市民の人権を直接的に扱い，政府の権力濫用を抑制する必要があり，政治的解決が求められるからである（今川 1993）．日本のオンブズマンは，現状では議会からの任命でないため，独立性に問題があり，数そのものも少ない．また，日本では業務は基本的には苦情申立を受け調査を行うのが通例である．一方，諸外国には，国のオンブズマン制度になるが，事前の調査や関係組織への案内など積極的に活動するケースもあり，インフォーマルな予防的活動が期待されているという（山谷 2017）．

　他方，総務省の行政相談制度では，約 5000 人のボランティアである行政相談委員の全国配置のもと，国民からの苦情や相談を受け付け，国だけでなく自治体の活動に関わる苦情にも対応している．行政相談委員の権限は相談者への助言と関係機関への通知であるが，事実上あっせんまで行うインフォーマルな国民の権利の擁護者とされている（今川 2011）．

(3)　参加者と参加意向

　一般に，市民会議の委員に選ばれたり，アンケートの対象になった経験のある市民はそれほどいない．審議会など会議への参加者は，商工会や観光協会，社会福祉協議会，体育協会，自治連合会，婦人会，青年会などの特定の組織や，また高齢な参加者に偏っていると批判されることが多い．ただし，実際には行政以外の組織から参加してもらうために，行政から依頼されて参加しているケースも多い．タウンミーティングやパブリックヒアリングに関して市民参加が先進的なイメージのアメリカの自治体においても，日本と同様に参加者は限られた人たちである．もっとも，日本では近年，成人式の実行委員や地元の大学生といった若者にまちづくりに関する委員会に参加して

もらったり，地元の会計士や税理士にも行政の委員会に参加してもらうことが日常的になっている．このほか，教育政策関係の委員会であれば児童・生徒の保護者に参加してもらうことも多く，参加者についてさまざまな工夫がなされている．

　さて，市民一般の市町村政や府県政への参加意向はどうであろうか．九州7県と関西2府4県の市民計2579名に調査した結果では，参加意向ありの回答（「大いに参加したい」と「やや参加したい」の計）は，5割前後もあった（野田2012a）．この調査結果では，市町村政の参加意向は高く，府県政参加はやや低いという相違はあるが，総じて，ある程度の市民は参加意向をもっていた．

　どのような市民がいかなる施策にどの程度関心をもっているかを把握したうえで，市民が関心のある問題ごとに，適切な参加手法を選択するのがより重要である．逆にいえば，争点化している問題がないような時は，地域懇談会などの丁寧な参加が常に求められるわけではない．市民が思う望ましい手法について質問した調査結果では，普段は広報紙での情報提供やアンケート，インタビューへの回答により事足りるというものであった（野田2012a）．

（4）　参加目的と手法

　参加目的に応じた手法選択の検討も欠かせない．研究者や自治体職員の間で参加が必要という声は常時聞くことができるが，そもそも市民の参加目的については，日本ではあまり議論されない．ここでは，参加目的と参加手法を扱った野田（2012b）の議論をみてみよう．

　ウォルターズらによる研究では，市民参加の成功は，参加を適切に念入りにつくりあげる市民参加の戦略に依存するとして，参加の目的と問題の性質を結び付ける必要性が説かれている（Walters, Aydelotte and Miller 2000）．参加目的としてあげられるのは，発見（discovery），教育（education），測定（measurement），説得（persuasion），正統化（legitimization）である．ウォルターズらは，利害関係者や政治的衝突が多く，代替案が多数あ

り，しかも問題や成果の情報が不明瞭で，成果の実現可能性を計算できないような問題を「構造化されていない問題（ill-structured issue）」とよび，これについて，参加目的に応じた手法を論じている．「発見」を目的とした参加には，タスクフォース，委員会，地域懇談会，フォーカスグループ，インターネット，チャットといった手法が適切であるという．また，教育を目的とする際には，フォーラム，タウンミーティング，地域懇談会，マスコミによる報道，そして，測定の際には，世論調査，フォーカスグループが有益であるとする．説得にはフォーラムやタウンミーティングが望ましく，正統化を目的とするケースでは，合併可否などの大きな政治的争点がある場合に行われる住民投票や選挙などが適切である．

　翻って，利害関係者やコンフリクト，また代替案が少なく，問題や成果の情報が明確で，成果の実現可能性が計算できるような「構造化されている問題（well-structured issue）」においては，正統化を目的とするケースのみが該当し，選挙や住民投票を通じて政策案の正統性が確認される．

　こうした考え方は大変示唆に富むものであり，問題の状況と参加目的ごとに，参加の手法をいかに組み合わせるかを再確認してみるのもよいのではなかろうか．

(5)　府県政参加と丁寧な参加

　府県政への参加では，県庁所在地などの中心地と，郊外にある小規模な自治体の市民で参加手法へのニーズが変わってくる．小規模市町村においても普段は広報紙やアンケートへの回答を志向し，地域懇談会などの丁寧な参加を求める割合は低い．ただし，丁寧な参加は，規模の大きな都市とは異なり，実は小規模な市町村ほど望む傾向がある（野田 2012a）．

　市民にとって身近な市町村の政策とは異なり，都道府県の政策に関する参加の場合は，郊外の小規模市町村の市民は不満に感じるようである．県庁所在地である中心都市の市民と同様に，小規模市町村の住民も税金を支払っているにもかかわらず，中心都市に都道府県の本庁舎があり，遠いところで政

策が実施されている印象をもつと考えられる.

（6）　多用されるアンケート

　参加は，市民の発意が必要で，大きな争点でもなければ自然に促進される
ものではない．この意味では，自治体職員が能動的に市民ニーズをくみ取る
態度をもたなければ市民ニーズは把握できないのが通例である.

　参加に関わる手法のうち，計画策定段階など政策形成における重要な局面
で，多用されるのがアンケートである．これは，広く市民の意向を収集し定
量的な形にすることができるからである．個々の意見をくみ取るのも必要で
あるが，森の中の木ばかりをみていては，市民ニーズの傾向を見失ってしま
う．特に，現状の施策についてどの程度の賛否であるかを見極めてこそ自治
体の組織や政策を統制する第一歩になるので，定量的データの把握は肝要で
ある.

　アンケートとインタビューを比較すると，アンケートは対象者が多く，傾
向が把握でき，集計が可能という特徴がある（表6-1）．もっとも，アンケ
ートでは，設問の仕方が誘導的であったり，選択肢のレベルを揃えずに特定
の選択肢へ誘導することもできるという問題がある．新聞社の世論調査が各
社でなぜばらつきがあるのかも，設問内容や選択肢を入念に調べれば理由が
わかる場合がある．一方，市民満足度のように尺度で選択する調査は，特定
の選択肢への誘導の問題はない．ただし，満足度を聞く設問文のワーディン
グによってはバイアスがかかる.

表6-1　アンケートとインタビューの相違

	対象者	情　報	集　計
アンケート	一般（多い）	傾向把握	適している
インタビュー	特定（少ない）	個別情報（事例）把握	困難（集約は可能）

（出所）　筆者作成.

3. 市民満足度

(1) 代替指標としての市民満足度

　自治体の政策現場では，アンケートを用いて各施策に対する市民満足度を把握することが常態化している．伝統的な批判として，市民の主観的な評価の集計値にどれだけの意味があるのかという意見があり，そうした主観的評価の問題は，後述するように，満足度を分析する際の悩みの種である．しかし，尺度を設けて満足の程度を聞き定量的な値にする手法は，行政，民間，国内外問わず市民権を得ている．さらに日本ではあまり注目されないが，欧米では，市民満足度の研究そのものも既に伝統があり，現在も発展し続けている主要な研究領域である．このように，市民満足度は市民ニーズを類推する代替指標になるものである．

　市民満足度のメリットは，市民ニーズを類推する満足の状況を定量化できるため，既存統計書では比較できない分野別満足状況（教育や福祉，産業など）の比較が可能となる．また，過去から現在までの施策の成果として市民満足度がいかに変化してきたかも把握することができる．このように，統計書のデータではとらえられないアウトカム指標（成果指標）（第8章で学ぶ）を把握できるところに市民満足度の強みがある．

　ところが，市民満足度は主観的評価であるため，実際の統計データの変化でみた改善状況と異なることがある．表6-2は，三重県の1万人アンケートで得られた市民満足度の変化と統計書等のデータの変化の関係が一致するかどうかを分析したものである．データの変化が想定と一致する場合は「整合」の列に○印が記載されている．

　これをみるとわかるとおり，医療体制や交通安全については市民満足度と客観的指標（統計書のデータ）が一致していない．また，水質や防犯においては市民満足度と客観的指標の関係は統計的に有意性がみられない．医療体制でいえば，人口10万人当たりの病床数が増加すれば，市民満足度が逆に

表6-2　分野別満足度と客観的指標の相関（三重県）

主観的指標 （満足度）	客観的指標	相関係数	検定		符　号	
			P値	判定	想定	整合
「きれいな空気」 に対する満足度	硫黄酸化物（二酸化硫黄）（ppm）	−0.825	0.001	***	−	○
	窒素酸化物（二酸化窒素）（ppm）	−0.823	0.001	***	−	○
	浮遊粒子状物質（mg/m³）	−0.951	0.000	***	−	○
「川や海の水質」 に対する満足度	環境基準達成状況　河川（BOD）（％）	0.438	0.155		+	○
	環境基準達成状況　海域（COD）（％）	0.324	0.304		+	○
「道路の整備」 に対する満足度	道路改良率（国道・県道・市町村道計） （％）	0.881	0.000	***	+	○
	道路舗装率（国道・県道・市町村道計） （％）	0.881	0.000	***	+	○
「医療体制」 に対する満足度	一般病院数（人口10万人当たり） （施設）	−0.607	0.048	**	+	×
	一般病院病床数（人口10万人当たり） （床）	−0.591	0.056	*	+	×
「防犯」 に対する満足度	刑法犯認知件数（件）	−0.399	0.199			○
「子育て環境」 に対する満足度	保育所定員（人）	0.643	0.086	*	+	○
「ごみの減量」 に対する満足度	1人1日当たりごみ排出量（千トン）	−0.790	0.002	***	−	○
	ごみの資源化率（％）	0.525	0.079	*	+	○
	最終処分量（千トン）	−0.811	0.001	***	−	○
「雇用」 に対する満足度	有効求人倍率（％）	0.573	0.066	*	+	○
「交通安全」 に対する満足度	交通事故発生件数（件）	0.236	0.484		−	×

（注）　*p ＜ .10．**p ＜ .05．***p ＜ .01．
（出所）　野田（2013a: 45）．

低くなるという結果になっている．

　このような市民満足度の課題があるのも事実であるが，一方で，市民が直接回答して得られたデータであり，市民ニーズを直接計測できるようなものが他にないため，今日でも市民満足度は自治体の政策現場で市民ニーズを推し量る有益な指標である．

(2)　市民満足度の比較研究

伝統的な市民満足度の研究は，市民満足度の水準そのものを追究する研究と，行政と民間，市民と職員，主観と客観を比較する研究群がある．いずれもアメリカの自治体のデータによるものである．

市民満足度の水準に関する研究においては，多様な尺度でとられた異なる調査の満足度を比較できるように，PTM（Percent to Max）という手法が用いられ100点満点に変換される．研究では，行政サービスは70点弱と意外に高く評価されており，特に消防，図書館，ごみ処理，上下水道，公園，警察の満足度が高いことが明らかにされている（Miller and Miller 1991）．

行政と民間の比較研究では，必ずしもサービス比較のための業種間の整合性はとれていない部分もあるが，行政サービス平均値は69点で，民間サービス平均値（67.5点）と大差がない結果を示している（Poister and Henry 1994）．また，市民と職員の比較研究においては，公園・レクリエーションや公共事業では，職員よりも市民からの評価の方が高く，消防や警察では職員の自己評価が市民の評価をかなり上回るというように，職員と市民の評価のギャップを浮き彫りにしている（Melkers and Thomas 1998）．主観と客観の比較研究は，さきほどの表6-2の相関分析でみたように，主観的指標の市民満足度と客観的指標の統計データの相関関係をみるもので，警察，消防・救急サービスなどは相関しなかったと報告されている（Kelly and Swindell 2002）．

このように，比較の研究では，市民満足度の主観性の問題が指摘されてきたわけである．この背景には，政策の実施主体を十分に理解しておらず，政策の効果そのものも十分に認識していないという市民の誤認がある（Kelly and Swindell 2002）．自治体が限定的な予算のなかで工夫をこらして効率的で有効な政策を実施していたとしても，市民が現状を誤認し期待水準が高すぎると，市民満足度は低くなってしまう（野田 2013a）．このため，市民の高すぎる期待を適正な水準にする取り組みとして，市民への広報や対話にもっと注力すべきであるといえる．

（3）　市民満足度研究の展開

　市民満足度研究の近年の展開として，行動行政学での知見蓄積がある．これは，実験アプローチを用いて，個人の認識の変化を心理学的観点から把握し，情報提供と市民の評価の関係に迫るもので，今後の市民ニーズの把握のあり方を探るうえで非常に示唆に富むものである．行動行政学の議論は第 8 章の自治体広報に譲るとして，ここでは，満足度と業績の非線形関係と学習効果をみておこう．

　市民満足度は，市民がサービスの業績や期待を認識し変化させるものである．サービスへの期待が高まれば満足度にマイナスの効果，業績が高まれば満足度にプラスの効果を与えるので，ここではそれらを単純化して 1 つの変数にするために業績から期待を引いた「業績－期待」を考えよう．「業績－期待」が高まれば満足度は上昇する．ところが，満足度の上昇幅は，「業績－期待」が高まるにつれて減少する．これを感応度低減性（Diminishing sensitivity）という．ある参照点（Reference point）から遠ざかるほどその感応度は小さくなる．その結果，満足度を縦軸に，「業績－期待」を横軸にとると，比例関係としての直線にはならず，徐々に上昇幅が小さくなる曲線（上に凸で右肩上がり）になる．

　そこで，市民に，事業の業績や期待に関する情報をわかりやすく示すと市民は業績に関して正確な理解に近づく．これが学習効果である．具体的には，道路整備に関する調査において，業績を示す道路の写真，自治体がおかれている財政状況や今後の道路整備の見通しに関する首長の考えを示すと，市民は自治体のおかれた現状を正確に認識し，上記の非線形であった曲線は直線に近づくことが検証されている（Noda 2020）．感応度低減性は業績に慣れてくるため生じる現象であるが，その背景には，現状に対する市民の誤認がある．市民は，「所詮，自治体のサービスはこの程度のものだ」，あるいは，「自治体が高い業績を上げるのは当たり前だ」という思いをもち，限られた予算の中で着実に業績を上げる自治体という理解はなされていない．このため，わかりやすく具体的な情報の発信により，自治体のおかれた現状を正確

に認識できれば，適切な評価を行うことができ，「業績－期待」と満足度の関係は直線に近い形状になるわけである．

「業績－期待」と満足度が非線形の関係にある現状において，市民に情報提供をいかに行うべきか．「業績－期待」が低い市民は，期待に比して業績が低いと認識し満足度も低く感じており，そうした人たちの「業績－期待」が上がれば，急速に満足度も上昇する．逆に「業績－期待」が高い市民は，満足度も高く評価しており，そうした人たちの「業績－期待」が上昇しても，満足度は少ししか上昇しない．つまり，「業績－期待」が低い市民と高い市民で満足度の上昇幅が異なる点を念頭におき広報や市民への対応を行わなければならない．たとえば，業績が低いと認識する市民（あわせて期待が高すぎる市民）には丁寧な参加を通じた，個々の対応やわかりやすい広報が求められる．そうした対応は，飛躍的な満足度上昇を引き出すことができるためである．

4．市民の参加と首長のリーダーシップ

市民満足度は市民ニーズを類推する主力ツールである．ただし，政策過程に直接かかわる参加と比べてアンケートは消極的な手法であり，市民の意向が反映されるかどうかは，自治体職員側の意図と行動に依存する．それゆえ，会議形式などで市民の直接参加が促進される必要性が声高に叫ばれる．

しかし，そうであっても，市民の政策過程への参加は，常に正しい選択とまでは言い切れない．それは，日本人が民主主義に対してもっている考え方に関わり，市民は自らの参加より首長のリーダーシップに期待するからである．それを実証したものが，2012年7月に東京都民2997名から回収したインターネット調査に基づく研究結果である（図6-2）．なぜ首長のリーダーシップに市民は自ら依存しようとするのか．

参加は，実際に参加した参加実績，参加したいという参加意向，また，参加を促進すべきという規範的態度の側面からとらえることができる．あわせ

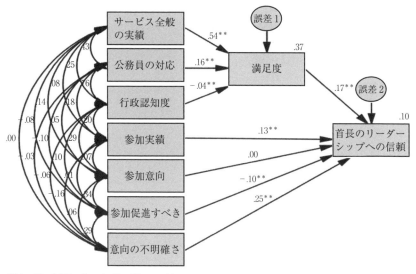

(注)　N＝1,875.　*p ＜ .05.　**p ＜ .01.
(出所)　Noda（2017a: 790）を邦訳.

図6-2　参加・満足度・信頼の関係（東京都）

て，参加といってもそもそも市民のニーズは不明確と考える程度（意向の不明確さ）も参加に関する変数である．市民の意向が不明確になる背景には，市民の政策知識が不十分であるという問題がある（松田 2008）．これら 4 つの変数が首長のリーダーシップへの信頼にいかなる影響を与えているかを，矢印の上の数値で示している．参加実績はプラスであることから，参加実績の多い人は首長のリーダーシップを信頼する．参加意向はプラスマイナスゼロでありほとんど影響しない．他方，「参加促進すべき」がマイナスであるため，一般に参加を促進すべきという規範的態度を強くもつ人ほど首長のリーダーシップを信頼しなくなることもわかる．このように，実際に参加を経験した人が首長を信頼する一方，参加は促進すべきものと規範的に思っている人は，おそらく初めから自治体に批判的な態度を事前の信念としてもっており，首長を信頼しない．

　さらに重要なこととして，「意向の不明確さ」がプラスであることから，都民の意向は不明確であると思っている人ほど，首長のリーダーシップへの信頼が強い点がある．しかも，不明確さは，変数の中で信頼に最も強いプラスの影響（0.25）を与えている．なぜ，自らの参加より首長への信頼を選択するのか．その理由は，都民ニーズといってもそもそも一般に都民が明確に意向をもっているわけではなく，そうした他の都民の参加よりは知事を信頼した方がよいと判断しているからである．参加したくないから首長のリーダーシップを信頼するのではなく，他の都民が信頼できないから首長を信頼するという姿である．

　もっとも，これは，ほとんどの人の参加実績がない現状において市民がもつ感覚であって，参加が促進され，他の都民へのプラスイメージを肌身で感じることができれば結果は変わるかもしれない．ただし，この研究から得られる肝要なポイントは，複雑な公共的問題や，それに対するあいまいな市民の意向を考えると，明確な争点になるものでない限りは，首長のリーダーシップを信頼する方が合理的であると判断する都民の姿である．もちろん，独断専行的な首長に対しては，民主的統制が必須である．だだし，民主的な統制機会が開かれているのなら，何にでも参加を求め遅々として進まない自治体運営よりは，首長による効率的な運営を民主的に決める自治のほうが納得しやすいのもわかる．このような都民側の意向をしっかりと認識したうえで，市民ニーズを紐解く必要がある．

第7章
決定と実施

1. 政策の立案・決定

(1) 決定の根拠

政策は，どのような基準で決めるのがよいだろうか．自治体の政策を民主的かつ効率的に決めるための基準が予め提示されていればよいが，そのような単純なことはない．自治体の実務では，所管課において前年度の実績，コスト，市民ニーズを含む環境変化，法制度の動向をふまえ，事業を立案し，その後，予算が認められれば，政策が庁内で決定されたとみなされる．この前年度の実績と比べた判断，あるいは，コストや市民ニーズを勘案した判断は，決定の根拠といえるだろうか．

本章では，政策の立案・決定に続き，政策実施の理論と実情を学び，最後に危機管理対応との関係で政策形成能力について論じる．はじめに決定に関する根拠について理解を深めるため，広く紹介されてきた政策の決定理論を概観することからはじめよう．

①自治体政策の決定理論

西尾（1995）の整理を用いると，政策決定の根拠になる理論は，合理的選択（Rational choice），インクリメンタリズム（Incrementalism），多元的相互調節（Partisan mutual adjustment），満足化モデル（Satisfying model），混合走査法モデル（Mixed scanning model）ということになる．政策決定の理論

に関しては，自治体職員や議員の意思決定による個人主義的なアプローチだけでなく，外部の環境に政策が方向づけられたり，後述するように制度が政策を決める考え方もできるが，ここでは，政策過程モデルに沿って政策がつくられていく個人主義的なアプローチを念頭におこう．

　合理的選択の理論は，個人の効用最大化を基準とする経済学の考え方を基本とする．平たく言うと，頭の中であらゆることを想定して最もよい判断を選択するという考え方であり，わたしたちが無意識のうちによく想定する思考である．この理論の前提は，政策案（代替案）の選択基準となる諸価値の序列化，諸価値を満たすあらゆる政策案を用意すること，各政策案の結果の予測のすべてが可能というものである．そのうえで，諸価値を最大化する政策案を決定する．しかし，それらの前提はいずれも現実的ではなく，規範的なモデルとされる．

　インクリメンタリズムは，チャールズ・リンドブロム（C.E. Lindblom）が提唱したもので，増分主義や漸変主義などと訳される．この考え方においては，政策決定を行うのは，通常差し迫った現状の課題を解決する際で，あらゆる関係者をふまえるのではなく，政策の対象集団だけを意識し，決定は現状の微修正にとどめられる．このため，決定は微修正の連続となり，これまでの推移からみて漸変する．その代表例は，予算編成で，前年度の状況をふまえ漸変的に決定される論理をもとにしている．

　インクリメンタリズムの考え方では，解決しようとする課題（目的）と政策案（手段）はセットになっている．行政活動においては問題解決に向けて毎年夥しい量の政策が実施され，目的と手段をセットにした行動のレパートリーが蓄積されている．課題と政策案がセットになっている例は公社民営化について説明できる．ある公社の民営化という手段が，他の公社の課題への適用を促進したように，課題（目的）は方法論（手段）とセットになっており，方法論が他の政策課題への適用可能性を高めると認識されると，一気に他の政策課題が現出する（西村 2010）．

　なお，この考え方においては，個々の決定が1回で終了するのではなくそ

の始点と終点はむしろ不明瞭で，一連の決定が連続する行為とみなされる（谷 1990）．

　リンドブロムは，インクリメンタリズムの背景にある理論として多元的相互調節を論じた．この理論は，集団や組織，個人が重視する価値は多様で優劣つけがたいため，組織化された集団利益の代表者間の相互調節に頼るものである．代表者間の相互調節がなされれば，市場の自動制御機構のように調整される現象を主張する．すなわち，公共政策の望ましさは，個人や組織ではなく，社会のレベルにおいて，妥協と合意の所産とする考え方である（武智 2013）．各組織は自ら追求する価値を他の組織から妨害されないよう組織間で共有できる部分の価値を追求し，さまざまな価値が追求される強度に応じて実現され，最終的に最適な価値配分がなされるとする（森田 1981）．

　満足化モデルは，ハーバート・サイモン（H.A. Simon）が提示したものである．このモデルでは，人間の認識能力には限界があるという制限された合理性（Bounded rationality）を前提とする．つまり，合理的選択のような価値の序列化や結果の予測等を通じた効用最大化は現実には困難と考える．このため，願望水準を達成するように設定し，その基準より少し上をめざすように誘導すれば，現状よりも前進した合理的な水準に近づくとされる．満足化モデルは，業務遂行の動機づけや，市民満足度に基づく政策改善と親和性がある決定根拠である．

　混合走査法モデルは，アミタイ・エツィオーニ（A. Etzioni）が提唱するもので，政策決定を基本的決定（Fundamental decision）と部分的決定（Bit decision）に分け，前者は合理的選択，後者はインクリメンタリズムを決定の判断基準にするものである．基本的決定が重要な政策を対象とするのに対して，部分的決定は，ルーティンで行う事業に関して行う決定である．政策過程モデルにおける決定の理想は，合理的選択の理論の採用であり，重要な政策課題においてはできるだけ入念に検討することが求められる．ただし，多くのケースでは，あらゆる代替案をそろえることや，価値の序列化は難しく，前年度までの政策の状況をふまえて政策を改善し予算要求を行うことか

ら，大半の事業の予算はインクリメンタリズムにより編成される．また，多元的相互調節は，政策決定よりむしろ政策実施過程における組織間関係を通じた政策変容を促すことが多い．結局，自治体における政策決定は何を理論的根拠にしているかというと，基本的には合理的選択とインクリメンタリズムが中心である．

　その意味で，混合走査法モデルの考え方が自治体の政策決定の現実を説明するものと思われる．基本的決定と部分的決定を厳密に区分するのは困難であるが，自治体の政策決定において，毎年行われているような事業の決定はインクリメンタリズムの考え方で行い，地域の主要課題の解決に向け新しく条例を制定するなど，重要な決定に際しては，合理的選択の理論を念頭におき，できる限り多くの可能性を視野に入れて決定するという理解である．

②政策決定の合理性

　インクリメンタリズムと満足化モデルは，ともに合理的選択の合理性（経済的合理性）自体を否定したわけではなく，現実的な合理性を体現しようとして生み出されたものである（谷1990）．つまり，わたしたちが最も先に想定する経済的合理性のほかに，合理性にはさまざまな種類のものが存在するということである．

　経済的合理性は，金銭価値でおきかえて最大の利益があるものがよいと判断する．これに対して，技術的合理性は，政策目的を達成するために必要な技術が社会に存在し利用できるときに合理的であると解釈できる．いくら経済的に合理的であっても技術的に不可能な政策は選択できない．

　また，経済的に最も合理的であると思われる政策が選択されないケースに，政治的合理性の優先がある．たとえば，経済的合理性が高い順に，A案，B案，C案があったとして，A案が最も経済的合理性が高くても，A案を実施すると，首長が重視するB案に関する政策の成果を示すことができず，市民から評価されないと判断され，B案が政治的に選択されることがある．これを政治的合理性という．さらに，自治体の各部署間の政策は基本的に競

合しないように調整がなされ，その際に，経済的合理性が高くても他の部署の専権領域に関わる代替案は敬遠されることがある．これを行政的合理性という．

行政的合理性に関しては，組織間の調和や組織内での標準作業手続き（Standard operating procedure : SOP）による事務遂行が重視されるため，合理的選択の前提のように個人の意思が政策をつくるのではなく，組織という制度が政策をつくるという見方ができる．地方自治論ではこれ以上深掘りしないが，このような制度が個人の選好を規定し，そして政策を規定する側面に注目するアプローチは新制度論とよばれている（ピーターズ，邦訳2007）．

各合理性は総合的に勘案され政策が決定される．経済的合理性は最もわかりやすい．ただし，政策が理想的すぎて技術的に不可能なことがある．また，経済的合理性が高くても政治的合理性が低いA案が優先された結果，市長の業績のアピールにつながらず，市民からの信頼が低下し，A案そのものも支持が低くなることがある．あるいは，A案を実施すると歴史的経緯から手がつけられなかった特定の土地の改良が必要となり，それを実施するためには関係者の利害調整など予想を超える政治的コストがかかってしまい，A案そのものが不完全な形でしか実施できない可能性もある．

以上のように，自治体の政策決定は，経済的合理性のみならず，技術的，政治的，行政的な合理性を総合的に勘案し判断がなされる．

(2)　自治体における政策の立案・決定

実際の政策立案の作業は，政策過程モデルの「代替案作成」において，細やかな対応が必要となる．政策対応のレベルや政策の種類により，立案・決定の範囲が異なるが，議会での議決を要する条例制定のケースでは，次の段取りで進められる．

政策過程モデルの「代替案作成」は表7-1の2）から8）までの活動が必要となる．8）までは，必要に応じて設置された審議会による審議を経て作成

表7-1　自治体における条例の立案・決定過程

1) 問題の発見，問題の構造把握 → 2) 政策手法の検討 → 3) 条例案の作成 → 4) 条例を施行した場合の影響や問題把握 → 5) 関係セクションとの協議 → 6) 条例の素案確定 → 7) 住民意見の募集（パブリックコメント）→ 8) 条例案の修正・確定 → 9) 条例案を議会に上程 → 10) 議会で可決，条例施行

（出所）　上田（2012: 51-52）．

された答申書を市長に提出し，並行して庁内会議での検討を重ね進められる．9）10）では，首長が議会を招集し，本会議での一般質問後，委員会での審査と採決を経て，再び本会議にうつり，委員会による審査報告後に討論が行われ，議決に至る．議員提出条例は非常に少なく，一方の首長提出条例は90％台後半と圧倒的に多い．つまり，政策の立案は基本的に自治体職員により行われている．

　総合計画も同様の過程を経る．総合計画は，伝統的な構成でいえば，都市像や基本理念，人口フレームなどを掲げる基本構想，具体的な施策等を展開する基本計画，各施策のもとにぶら下がる個々の事業の予算とスケジュールが明らかにされる実施計画がある．基本構想・基本計画が5年から10年を期間とするのに対して，実施計画は3年ごとの計画である．実施計画では新しい事業や緊急性の高い事業との整合を図るため，3年を見通して毎年ローリングにより改定される．こうしたこともあり，総合計画書としては基本構想と基本計画が束ねられ，実施計画は別冊になっている．

　総合計画における基本構想の部分は，もともと議会の議決を経て策定する義務があったが，2011年の地方自治法改正により策定義務はなくなった．総合計画は総花的で日常的には活用されないと言われることがよくある．このため，計画をわかりやすく簡潔明瞭なものにしたり，都道府県の総合計画の場合は，地域別計画の部分を詳述するなど，計画の姿は変わりつつある．

　とはいえ，多くの自治体で総合計画が策定されている．総合計画は，市のすべての計画の最上位にあるため，掲載されている施策や事業は予算要求の際の1つの根拠になる．また，市民への説明をしっかり行うためには市の全

施策がどのように進捗しているかを評価しなければならないため，各施策に指標を設定し，計画の進行管理を行う自治体もある．たとえば，愛知県清須市では，全施策に市民満足度を設定し各施策の進捗状況を把握するとともに，外部の委員会により外部評価を行っている．

　政策の裏づけである財源については，自治体の予算編成と国からの補助金の獲得により担保される．予算編成は，10 月～11 月頃に編成方針に基づき開始され，翌年の 2～3 月に議会で審議，議決される．特区の申請など，国の補助金に依存した政策立案は，都道府県や地元選出の国会議員の仲介により，関係省庁に働きかけたり，政令指定都市や都道府県の場合は東京事務所を活用し首長や幹部職員が直接省庁担当者に働きかけることもある．

(3)　他の政策主体からの学習

　自治体は，過去の活動のレパートリーにおいて，政策立案に十分に参考となるものがない場合，他の政策主体の政策を学習する．条例の制定過程のうち，1) 問題の発見，問題の構造把握と 2) 政策手法の検討の段階で，国の関連法令との整合を確認したり，近隣自治体や類似自治体の動向を調査し，政策案の改善を図るのである．

　国の関連法令を参考にすると，国から反対されない可能性が高まる．また，他の自治体が行う政策を参考にすることは，既に政策が実施されているため，政策目標を実現する技術的な可能性が高まるといえる．伊藤は，前者を対外的実現可能性，後者を技術的実現可能性とよぶ．後者の技術的実現可能性を高めるために，自治体が他の自治体の政策を参考にすることは相互参照とよばれる（伊藤 2002）．

　また，他の政策主体には，大学や民間企業，NPO，市民組織も含まれる．たとえば，COVID-19 パンデミックへの対策で，大阪府と大阪市は，ワクチンや治療薬の開発に関して大阪大学や病院機構などと連携協定を結び，大阪大学の森下竜一教授が国内ではいち早く DNA ワクチンを開発し臨床試験を開始することになった．また，DNA ワクチン開発の予定について，府知

事とともに森下教授の姿がテレビで放映されたが，これも自治体が大学等から情報収集を積極的に進め，感染症予防対策の立案につなげていることを府民が目の当たりにする事例であった．

　いざというときに即座に政策立案に向けた情報収集ができるか否かは，普段からの連携の取り組みと自治体からの働きかけが必要である．他の組織と普段から情報交換を行うとともに，自治体職員の自治意識とフットワークの軽さが求められる．

(4)　稟 議 制

　自治体職員が組織内部で個々に行う契約行為や補助金交付などの業務は，起案者からはじまり組織的な決定に結びつく．これを実現する書類が稟議書であり，その制度を稟議制という．井上（1981）の類型では，まず，意思決定が稟議書によるものかどうかで稟議書型と非稟議書型に分けられる．次に，稟議書型は，道路の占用許可などの自治体職員の裁量があまりなく回覧で調整可能な順次回覧決裁型と，条例の改正などの重要な政策立案時に他部署に持ち回って入念な調整が必要な持回り決裁型に区分できる．

　稟議制では，係員である起案者から順に，その上司である係長や課長補佐，課長，部長へとまわされ，最終的に首長が決裁する．課長や部長が先決処理を行う場合もある．稟議制とは，簡単に言うと，多くの意思決定者が押印し全員で責任をとる制度である．時間がかかるため非効率であるとともに，責任を分散させており，無責任の体系になっているという批判がある．一方，稟議制は，組織としての意思決定を体現するものでもある．また，持回り決裁型になると部局間での調整が必要となるため，職員の調整能力が問われる．

2. 政策実施

(1)　政策実施研究と実施活動

政策過程モデルにおける政策は，作成された後に実施されるように見える

が，それは政策決定者側からみたトップダウン・アプローチによる見方である．政策実施過程に関わる各アクターの視点に立つボトムアップ・アプローチからみると，利害関係者の相互関係から政策がいかに形成されるかに照準が合わされる．

　70 年代初頭まで「失われた環」（Missing link）とよばれていた実施研究は，政策研究者になぜインパクトをもって迎えられたのか．それは，端的にいえば，政策実施過程において政策が変容し，個別具体的に政策の中身が決められていたからである．実施研究の端緒，*Implementation*（Pressman and Wildavsky 1973）は，「偉大な社会」計画関連プログラムが達成できなかった理由について，政治的合意や財源を確保できても政策実施過程で政策が変容することを暴き，以降，80 年代にかけて実施研究は急速に増えていった（真山 1991）．

　政策実施過程は，さまざまな組織の関係者や政策の執行担当者が錯綜する場である．その相互作用や調整能力により政策実施過程における政策変容の程度が変わる．政策実施過程の管理で注目すべき変数は，トップダウン・アプローチを用いて，実施構造のモデルで説明がなされている．代表的なモデルは，サバティアとマツマニアン（Sabatier and Mazmanian）が 1980 年に *Policy Studies Journal* に発表した枠組みであり，政策変容の要因として，課題の難易度や法規などの変数に注目している．

　これに対して，政策実施の実務と研究の操作性を考慮のうえ，政策，行政組織，執行担当者の観点から政策変容を分析するためのものが図 7-1 に示す真山モデルである（真山 1986）．政策実施活動は，政策の公示形態や有効性，世論，対象集団，組織や執行担当者から影響を受ける．政策の中身や世論，対象集団は，政策立案者がしばしば注目してきた要因であるが，行政職員が薄々気づきながらなかなか手を入れることができない組織や執行担当者の能力向上こそが，実施過程における政策管理の質を大きく左右する．いくらよい政策であっても，また世論からの高い支持があっても，組織や執行担当者の能力が十分になければ，政策は予定どおりの効果をあげない．

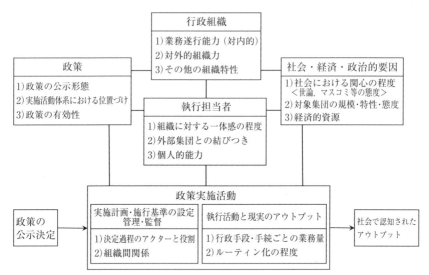

(出所)　真山（1986：142）.

図7-1　政策実施活動を規定する変数（真山モデル）

　このように実施過程に登場する実施担当者などのアクターが政策を変容させたり，止めたりしているのである．COVID-19流行への対応において，「陽性率が出せない」，「5月初旬になっても46道府県で政府からマスクが届かない」，「特別定額給付金を二重交付してしまう」といったことは，執行担当者や行政組織の能力に関するもので，ヒューマンエラーや組織体制の問題であった．国民のニーズをふまえ効果的な政策を立案しても，実施されなければ意味がないと，国民が憤りを感じる事例であった．

(2)　政策変容

　政策変容は，自治体による政策決定後，市民に到達するまでに現れる．自治体の場合，多様なアクターの錯綜の程度は国のそれより小さく，一般に関係者は限定的である．市民ニーズを背負った首長や議員以外に，実施過程に関係するアクターは，商工会や観光協会，体育協会，青年団などの各種団体，

あるいは市民組織や NPO があげられる．これらの組織により要望はなされ
るが，国の政策過程のように，政策が大きく変容するほど，圧力行動はなさ
れない．これらの組織の多くは普段から行政との関わりが深く，自治体全体
にかなりの程度配慮する活動性向がある．その意味で，国より自治体の方が
自治意識をもつ組織や個人が圧倒的に多い．これは，自治体という政策の場
が，市民や地域の組織から地理的にも心理的にも近く，自らの地域を自ら管
理しようという思いをもつ環境であることによる．

　一方，国の政策が自治体で展開される際には，地域の実情も異なり，その
ため，政策変容の程度も大きくなる．真山（1994a）によれば，中央地方関
係で政策が変容する要因の1つに空間的変容がある．これは，各自治体がそ
れぞれの自治体の市民ニーズに対応するために生じる政策の変容で，国が統
一的に示した政策が，全国の自治体間で異なる現象をさす．ただし，この変
容は国にとっても予定されたものであるという．一方の時間的変容は，自治
体をとりまく環境の変化にともなう政策の変容を表し，国にとっては当初か
ら予想できなかったものであるという．国の政策は全国の自治体で実施して
もらわないとその実績があがらず，国の政策立案の意義が薄れる．国が立案
する政策について，自治体が実施過程でプログラム修正を環境変化に適応し
て行う．こうした環境変化に自治体が適応した結果は，時間的変容となり，
国があらかじめ想定していたものではないとされる．この結果，国は政策が
所期の目的のとおり実施されないという認識をもつ．

　逆にいえば，国が目的のとおりに政策が実施されないと認識したとしても，
そうした政策の変容は，大きく変化する環境にどう適応するかを勘案のうえ
自治体が実践した結果である．つまり，中央地方関係における政策の変容は，
よくいえば，団体自治を描くものという理解もできる．

（3）　実施経路の多様化
①NPO の登場

　自治体の政策が市民にデリバリーされるまでの実施経路は，2000 年前後

から急速に多様化している．その最大の制度的理由は，1998 年の特定非営利活動促進法の成立であり，自治体のサービスの供給主体として NPO が加わったことがあげられる．この法律により，NPO は事務所賃貸や不動産登記などの契約行為を団体名でできるようになった．

また，2001 年には認定 NPO 法人制度が創設され，認定 NPO への民間企業の寄附とその見返りとして企業の税制優遇が可能となった．NPO はその後設立数を伸ばし，自治体にとっては，自治会とともに協働相手として認識されるようになった．たとえば，自治体が実施してこなかったサービスをNPO が担う事例として，不登校の児童や生徒が安心して生きる場を提供するフリースクール三重シューレや，薬物依存者のリハビリを行う三重ダルクなどによる活動がある．制度の充実も後押しするかたちで，自治体が充足できていない隙間のサービスを NPO が担う事例が次々と噴出するようになった．

②官民共同事業の推進

1999 年には，「民間資金等の活用による公共施設等の整備等の促進に関する法律」（PFI 法）が制定され，公共事業の実施を民間企業の資金やノウハウを活用して効率的かつ有効に実施できるようになった．PFI（Private Finance Initiative）は，公共施設の建設，維持管理，運営について，民間企業が保有する資金，経営能力，技術を活用する公共事業の手法である．自治体と契約する特定目的会社が金融機関からの融資を受けつつ設計会社や建設会社等へ発注するスキームである．従来，自治体が年度ごとに，また設計，建設，維持管理，運営の業務ごとに発注していたのが，PFI により自治体から特定目的会社に一括発注や長期契約ができるようになった．

なお，温泉施設や病院，コンテナターミナルなど PFI 事業により民間企業が運営していたものが破綻した事例もでてきている．失敗事例では，基本的に需要が縮小し収益が見込めなくなったわけであるが，首都圏を除く人口減少自治体においては，今後は需要が見込めないサービスがでてくる点をわ

きまえておく必要がある．

　関連して，LABV（Local Asset Backed Vehicle，官民協働開発事業体）と
よばれる手法の適用事例がある．山陽小野田市では，国内発の LABV の事
例として，行政側の商工センターの建替えニーズと，銀行側の支店建替えニ
ーズに同時に対応し，あわせてにぎわい創出を図るプロジェクトを計画して
いる（2022 年 1 月に共同事業体設立予定）．PFI と違って，官民のニーズを
同時に満たす複合的エリアマネジメントである．自治体が土地等を現物出資
し，地元金融機関や関連会社，商工会議所が共同事業体をつくり，施設整備
や商品開発支援，にぎわい創出などの運営を行う．施設整備は，建替えニー
ズのあるものを対象としてまず進められるが，住宅やホテルの整備も視野に
入れられている．LABV は，英国で適用されその効果が注目されてきた手
法であり，今後，日本の人口減少自治体での活用が期待されている．

③指定管理者制度

　2003 年の地方自治法改正によりできた指定管理者制度により，それまで
自治体の出資法人や公共的団体にしか認められてこなかった公共施設の管理
について，民間企業や NPO 等にも公募で開かれるようになった．公共施設
には，公園，体育館，駐輪場，美術館，博物館，保育所，学校，学童保育ク
ラブ，市民ホール，舟だまり，温泉などが含まれる．

　指定管理者制度の狙いは，経費節減やサービスの質の向上を図ることであ
る．たとえば，滋賀県の近江八幡市では，スポーツ施設の指定管理者として
警備会社が指定され，運営がはじまったことにより，スポーツ施設での安全
対策が向上した．これは，警備会社のスタッフにより，単なる施設利用の手
続き対応だけでなく，スポーツでのケガ対応など，安全面を徹底する体制が
とられているからである．

　ただし，指定管理者制度があらゆる自治体でうまくいくわけではない．小
さな自治体の場合は，指定管理者の選定審査会を行おうとしても関係企業や
NPO が地域にあまりなく，参加者が集まらないケースもある．また，一旦，

学童保育などで NPO を指定管理者としてサービス運営を任せても質の維持が図られず，結果としてその後自治体による運営に戻すケースもある．

④規制緩和

国が推進してきた規制緩和にともない，民間や NPO 等が政策実施主体となるサービスが増加した．たとえば，1998 年の建築基準法改正により自治体の建築確認や中間検査，完了検査が民間に開放された．2000 年からは，民間企業や NPO 等が認可保育所の設置主体になることが可能となった．2006 年の道路運送法改正により，福祉有償運送事業として NPO が制度的に事業者になれるようになった．特区制度それ自体も，特定の地域において規制を緩和し多様な主体による公共サービスの生産や実施が可能となる仕組みである．

こうした多様な主体の登場にともない，逆にサービスの質が低下するケースもでてきている．自治体は，保育所の拙速な民間移管で保護者から質が低下したと反対にあったり，建築確認に関しては耐震偽装問題が明らかになるといった躓きを経験した．サービスの民間移管や委託が成功する前提として，市民との間の信頼関係がある点をおろそかにすると，かえってその対応にコストがかかってしまう（狭間 2012）．どこまでの範囲において，自治体が実施主体になるべきか，その裏返しとしてどこまでを自治体以外に移管できるかは，それぞれの自治体が最終的に政治判断で決めるにしても，その前提は，市民ニーズや市民からの信頼に基づいていることを忘れてはならない．

（4） 政策を形成する実施

今度は，ボトムアップ・アプローチに焦点を当てよう．ボトムアップ・アプローチでみた場合，政策決定とは，いったいどこまでの話で，実施はどこからなのか．今村（1997）によると，トップダウン・アプローチへの批判は 2 つある．1 つは，関係アクターやストリートレベル官僚の影響力を過小評価している点，もう 1 つは，政策形成と政策実施の区別はできないのではな

いかという疑問であるという．後者は，すなわち，政策はある時点で決定され，その後決定が終了し実施に移されるのではなく，実施を通して政策が形成されるという理解である（今村 1997）．

　実施過程で政策形成の姿を描く視点は，ボトムアップ・アプローチからの系譜を含む政策ネットワーク論と，ストリートレベルの官僚制論に目を向ければ理解しやすい．以下，これらの理論に目を向けることで実施が政策をつくる点を理解しよう．

①政策ネットワーク論

　政策ネットワークとは「ある政策領域において官民のアクターが自主的に資源を持ち寄り問題を解決する関係性」（風間 2013a: 3）とされる．この政策ネットワークの構造（メンバー，資源依存，相互作用）を明らかにし，政策の成果を生み出す仕組みを析出するツールが政策ネットワーク論であり，特定分野を対象とする政策ネットワークは，社会全体を扱う場合にガバナンスネットワークに進化するといわれる（風間 2013a）．

　政策ネットワークのとらえ方には，いくつかの方法がある．1つのとらえ方は，争点をめぐる構造化されていない参加自由の場としてのイシューネットワークと，決定を行うメンバーが排他的に特定されたヒエラルキーの構造を成す政策コミュニティを両極にしたとらえ方である（風間 2013a）．

　もう1つは，組織化と参加の程度からみたものである．すなわち，政策ネットワークは，参加・退出の自由度が高く政策の決定や実施への関与の程度が低いイシューネットワークの段階から，参加や退出の自由度が低くなるにしたがって，組織の間でつながる組織間ネットワーク，さらに具体的な政策実施の組織間関係としての政策実施ネットワークまで3つに分けられ，実施に影響を及ぼすには組織化された関係性が必要となる（真山 1994b）．

　自治体の政策ネットワークは，自治体，企業，各種団体，NPO，市民組織といった多様な主体間の協働の関係である．自治体の政策形成は，従来，自治体と他の組織との間の1対1の関係を基本に，立案や実施上の役割分担

を決めていたが，2000年代に入り，多様な主体による政策形成のスタイル
に変化している（田中2012）．もっとも，政策形成・実施において，自治体
は，他の主体と同等の単なる1主体という存在ではなく，市民からみて正統
性があり，権限を集中的に保持している現状からして，政策形成に関わる中
心的な主体である．このため，自治体は多様な主体をコーディネートする役
割を当面担う必要性がある（田中2012）．

　このような多様な主体による政策ネットワークにおいては，政策の目標を
いかに達成したかというだけでなく，多様な主体間でどれだけ多くコミュニ
ケーションを図ったかが，ネットワーク全体が機能するうえで主要な指標と
なる．その理由は，目的がどれだけ達成されたかを問う目的合理性以外に，
関係者間でいかにコミュニケーションを図り質の高い情報を生み共有したか
を問うコミュニケーション的合理性が図られると，多様な主体間の相互作用
が活発になり，ネットワーク全体の質を向上させるためである（風間
2013b）．考えてみれば，公共的かどうかは，その判断が非常に難しいが，
関係者間でよくコミュニケーションがとられている状態を公共性が図られて
いると考えれば納得しやすい．コミュニケーション的合理性とは，そのよう
な状態を判断する考え方である．

②ストリートレベルの官僚制論

　ストリートレベルの官僚とは，政策を市民に届けるうえで，市民と直接関
わり多大な裁量をもつ第一線職員のことである．典型的には，教師，警官，
ソーシャルワーカー，弁護士，保健所職員，窓口職員があてはまる．マイケ
ル・リプスキー（M. Lipsky）の *Street Level Bureaucracy : Dilemmas of
the Individual in Public Services*（1980）は，第一線職員が政策実施過程で
実質的な政策決定者である点を暴いた研究であった．第一線職員は，さまざ
まな政策資源の制約を念頭におきつつ，一方，組織目標があいまいな中で組
織から自律性をもって現場で業務を行う必要がある．そして，その現場では，
裁量的に意思決定を行っている．

　生活保護におけるケースワーカーの業務でいえば，生活保護は，要保護者からの申請に基づき，自治体職員であるケースワーカーが当該世帯に対して資産調査を行い，保護の要否を決定する．ケースワーカーは，市レベルでは1人あたり80世帯を標準として，場合によっては100世帯以上の生活保護対象者を担当する．業務にかけるエネルギーのコストを増大できないため，指示に素直に従うクライアントをつくり，水際作戦と言われるようなさまざまな理由をつけて保護申請をさせない，または受理しない対応をとる（藤井2016）．

　すなわち，本来市民ニーズがあってはじめて政策が立案されると思われていたのが，実際には第一線職員が市民ニーズの量を決めているわけである．福祉関係のサービスでは，申請主義により潜在的な市民ニーズを掘り起こさないようにして申請を少なくする．第一線職員による事実上の政策形成の背景には，他からサービスを選べない「自発的でない対象者」である市民に対するクライアント支配の構造がある（リプスキー，邦訳1986）．

　保健分野の職員は実際には官僚的ではなく，地域の実情をふまえた創造性と起業家精神をもっているとする研究もあり，上記のストリートレベルの官僚像は必ずしも今日の自治体の文脈に一致しない部分もある（高橋2014）．ただし，政策実施過程でデリバリーする立場の個人が事実上の政策形成を行っているという発見は，政策研究にとって大きな衝撃であった．

　その個人が組織の印象を決める立場にあるのが窓口職員である．リプスキーは，第一線職員がクライアントに情報提供しつつ行う「ふるい分け」の議論を展開する（リプスキー，邦訳1986）．ふるい分けの結果生じるたらい回しや職員の悪い応対は，自治体組織にネガティブな印象を与える．こうした問題の対策のため，長崎県佐世保市のように，窓口サービスのアンケートを市民に適宜実施し，非常勤職員やアルバイトを含む窓口職員の応対向上を図ろうとする自治体もある．実際，自治体に対する信頼は，サービスの質以上に，自治体職員の親切さによる効果のほうが高いことも実証されている（野田2009）．

このようなことをふまえると，ワンストップサービスを提供する総合窓口や総合案内係の重要性が認識できるであろう．銀行の発券機近くで動き回るベテランのロビースタッフの案内のような問題解決型の態度は，サービスの利用者にとっては印象が非常によい．それに比べると，自治体の案内係の応対には，ときとして物足りなさを感じることがある．

3. 危機管理対応と前例懐疑思考

(1) 危機管理対応と政策形成能力

政策の立案や決定に関わる議論は，結局のところ自治体職員の政策形成能力を問題にしている．重要政策であったとしても稟議書を作成し，日々のルーティンの中で行う決定は，想定範囲内の知識をもとにしている．ところが，危機管理時は，想定外の事象が眼前に現れ，インクリメンタリズムにより蓄積してきた目的と手段のセットが見当たらない状況に直面する．危機管理は，制限された合理性下であるにもかかわらず，自治体職員の主体的な態度が普段以上に試されるのである．

自治意識の強いアメリカでは，自治体こそが率先して行動する First Responder で，自治体から国へのボトムアップ方式が特徴であるといわれる（中邨 2000）．振り返ってみれば，COVID-19 パンデミックへの対策として，国は法制度の改正やクラスター班による予測などを行っていたが，緊急事態宣言で指定された都道府県知事がイベントの中止，営業短縮，休業，外出自粛を要請したように，日本でも危機管理時の自治体の能力が試された．

自治体は，危機管理担当部局を設置し，自然災害については地域防災計画を策定のうえ，基本訓練を行ってきた．ただし，そうした部署は危機に直面しなければ注目されず，防災訓練も年に1，2回実施されるのみで，そもそも地域防災計画そのものも想定に基づく計画である（真山 2012）．このように自然災害への備えは訓練だけでなく，計画の面でも十分とはいえない．ましてや感染症に対しては，自治体の危機管理方針の危険事象の中に掲載して

いたとしても，実際に 2020 年に経験した感染拡大までは想定できず，リスク管理や医療体制の対応に関する準備はできていなかった．

　危機的状況では，自分で考える能力が試されるが，中邨（2020）は，マニュアルや前例のない不測事態への対応のためには，「4 識」の能力向上が基本であるという．普段から担当者が課題を「意識」し，「認識」を深め，「知識」を収集する態度をとり，危機に対応できる自治体の「組織」編成を明確にしておくというものである．こうした普段から考える能力が，自治体職員のヒューマンエラーを減らし，機能する組織編制を実現するという．

　COVID-19 パンデミックの初期時点でもヒューマンエラーを含む対応上の問題が生じた．PCR 検査の結果の報告に時間がかかり，厚生労働省は本来都道府県から報告を受ける立場にあったものの，報告がないケースも多く，各都道府県のホームページから情報を得ていた．都道府県の中で，最も財源が豊かで，自治体職員数が最も多く，職員の平均給与が最も高い東京都においてさえ，最も人口が多いからか，特別区等に設置された保健所からの陽性者数等のデータの収集に手間取っていた．また，雇用調整助成金や特別定額給付金の支給が遅いと批判される原因にも，想定外の申請数への対応が困難であったというヒューマンエラーや組織体制面の問題がみられた．

　4 識の能力向上は，ロールプレイングなどを通じた問題発見能力の育成訓練と，状況定義を行う責任者の明確化や指揮命令系統の整備といった平常時からの備えが欠かせない（中邨 2020；真山 2012）．合理的な政策決定が最も難しいのは，即時判断を要する危機管理の場面においてである．だからこそ，その対応のための訓練の成果は，緊急時だけでなく，日常の政策形成における適切かつ迅速な合理性の判断にも役立つものとなる．

(2)　前例懐疑思考と実施過程をイメージする力

　自治体は，政策資源が減少する一方，大規模災害や感染症流行への対応といった危機管理に関する挑戦状をつきつけられている．ベテランの職員や議員がかつて得意とした前例踏襲や調整能力では，対応できない政策領域がま

すます拡大しているということである．

　いかに自治を実現していくかは，前例踏襲主義を疑う思考ができるかどうかに依存する．突然襲う災害や感染症流行への対応で，責任をとりたくないため事なかれ主義に走ったり，あるいはおたおたとする上司をみたとき，前例懐疑思考になった若手の自治体職員や議員も多かったと思う．逆にそういうときにリーダーシップを発揮する首長をみたとき，自治体職員や議員は，地域のために一丸となって取り組もうと自治意識を強くもったに違いない．自治意識を本当にもっている人であれば，危機から脱するために前例を疑い前進するはずである．新しい取り組みに挑戦しながら，想定外を想定内にするためのシミュレーションを行おうとする考え方こそが，前例懐疑思考である．自治体職員や議員の問題発見能力と政策形成能力は，こうした思考ができるかどうかにかかっている．

　前例懐疑思考を支える主要な能力は，政策が所期の目的のとおりに実施されるかどうかをイメージする力である．政策実施過程にどのようなアクターが関与し，いかなる相互作用が生じるか，政策をデリバリーする第一線職員が政策を変容させる可能性があるのではないかといった想像力である．こうした政策変容を見据えたイメージ力があれば，前例に依存せずに，正しい判断を導く．その結果，ヒューマンエラーを減らし，危機への対応が確実に向上する．前例懐疑思考と実施過程をイメージする力を普段から磨く訓練が求められる．

第8章
評価と広報

1. 政策評価

(1) 評価の目的

何のために政策を評価するのであろうか．山谷（1997）によれば，評価の目的は，第1に専門分野に対する知的貢献，第2にアカウンタビリティ（accountability）の確保，第3にマネジメントの支援の3つがあるとされる．第1の専門分野に対する知的貢献とは，政策の背景にある専門分野に対して，政策評価が当該分野で明らかにされてこなかった新しい知識を提供することである．

第2のアカウンタビリティとは，市民に根拠ある説明を行う能力である．自治体が政策を民主的に決め効率的に供給できているかが問われる．根拠ある説明は，アカウンタビリティ（説明可能性）とアンサービリティ（answerability，解答可能性）を本質としている（足立1971）．通常はアンサービリティのない政策の実施自体が論外といえるため，アカウンタビリティの確保に焦点があてられる．市民ニーズに応答したかどうかを問うレスポンシビリティ（responsibility）が主観的・非制度的な考え方であるのに対し，アカウンタビリティは客観的・制度的な概念である（山谷2002）．その概念は，図8-1のように，法律の遵守や会計検査，節約，目標達成，政治的合理性など多岐にわたる．ちなみに，レスポンシビリティは，第2章や第10章で，政策対応能力や応答性とも表現している．

レベル1	政策に対するアカウンタビリティ：政策の選択に対する責任 政治的合理性の追求
レベル2	プログラム・アカウンタビリティ：プログラム目標の設定とその達成に対して負う責任：目標達成度（＝有効性）の追求
レベル3	パフォーマンス・アカウンタビリティ：経済的な手段の能率的な運営：損失の最少化・節約・能率，経済的合理性の追求，業績
レベル4	プロセス・アカウンタビリティ：適切で有用性の高い手段の使用：適切さ・有用性，技術的合理性の追求，compliance audit
レベル5	法的アカウンタビリティ：法律や（会計などの）規則の遵守，合法性，合規性，法的合理性の追求

（出所）　山谷（1997: 71）.

図8-1　アカウンタビリティの概念

　第3のマネジメントの支援とは，政策の質や組織の改善を意図したものである．政策の質を改善するために評価を行うことは，最もわかりやすい．政策過程モデルにおいて，政策の実施後に評価を行い，問題状況，課題設定，代替案の作成へフィードバックするというのは，政策の質を改善することを意味する．

　政策がうまく実施され効果をあげたか，あるいは，そのために自治体は効率的に運営されているか．これらの点をしっかりと市民に説明するためには，効果的な情報提供が求められるが，こうした広報については，本章の後半で検討しよう．

(2)　政策評価の手法

①3つの手法

　政策過程モデルでは，評価は実施の後に位置づけられる．これは実施後，評価しその結果をフィードバックさせるという理解である．ただし，自治体

が行う評価は，実施後が多いものの，厳密には問題状況から実施までのすべての過程で行われる．

　山谷（2012）の整理によれば，評価の歴史に沿った代表的評価手法は，次のようにまとめられる．60 年代の PPBS（Planning Programming Budgeting System）導入時の「費用便益分析」，70 年代の GAO（現在の Government Accountability Office）による「プログラム評価」，80 年代のサッチャー改革と 90 年代のアメリカの GPRA（Government Performance and Results Act：政府業績結果法）における「業績測定」である．

　費用便益分析は，公共施設の整備など規模の大きな公共事業の効果を事前に推定するために，事業の費用と便益を計算し比較する手法である．費用より便益が大きければ当該事業を行うメリットがあると判断する．アメリカでは，60 年代にインクリメンタルな予算決定の非効率を解消するため，国防省により費用便益分析で予算編成を行う PPBS が導入された．しかし，多様なプログラムを分析しうるマンパワーは十分になく，多大なコストと時間がかかった（山谷 2012）．しかも，算出しようとする便益は，分析者が直感的観念をもつため，分析効力にも限界が指摘され，PPBS は 1972 年に廃止されることになった（宮川 1994）．

　その後，事前に評価する手間を省くため，事後評価（時中を含む）に関心が移り，プログラムの効果を検証するプログラム評価が GAO でなされるようになる（山谷 2012）．GAO は連邦議会からの依頼で，省庁のプログラムが成果をあげたかどうかを検証し，結果を連邦議会に報告する役割を担っていた．プログラム評価とは，あるプログラムがどのように効果があったか，つまりプログラムが効果の要因であるといえるかどうかを分析し，市民に根拠ある説明を行い，政策の改善を図るものである．分析の際，目的と手段の連関を示すロジック・モデルで因果の骨格を明確にする．ロジック・モデルとは，プログラムが目的に向けどのように効果をあげるかを示す理論とされる（南島 2017）．

　業績測定は，プログラムや事業に指標値を設定し，目標値にどれだけ近づ

いたかという進捗状況を把握する手法である．これもプログラム評価と同じく事後評価である．GPRA は各省庁が政策の進捗状況を測定した結果を報告書にまとめ，連邦議会に毎年提示することでアカウンタビリティの確保を狙う法律である．その際の主要なツールが業績測定である．業績測定は3つの手法のうち最も簡便なものであるため，アメリカにおける自治体の戦略プランの多くは，業績測定が盛り込まれ，市民に業績を示す常套手段になっている．

　参考までに，総務省の先導で作られた国の評価制度では，実績評価，総合評価，事業評価という用語が使用されている．これらは順に業績測定，プログラム評価，費用便益分析に対応するが，非常にわかりにくい用語である．

②プログラム評価と業績測定

　政策評価にはさまざまな手法があるが，プログラム評価こそが，政策評価の技法と知識体系を説明できるものといわれる（山谷 1997）．平たくいうと次のように考えることができる．政策目的に照らし合わせた成果を判断できなければ，政策の質の改善とアカウンタビリティの強化はかなわず，そうしたものは政策評価とはいえない．プログラム評価は，プログラムと結果の因果関係を検証できるため，成果を判断でき，しかも政策の質の改善に向けたフィードバックが可能な手法である．このようなことから，プログラム評価こそが政策評価とされるのである．

　もっとも，地方自治を論じる本書では，自治体の評価活動の中心を成す業績測定を政策評価に含めて議論する．業績測定は，組織の管理評価であることから，経費節減に注力する結果，定性的な特性や目的志向に無頓着になるケースもときどきみられ，そうしたものは政策評価とはいえないとされている（山谷 2012）．つまり，定量的評価自体に問題があるわけではなく，政策目的を見失う近視眼に問題があるという指摘である．したがって，業績測定は，目的志向でなければならない．

　日本でも諸外国と同様に EBPM（Evidence-based Policy Making）といっ

て，統計データを駆使しながらアカウンタビリティを高めつつ，エビデンス
に基づき政策を立案するアプローチが重視されるようになった．その際，業
績測定を含む定量的把握は，施策や事業の進捗に関するエビデンスになりう
るものである．このように EBPM への注目は，政策目的を無視した前例踏
襲や慣行に従った政策立案を見直す動向とも解せられる．もっとも，後述す
るように，市民は統計情報よりエピソディック情報のほうに強く影響される
ため，定量的な業績がどれほど影響力をもつかという問題もある．ただし，
業績測定が，目的志向で施策や事業を評価するのなら，そうした手法も政策
評価の 1 つの手法としてみなせる．

　なお，行政評価は和製語である（山谷 2012）．このため，本書では行政評
価の用語は使用しないこととする．

(3)　自治体の評価活動

　政策には施策や事業を含む総称の意味もあるため，政策評価という場合，
施策の上位にある政策レベルの評価と，政策の手段である施策や事業などの
評価を含む総称として使われる．現状では，ほとんどの自治体の評価活動は，
個々の事業レベルの評価が中心である．

　自治体が行う評価には，日本で最も早く評価活動に取り組んだ三重県が
1996 年から運用を開始した事務事業評価制度のほか，必要性が低くなった
大規模公共事業の廃止のために北海道がサンセット方式を組み込んだ「時の
アセスメント」（1997 年）や，組織のミッションから職員の業務レベルに落
とし込み施策評価を行った静岡県の業務棚卸法（1998 年）があった．時の
アセスメントは，のちに対象範囲を拡大した「政策アセスメント」となり，
業務棚卸法は，その後，施策展開表による評価となった．

　全国的に最も大きな影響を与えたのは，三重県が先鞭をつけた「評価表に
基づく管理評価」であった．これは，対象事業ごとに評価表を担当者が作成
するもので，評価表には，事業の目的や対象，方法，根拠法令，自治体関与
の理由，予算などを記入する．また，1 つの事業に複数設定される指標値の

目標値に対する達成状況を入力し，今後の方向性を記載する．評価表では，特に指標値の目標値に対する達成状況を示す業績測定が重要である．評価結果は，次年度の予算編成の参考にしたり，評価表を自治体のホームページから公表することでアカウンタビリティの強化に向けた資料とされる．もちろん，公表しただけでは，市民が主体的に情報にアクセスすることはなく，仮にアクセスしたとしても内容は細かく難しいため理解しにくいという問題がある．

　多くの自治体では，他の自治体の先行事例を参照したうえで，独自の評価表を完成させ，さらに固有の評価活動を展開していった．その背景には，三重県で参考文献とされたオズボーンとゲーブラーの『行政革命』があった．同書でうたわれる行政革命の要件としての「触媒としての行政」や「競争する行政」，「成果重視の行政」などの企業家的政府（Entrepreneurial government）は，全国の自治体職員やシンクタンク研究員を魅了した．かつて，80 年代に行政の簡素化・合理化が検討された際は，自治体行政の効率化や成果重視の本格化には結びつかなかった．それ以降，自治体が自ら評価活動を行うはずはないと思われた期間は長かったが，90 年代終盤から「評価表に基づく管理評価」というかたちで，自治体職員自らが効率化や成果重視に向けて動き出したのである．

　自治体の評価活動の特徴は，第 1 に業績測定が中心という点である．第 2 は自己評価（内部評価）である．担当課が評価表を作成し評価担当部署がそれを評価する「メタ評価」である（橋本 2017）．ただし，より評価の客観性を確保しようとする自治体では，たとえば，愛知県清須市のように，委員会を設置して，定期的に事務事業評価の結果について，外部評価を行う場合もある．第 3 は，施策レベルの評価までを対象とする自治体において，総合計画の進行管理に，業績測定を活用する点があげられる．

　一方，自治体の評価活動の課題は，第 1 に，作成する評価表の量が多く評価に時間が割かれ，評価疲れの問題が生じる点である．第 2 は，評価の中心が事業レベルで，施策や政策レベルの評価が不十分な点である．これは，施

策目的をふまえたロジック・モデルを作成せずに指標値を決めてしまう問題でもある．第 3 は，業績測定の指標値がアウトプット指標中心で，成果を示すアウトカム指標の設定が困難な点である．近年は満足度を把握し，それをアウトカム指標として利用する自治体もある．第 4 は，予算編成や人事評価への反映が期待されてきたものの，依然容易ではないという点がある．これには，指標設定の技術的困難性や外的要因の影響，自己評価による甘い設定といった問題がある．業績測定から得られる情報は自治体職員に利用されなかったり，歪曲した解釈になる可能性もある（小田 2013）．

　第 5 は，現状の管理評価では，組織の生産性自体を管理できていないという点があげられる．これは，後述する図 8-2 のアクティビティを無視してきた問題である．自治体の現場では，管理の指標として重要であるのは，依然，アウトカムやアウトプットでみた事業や施策の有効性とされている．事業の経費からコストの妥当性を判断することはあっても人員と経費をインプットして得られるアウトプットとの関係でみた組織の生産性は，実際にはほとんど問題にされない．アカウンタビリティのレベルでいえば，90 年代以降一貫してプログラムアカウンタビリティが強調され，80 年代の関心事であった生産性としてのパフォーマンスアカウンタビリティは度外視されている（野田 2000）．しかし，第 1 章で学習したように，市民に信託された政府が公共性を確保するうえでは，市民に対して効率的な税金の使用について情報提供を行うのが前提である．

(4)　ロジック・モデル

　プログラムとは，目的や目標，スケジュール，責任主体などが明確なもので，政策の目的と手段の関係を説明し，それらが機能するようにコントロールする仕組みとされる（山谷 2006）．プログラムは，政策－施策－事業の体系でいえば，施策に相当し，事業のように細かすぎて目的を見失うことはなく，逆に政策のように抽象度は高すぎない．このため，プログラムや施策は最重要の評価対象である．総合計画では，事業の集合体が施策になるように

描かれているが，実際には，事業実施の際に，施策の目的が勘案されず，事業レベルの業績測定に終始しがちである．そうした場合，施策との目的手段関係が不明瞭になってしまい，施策目的への効果を評価していることにはならない．

　プログラム評価と業績測定は全く関係がないわけではない．業績測定が指標値で事業の進捗状況を測定するのに加えて，複数の事業の評価を経て上位にあるプログラムの目的達成を評価できるかたちになっていれば，プログラム評価と同様である．ロジック・モデルは，アメリカ国際開発庁（USAID）が Results Framework で戦略目標の業績を測定したように，プログラム評価を行う際に使用されることの多い枠組みである．要するに，業績測定は，プログラム評価のように調査分析に時間と費用をかけないものとして，プログラム評価の一部分が切り出されたものとされる（南島 2017）．

　自治体が行う施策評価では，施策を構成する事業の評価との関連で施策の評価がなされる．その前提としては，各事業がどのように効果を発揮し施策目的を達成するかが明確でなければならない．この連関は階層型ロジック・モデルで描くことができる．a〜c の事業が A 事務事業の手段に，d〜f の事業が B 事務事業の手段になるように描き，そのうえで A と B の事務事業が Ⓐ施策の手段になるというように図示すれば階層型となる（大西・日置 2016）．総合計画の施策体系図で示されるものは，階層型ロジック・モデルに該当する．このような目的手段体系が明確であるためには，手段になる各事業がどの程度進捗すれば上位の事業や施策の目的にどの程度貢献するかがわかっている必要がある．

　一方，基本型ロジック・モデルは，事業や事務事業における投入を示すインプット，その産出としてのアウトプット，その成果を示すアウトカムの関係を描くものである．正確には，インプットから複数のアウトプットやアウトカムに矢印が出ていたり，アウトカムが短期的アウトカム，中期的アウトカム，長期的アウトカムに区分されるなど複雑なモデルとなる．わかりやすさのために単純化した基本型ロジック・モデルは，図 8-2 のとおりである．

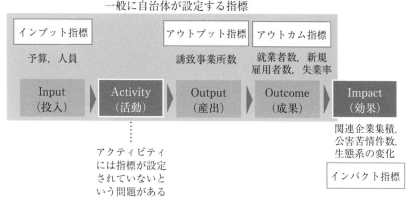

一般に自治体が設定する指標

（出所）　筆者作成.

図 8-2　単純化した基本型ロジック・モデルの例

　ロジック・モデルは，道路，水道，教育，人権などさまざまな分野で作成できる．産業政策の企業立地事業を例にとると，企業立地のための工業団地や周辺道路の整備にかかった事業費，ならびに人員はインプット指標となる．アウトプット指標は実際の誘致事業所数で，成果を示すアウトカム指標は就業者数，新規雇用者数，あるいは地域の失業率があげられる．インパクト指標まで測定することはあまりないが，たとえば当該事業による社会へのプラスのインパクトとして関連企業の集積，逆に，マイナスのインパクトとして公害発生や生態系の変化がありうる．

　NPM ブームが過ぎた現在，行財政改革に関心が移ってきているのは事実であるが，依然，行政活動の進捗を把握するために，事務事業評価を行っている自治体は多い．しかし一方で，政策の質の改善とアカウンタビリティの強化に向けては，単に事業や施策の進捗を把握するだけではなく，事業の施策に対する効果や施策そのものの効果，また，事業のアクティビティやアウトプットからアウトカムへのロジックをわかりやすく市民に提示する必要がある．

2. 行政責任と行政統制

(1) 行政責任と外在的統制

　村松の整理によれば，代理人である行政が，本人である議会に負う責任は，議会からの命令による義務があり，義務の履行において行政が裁量をもつがゆえに，どのように履行したかを議会に説明する必要があるという（村松1999）．これを自治体と市民の関係にすると，自治体（代理人）は，市民（本人）から信託され政策を形成，実施している．このため，自治体は市民ニーズに基づいた政策の提供義務があり，裁量により政策を提供するため，市民に説明する責任（アカウンタビリティ）が生じる．

　自治体を外在的に統制する手段にはさまざまなものがある．自治体議会による統制手段としては，議決事件に関する質疑や百条調査権などがある．市民による統制には，直接請求制度やパブリックコメントなどがある．市民以外による外在的統制としては，学識経験者やNPO等により構成された外部評価委員会や，財務監査及び行政監査を行う監査委員監査，外部監査人監査，オンブズマンがあてはまる．外部評価委員会は，自治体に属する組織で，監査委員やオンブズマンは，首長が議会の同意を得て選任・任命するため，自治体から完全に独立しているとまではいえないものの，自治体の外部から統制する機能をもつ．

　国による自治体の統制はどうだろうか．立法的統制や司法的統制のほか，交付税措置や国庫支出金を通じた誘導といった財政的統制も自治体組織の外からの統制である．各省庁は，国民が選出した国会議員が組成する内閣に属するもので，民主的に運営されるべきものである．しかし，自治体の市民の民意と国民のそれとが一致するわけではなく，そもそも各省庁の活動領域拡大の行動原理が民意からかけ離れている現状を勘案すると，国による統制は，市民の意図が前提になっているとは普通はいえない．

(2)　監　　査

　自治体の監査制度には，監査委員監査と外部監査人監査がある．監査委員監査を行う監査委員は，委員個人による独任制である．監査委員は，財務の執行や経営管理に関する財務監査と，事務の執行を対象とする行政監査を行う権限を有している．監査委員は，自らの権限に基づき行う一般監査に加え，事務監査請求や議会の請求，首長の要求，住民監査請求などに基づき特別監査を行う．

　監査委員監査は，外部から統制する役割を担っているため，独立性や専門性の担保が欠かせない．ところが，現状では，退職職員を識見委員に選任，議選委員が持ち回り人事で専門性がない，監査委員事務局を自治体職員が担当，行政監査が定着せず，統一的な監査基準がないといった課題が指摘されている（林 2010）．

　これらの課題解決に向けて導入されたのが外部監査人監査である．これは，自治体に属さない専門家と契約して行う監査であり，契約の種類に応じて，包括外部監査と個別外部監査がある．包括外部監査は，財務監査のみを対象とし，毎年度契約により監査を受け，報告書を提出するもので，都道府県，政令指定都市，中核市には義務づけられているが，その他の市町村は条例の制定に基づき実施することになっている．他方，個別外部監査は，監査委員が行う監査に代えて，契約に基づいて行うもので，条例制定がなければ実施されない．

3.　自治体広報

(1)　自治体広報の中枢を担う行政広報

　自治体広報には，行政広報と議会広報があり，同様に，自治体広聴には行政広聴と議会広聴がある．PR（Public Relations）の概念が人々の関係を意味することから，広報は広聴との相互作用を前提にしているが，実際には，広聴を進めようとしても市民の意向は不明確である．第 6 章でみたとおり，

市民は自分以外の市民の意向のあいまいさを問題視し，代わりに首長のリーダーシップを信頼する傾向があった．

　自治体と市民の情報の非対称性の改善は，市民の自治意識のためには不可欠である．非対称性の改善には，広聴より広報こそが鍵を握っている．自治体の裁量により広報の積極性に差が出る実情があるが，市民の知識が十分でない中で，自治体がとるべき態度は，いかに広報を進め，自治意識をもつ市民を増やすかである．広報は，誘導的・先導的に地域社会を方向づけるからである（本田1995b）．

　以下では，自治体広報のもつ政治性，環境変化，情報提供の方法について議論する．なお，議会広報は，行政広報に比べ充実していないこともあり，ここでは，自治体広報を行政広報に絞って議論を進める．

(2)　自治体広報の政治性

　自治体広報を担う組織については，各部署が個別の行政計画や事業の情報を提供しているため，ほぼすべての部署が広報機能の一部を担うといえるが，全市的情報発信を担うのは広報主管課である．広報主管課は，首長が自らの政策について情報を提供するために，直属か近いところに設置され，首長の交代や合併などで広報機能が変更または強化される（井出1967；今川1993）．大阪府豊中市のように都市経営部の中に広報戦略課を設け，経営改革とあわせて戦略的に広報を位置づける自治体もある．このように，自治体広報は政治的にも重要な位置づけにある．

　政治的に重要な位置づけをもつ広報は，一方で過度な民意誘導への懸念がつきまとう．首長と友好な関係の新聞社にだけ重要情報を流したり，不都合な情報は流さないこともできる．また，業績が進捗したものを過度にアピールしたり，特定の政策について選択しなければ大きな問題になると市民を誘導することも可能である．しかも，度が過ぎれば権力濫用にもなる．

　しかしながら，市民の意見表明を期待せずに，単に周知を図るだけの「お知らせ広報」が自治体の広報活動の中では比重が大きいという現状もある

（馬場 2005）．広報の中立性・客観性をあまりに追求しすぎる風潮ができ，「お知らせ広報」の遂行に終始するのでは，公共的問題の本質を理解する力や自治意識が養われるはずもない．さらに，市民の無関心が蔓延してしまうと，市民による厳粛な信託の根底を揺るがし，政策評価を行う意味もなくなってしまう．現状では，圧倒的多数の市民が，政策や問題，その背景，制度，おかれた環境を十分に認識していない．そうした状況では，一方的な方向づけには留意しつつ，意義ある情報を積極的に広報するのを前提にすべきである．

　積極的な広報が意味するところは，今川（1993）の言葉を借りれば，「公開型説得広報」に該当する．選挙により正当化された首長は，行政・政治の価値を推進する役割を担い，市民から監視・統制されながら，積極的に説得する広報を行う必要があるという．自治体職員は，NPM 改革後，新しい公の推進や協働を経験した．その後，想像以上の人口減少と財政難が行財政改革を求める時代に突入し，近年は災害頻発や感染症流行に直面し，市民との間でアカウンタビリティを強化する関係がいっそう求められている．積極的な広報は政治性を帯びるが，これは社会が要請する必然でもある．

（3）　自治体広報をとりまく環境変化

　自治体広報をとりまく環境は，近年大きく変化している．第 1 に，情報提供手段の増加と利便性向上があげられる．従来の広報紙やポスター，テレビ，ラジオ，新聞，ホームページ，メールに加えて，SNS や YouTube まで利用できるようになった．Zoom などのオンライン会議ができる環境が普及し，新たな情報交換手段も増加した．情報提供の利便性向上は，自治体の代表者による情報提供の日常化を促した．首長が日々の活動報告や思いについて，日常的に SNS により情報提供を行うケースが格段に増加した．自治体議員も同様に SNS で活動報告を行い，市民からは以前より近い存在になりつつある．たとえば，2018 年の台風 21 号の被害があった際に，どこまでの地域で停電が生じているかを自治体議員がいち早く市民に知らせた事例もあった．

　情報提供手段の増加の一方，情報提供による過度な誘導と受けとれるものは大きな批判を生む．施策 PR のインフルエンサーとして，高額な契約でタレントを起用したにもかかわらず，中立的な立場のようにふるまうのはステルスマーケティングではないかと疑念を生み，あわせて契約金が高いと自治体広報に対する批判が高まる事例もあった．

　第 2 は，個人情報に関わる制度の変化である．これは，個人情報保護の具体化とマイナンバーカードの利用促進である．2017 年に個人情報保護法が改正され，要配慮個人情報の本人同意義務化や匿名加工情報のビッグデータ活用などが規定された．これにより，個人情報保護のあり方がより明確になった．また，2013 年にマイナンバー関連 4 法案が成立し，2020 年の通知カード廃止を経て，マイナンバーカードの利用による福祉や納税の申請等ができる環境になりつつある．

　第 3 は，サイバー犯罪の劇的な増加である．不正アクセスやネットワーク利用犯罪，コンピューターウイルスやマルウェアの感染増加により，個人情報や機密情報の漏洩，改ざんがとまらない環境にある．しかもその影響は，不特定多数に一気に拡がるのでたちが悪い．サイバー犯罪には，最新の情報セキュリティ技術の採用が不可欠なため，自治体においては，そうした技術を理解できる職員の配置が急務である．

　第 4 は，効果的な情報提供手法の開発と試行である．手法開発の背景にはナッジブームがある．ナッジは，2017 年にノーベル経済学賞を受賞したリチャード・セイラー（R.H. Thaler）らが提唱したものである．その意味は，肘で相手をそっとおすことであり，何らかの情報提供により，よい方向の行動を促す個人の意思決定を支援する．ナッジブームを牽引するのは行動経済学であったが，2010 年代後半からは，情報提供が市民の評価を変容させる点を分析する行動行政学の研究成果が盛んに発表されている．自治体広報も，こうした成果を用いた新しい局面に入る環境になっている．

　最後に，COVID-19 パンデミックは，全世界を一気に巻き込む大難であり，緊急事態宣言下で外出や営業の自粛が要請され，自治体広報のあり方を

大きく変えた．こうした危機襲来の経験が第 5 の環境変化である．特にテレビに映し出される知事の一挙一動に府県民は注目し，自治体の政策形成能力や危機管理能力の有無を目の当たりにした．知事の情報発信力に府県民が反応し，知事への信頼，ひいては府県に対する信頼を左右する要因になった．

（4）　自治体広報に関する主要な論点

　自治体広報のあり方に関する主要な論点は，提供すべき情報の範囲や種類，対象，平常時と緊急時の相違，情報提供の仕方があげられる．どの範囲の情報を提供すべきかは，法制度上許容できる範囲という意味ではなく，市民が政策の認識を深めるために受けとる情報の適切な範囲を問う論点である．あまりに複雑な情報を提供するとかえって理解してもらえなくなるが，単純化しすぎると問題の本質が見えなくなる．この単純と複雑のバランスを考慮のうえ，基本的には，わかりやすい情報の提供を心がけ，政策，問題，取り巻く環境，制度，妥当なサービス水準について市民に認識してもらう必要がある．

　情報の種類は多様に考えることができるが，自治体はあくまで代理人であるため，自治体の効率的運営と民主的運営を推し量ることができる情報を本人である市民に提供する必要性を念頭におかなければならない．これまで提供されてきた情報の多くは，事業の評価結果をはじめとした自治体運営の効率性を示すものであった．今後は，自治体運営の民主的決定を判断するための情報の提供がとりわけ重要である．この点は，本章の最後に言及する．

　情報提供の対象については，市民と市民以外でわけて考えると，市民以外の対象者に向けた情報は，定住人口や交流人口の増加を促す市の魅力を向上させるために提供するものとなる．これは，自治体プロモーションである．アメリカで産業政策といえば都市や地域のプロモーションを表し，地域への投資をよび込むために，さまざまなメディアを通じて情報提供を行うほか，ターゲットとなる人や地域に直接出向いて営業に行く姿勢で取り組まれる．アメリカの自治体に比べると日本の自治体は，市民以外の対象者に踏み込ん

で営業を行う姿勢はあまりないようにみえる．

　他方，市民への広報は，市民が市のオーナーであることからすると，アカウンタビリティ確保のために本質的に重要である．当然のことであるが，市民はみな同様のニーズをもっているわけではないので，ある程度セグメント化した情報提供が要請される．本人の関心や地域活動の頻度，属性のほか，自治体に「批判的な市民」かどうかで，市民の政策への理解は異なるからである．

　緊急時の情報提供は平常時のそれとは異なる．感染症流行や大地震勃発による危機的状況下での情報提供は，対象者に迅速かつ確実に到達し，対象者の行動をしっかりと制御するものでなければならない．しかも平常時とは異なり緊急時の情報提供はいっそう即効性が求められるのは言うまでもない．場合によっては，何らかの行動自粛を罰則規定がないなかで要請する必要が生じる．

　また，情報提供の仕方も今後ますます重要になる論点である．これは単に広報アドバイザーを起用するようなレベルのものではなく，ナッジの議論をふまえ行動行政学で議論されてきたさまざまな知見を再確認し，自治体の現場で実践すべきものである．「批判的な市民」は提供する情報が政策の優れた効果であっても批判的に評価する．この理由の鍵となる概念は，事前の信念（Prior belief）であるが，この議論は次の節で言及する．

(5)　行動行政学と自治体広報

　行動行政学とは，心理学の理論を念頭に，想定する状況を実験的手法によりデータで作り出し，個人の意思決定と公共政策の関係などを明らかにしようとする学問である．心理学を用いた意思決定研究はハーバート・サイモンが先鞭をつけていたし，3つの決定モデル（合理的行為者，組織過程，官僚政治）で有名なグレアム・アリソン（G.T. Allison）は，個人の認知過程や心理を用いた新しいモデルが必要と指摘していた（アリソン，邦訳1977）．このように従来必要性が叫ばれてきた領域の研究が近年急速に進んでいる．

以下では，野田（2020a）を参考に，自治体広報に役立つ行動行政学の知見のいくつかを紹介することとしよう．

①業績情報の効果

　行動行政学の主要な知見としてまずいえるのは，公共サービスの業績を表す情報（業績情報）が「市民による評価」に影響するという点である．施策の高い成果の情報（高業績情報）は，市民の満足度を高め，反対に低業績情報は不満を強める．また，サービスの業績やとりまく環境について写真などでわかりやすく伝えると，市民が誤認を解消し，学習効果が表れる（Noda 2020）．したがって，市民への効果的な広報により，過度な欲求水準は適正化され，自治体の政策やその環境についてある程度正確に理解してもらうことは可能といえる．逆にいえば，効果的な広報を行わずに市民満足度の調査を行ってもその向上には限界がある．

　ただし，高低の業績情報は，市民の認識の変化を促すが，抗議などの具体的な行動の促進や抑制にまでは直接つながらない（James and Moseley 2014）．

②広報の継続と効果

　業績情報により市民の誤認の程度を抑制できたとしても，その効果は数週間続いた後，個人のもつ認識上のバイアスが再び現れ，業績情報による効果は低減する（Larsen and Olsen 2020）．この知見は，自治体広報に重要な示唆を与える．すなわち，自治体広報は継続的に行わなければ効果が低減してしまうため，事業や施策の進捗状況を継続的に示し，時系列でどのように改善してきたかについて，絶えず市民に広報を行う必要性につながる．市のホームページでは，一般に分野別のサービスの概要や取り組みが紹介されているが，地域ごとの主要な政策課題がどのように改善されているかは，継続的には掲載されることが少ない．

　何らかの政策課題の改善について情報を提供したとしても，1回限りの業

績の掲載ではいずれ忘れ去られてしまい，自治体が行うことは信頼できない
とみなされてしまう．この効果減退の背景には，「信頼できない自治体」と
いう市民が事前にもっている何らかの信念（事前の信念）が先にあり，高業
績情報が提供されたとしても，時間とともに事前の信念からみた評価水準に
戻ろうとするのである．

③フレーミング効果とネガティビティバイアス

　情報の見せ方の枠組みを変えれば，評価が変わるというナッジによる効果
がある．これをフレーミング効果という．同じ病院における手術の成功率と
失敗率のように，同じものを別の角度からみた等価フレーム（Equivalency
frames）や，COVID-19感染リスク化での公衆衛生重視と経済活動重視のよ
うなイシューを強調した枠組みでそれぞれが等価にはならないイシューフレ
ーム（Issue frames）または強調フレーム（Emphasis frames）とよばれるも
のがある．これらのフレームにおいては，成功率はポジティブフレーム，失
敗率はネガティブフレームというようにわけられ，それぞれどちらの枠組み
で提供された情報に影響を受けやすいかが研究されている．

　市民満足度についても，満足の程度の枠組み（ポジティブフレーム）では
なく，不満の程度の枠組み（ネガティブフレーム）で聞くと，満足と同じ程
度分の不満にはならず，不満の程度のほうが大きくなる（James 2009）．
「80％の市民が学校教育の質に満足している」と言われるよりも「20％の市
民が学校教育の質に不満である」と示されるほうが，情報の受け手に大きな
影響を与えるのである．これをネガティビティバイアスという．

　こうしたフレーミング効果におけるネガティビティバイアスを意識して広
報を行えば，市民の行動の制御をより効果的に行うことが可能となる．不安
を煽るのはよくないという意見もあろうが，緊急時の外出自粛要請など，危
機管理時においては，市民の行動統制が求められるため，このような工夫は
一考に値する．

④情報の形式の効果

　行動行政学における情報の形式に関する議論も興味深い．自治体広報では，事業進捗や予算などでよく統計情報を用いるが，同じ説明でもエピソード風に示すエピソディック情報の方が効果は大きい（Olsen 2017a）．EBPM では統計情報が重視されるが，市民は，実はエピソディック情報の方が統計情報より大きな影響を受けるため，統計情報によるエビデンスだけに依拠した政策立案は，市民の理解促進において最善の方法とはいえない．このため，統計情報だけでなく，冗長になりすぎない程度で，市民に納得してもらうためのエピソディック情報の提供もあわせて行うのが効果的である．

　また，比較対象については，自らの業績の過去との比較（歴史的参照点，Historical reference points）よりも，他の自治体との比較（社会的参照点，Social reference points）のほうが市民に与える影響力は大きい（Olsen 2017b）．自治体のサービスが過去からこれだけ改善したという説明だけでなく，他都市よりもこれだけ水準が高いという説明のほうが，影響力が大きくなるのは理解しやすい．

　その他，正確な値と丸めた値（概数）を比較した場合，その差はあまりないことも知られている（Olsen 2018）．これも面白い知見である．詳細な数値をつくるには時間とコストがかかるが，コストを抑えて概算で示したとしても市民への効果はあまり差がないのである．

⑤動機づけられた推論

　「動機づけられた推論」は，事前に何らかの信念があって，その信念に基づき，情報を主観的に取捨選択し解釈する行為である．これこそが，自治体広報を行ううえで，自治体職員が最も知っておかなければならないことである．すなわち，市民はあらかじめ事前の信念をもっており，そうした信念にあう情報を無意識に収集し（確証バイアス，Confirmation bias），反対に信念にあわない情報は信用せず，無意識に反証材料を集めてしまう（不確証バイアス，Disconfirmation bias）といった意思決定を行うなかで，提供された

情報を評価する．こうした動機づけられた推論がなされる要因は，事前の信念の存在である．事前の信念は，支持政党，パブリックセクターに対する信条，個人のパーソナリティ，異なる集団のアイデンティティが影響するといわれている（James and Olsen 2017）．

　たとえば，維新の会を支持する人は改革志向，共産党支持者は福祉志向の評価をする．住民投票で否決されることになった大阪都構想の評価では，メリットやデメリットの情報提供にかかわらず，維新の会支持者であれば都構想に高評価，共産党や公明党，立憲民主党の支持者であれば低評価になる傾向がある（野田 2020a）．また，政府に不信感を抱く人は，いくら政府が高業績を上げたとしても低業績と評価し，信頼する人はその逆の評価をくだす．

　すなわち，情報提供を行う以前に，信頼される自治体か否かにより，業績が判断されてしまうのである．市民は，自治体が都合のよい情報だけを提供していると考えている．そのような状況で，単に情報を提供しただけで，自治体の透明化が図られ，民主的に決定されることにはならない．重要であるのは，信頼される自治体からの情報提供であると，市民に認識されることである．そのようにして，ようやく市民は提供された情報をもとに生産的に考える判断力をもつ．

　信頼される自治体であるためにはどうすればよいだろうか．それは，効果的な広報の継続である．さらによいのは，市民との対話の継続である．信頼してもらえない市民に情報を提供しても効果は薄いが，そうした市民の信頼を醸成するには適切な情報提供の継続を要する．広報のパラドックスのようであるが，信頼は一朝一夕で醸成できるものではないので，具体的でわかりやすい情報，他の自治体との比較，詳細すぎない情報といった情報の形式の効果をふまえ，広報や対話を継続するのである．

(6)　広報による市民の統制

　広報は，やり方によっては悪用もできてしまう．たとえば，知事のトップダウンによる広報は信頼向上につなげることができるが，一方，市民を扇動

し，自治体が行うあらゆることの正当化を促し，権力濫用につなげていくことも可能である．その結果，市民から統制されるべき自治体が，市民を統制するという問題が生じる．実は，広報や参加は，市民を包摂し管理してしまう課題が古くから指摘されてきた（中村 1976）．

　こうした問題の単純なものとしては，オプトアウト（Opt-out）の効果がある．これは，デフォルトでの承諾形式であり，不要であれば「承諾しない選択」を必要とするものである．この手法を採用すると，市民はデフォルトになっている選択を外し忘れる可能性があり，個人の自由な意思決定とは必ずしも言えない．自治を重んじる本書の立場からすれば，はじめから自分で選択するオプトイン（Opt-in）を広報の基本にするのが適切である．

　あるいは，最初に印象的なある水準の情報を示したうえで選択させると，合理的判断を抑制するアンカリング効果が生じる．たとえば，本来 1 万円のサービスに対して，通常 2 万円であると最初に印象付けたうえで 50% オフの 1 万円にすると言われれば，選択傾向が高まる．このような情報提供は，外出自粛要請のように，あらかじめ市民の行動を一定方向へ向かわせなければならない危機管理時には有益であるが，次に学ぶ「民主的決定のための広報」としては問題である．

　たとえば，ごみの分別の徹底，健康診断や検診の受診，一人暮らし高齢者の交流会参加，地産地消による食育推進，異業種交流の促進など，社会的に，あるいは市民個人にとって明らかに望ましいケースにおける広報のナッジ活用は推奨できる．一方，行動変容を促す意図が不明瞭なもの，社会や個人にとって不利益が生じるような倫理上の問題については，十分に配慮しなければならない．これまで，自治体広報による市民の統制がどのようなケースで問題として生じるかは，十分に検討されてこなかった．このため，今後は，そうしたケースを広報の目的，対象，情報の種類，情報提供の手法などの観点から体系的に整理する必要があろう．場合によっては，自治体広報のあり方に対するチェック機能を担う外部専門家を養成することも検討できる．

（7）　民主的決定のための広報

　計画の実施状況や事業の評価結果は，自治体の効率的運営を判断する情報である．予算や計画，取り組みの紹介といった従来の自治体広報は，効率的運営に関する情報提供に偏重するものといえる．むしろ，これからは民主的に決定するための情報の流通が欠かせない．そうした情報のフィードバックがなければ，市民の自治や自立は実現しない．第1章から繰り返し言及しているように，市民から信託を受けた自治体の善し悪しを判断するには，効率性だけでなく民主主義の観点からの判断を要するからである．効率的運営の判断のための情報提供が事後広報として行われるのに対し，民主的決定のためには事前広報が求められる．事前広報は，新しい施策を提示し議論の誘発と論点の明確化を図るものである（縣 2002）．

　民主的決定のための情報とは，施策や事業の判断を市民に仰ぐためのものである．限定的な財源を有効に使用するうえで，施策や事業の優先順位の明確化は欠かせない．優先順位を明確にするためには，既得権益に切り込む必要がある．決断力のない市長は判断を後回しにし，また，枠配分予算の権限をもつ部長に至っては定年前に波風立てることをおそれて判断を避けがちになる．そのような状況を想定すると，施策や事業の優先順位づけは，最終的には市民ニーズに依拠するしかない．できる限り現実を反映する情報を市民に流し，地域のあらゆる既得権益を公に晒して，資源配分を市民が決め直すのがこれからの自治である．

　民主的決定のための広報は，見通し（自治体が今後どうなるか），選択（選択できる政策案），予想（選択した各政策案の効果の予想）の3点が求められる．たとえば，X地区とY地区の人口が減少し支所の再編が必要となること（見通し）を示し，A［支所の集約案］，B［支所の集約案］，C［現状維持案］での対応（選択）を提示し，A（またはB，C）の選択により財政状況と利用状況の変化を予想として示すなかで，市民とともに選択するのである．

　どの政策や施策，事業を選択すると将来どうなるかを示す予想が肝要であ

る．予想は仮定の話であり，さまざまな外部要因に左右されるため不確かである．したがって，首長，議員，職員の誰もができる限り提示を回避したいであろう．しかし，人口減少下の自治体ではサービス維持のための取捨選択は待ったなしの状況にある．それぞれの政策案での予想について，自治体が市民とともに考える姿勢や意味を，市民も理解するはずである．また，近年の AI やその背景のビッグデータに関わる技術の発展をふまえれば，自治体レベルでもある程度予想に関わる緻密なシミュレーションが期待できる．たとえば，経済関連のビッグデータを用いて，施策や税制の変化が地域の経済成長率や満足度にいかに影響するかは，自治体が大学等と連携しながらシミュレーションが可能な研究である．古くは都道府県単位での計量経済モデルによる経済フレームが総合計画策定時によく推計されたものである．

　今後は，民主的決定のための広報について，科学を根拠に地域を予想し，市民とともに政策を選択する必要がある．そのような民主的決定のための広報は，市民間の議論の衝突を促し，市民相互で妥協し，水平的調整のうえ自治自立を実現する．自治意識は，民主的決定のための広報によって担保されるものでもある．

第9章

協　　働

1.　協働とは

(1)　協働の機運

　日本の自治体は，90年代より市民を客体としてみる NPM を実践してきたが，2000年代に入り市民の主体性を再確認する公概念再考ブームが巻き起こり，多様な主体を前提としたガバナンスの時代に突入した．

　公概念再考ブームは，政策資源の不足と多様な主体の噴出を背景としていた．政策資源の不足とは，90年代のバブル崩壊以降の国と自治体による膨大な借金累積，2000年以降の人口減少の状況を意味していた．多様な主体の噴出は，ボランティア元年とよばれる1995年の阪神淡路大震災を契機としたボランティアの増加と，1998年の特定非営利活動促進法成立にともなう NPO の法人化による現象であった．そして，その裏返しとして政府の相対化を意味する「政府のゆらぎ」がみられるようになった（新川2011）．さらに，2000年以降，国は規制緩和と市場化テストを進め，自治体においては全国的に協働条例が策定されるようになった．

(2)　協働とは

　荒木（1990）が「協働」と訳したヴィンセント・オストロム（V. Ostrom）による Co-production は，*Comparing Urban Service Delivery Systems : Structure and performance*（Ostrom and Bish 1977）で使用された用語で

ある．これは，公共サービス生産のさまざまな局面で多様な主体が参画する
概念を示したものである．Co-production は，もともとは，行政が関与しな
くても民間事業者間により公共サービスを適正な水準で生産供給できる点を
強調した意味合いが濃かったが，日本の協働の議論では，民間事業者間の相
互調整にはあまり注目していないようである．

　ところで，協働は多様な主体の組織間関係がうまく維持されている状態を
意味し，協働を何らかの公共的問題を解決するための手段としてとらえれば，
多様な主体によるネットワークの管理であるガバナンスそのものを表現する
とも解釈できる．協働においては，多様な主体が資源を投入する相互依存関
係が想定される点も重要である．

　日本において，協働のとらえ方が論者により異なるのは，主体の範囲や立
場，協働の程度の相違についてである．主体の範囲は，自治体を含めるかど
うかである．本来，住民自治は市民の発意と実践を要し，それぞれの市民が
自治意識をもって主体的に検討し相互に調整する「水平的調整」（今川 2005:
64）が要請される．協働の本来の姿は，このように市民の自治意識と主体性
を尊重する住民自治にある．したがって，西尾が協働を「役所抜きでまちづ
くりを実践する住民の諸活動」（西尾勝 2013: 36）とするように，本来，行
政の用意した場へ市民が参画することは協働には含まれない．

　ただし，自治体の政策を推進するうえで中心的な主体になっているのは，
現状，自治体である．自治体抜きの諸活動は最終的に求める理想としてはよ
いが，そうした理想に向けて現段階で自治体の関与を否定するのも協働概念
を狭くとらえている感がある．また，協働の実践を模索している自治体の現
状において協働を狭くとらえると，協働とよばれて実践されている広範囲な
活動を説明する概念が見当たらなくなる．こうしたこともあり，本書では協
働の主体には自治体も含み，自治体と，NPO や自治会，民間企業など他の
主体との関係は，対等の関係から行政主導のものまでを含むと理解する．

　次に，主体の立場についてである．立場について対等の関係は，しばしば
パートナーシップとよばれる．ただし，どのように対等かが不明瞭なまま議

論されがちである．対等は主体の同列性をイメージし，公権力をともなう政策の決定，実施，評価の権限が自治体と他の主体で同列かのように錯覚しそうになるが，そうではない．同じ目的に向けた主体としての対等は，上下関係ではないことを強調しようとしたものと解せられるが，それぞれの主体が保有する権限や情報を勘案すると，主体の立場においては，各主体の役割分担が前提になるはずである．その役割分担の方針や具体策を明確にしようとしたものが協働条例や協働の指針である．また，多くの自治体では，自治体の基本的な仕組みや主体間の関係を定めた自治基本条例のなかでも協働概念をうたっている（林沼 2016）．

　協働の程度については，ともに生産するために関与するうえで，どの主体も資源（時間や労働力等）を投入することを前提とする．もっとも，どこまで資源を投入すべきかについては不明瞭であるため，やはり何らかの役割分担が要請される．その役割分担においては，目的達成への関与の程度もそれぞれの主体に割り当てられた役割によって異なる．したがって，協働には，協調，協力，連携程度の関与の仕方も許容されると解せられる．

　このように，協働の主体は自治体をはじめとした多様な主体を含み，その立場や程度はそれぞれの役割に基づき，強弱ある形態を含むと理解できる．

(3) 協働の成果

　協働が必要とされるのは，その成果が見込まれるからである．ところが，日本では，協働の成果があったかどうかは，事業実施後に自治体が報告書で記述的に示したり，事業そのものが実施された事実をもって成果としているきらいがある．あるいは，市民や地域社会にとって投入したコストをこえる成果が見込まれるかが明らかでないものも含め，多様な主体の活動に助成し，そうした活動の一覧を示すといった外形上の成果のようなものをアピールしているだけの自治体も多い．

　民主的正統性を担保するうえでは，協働の成果について科学的に検証しなければならない．現状の日本の研究では NPO 等の協働の相手先について，

活動の類型や組織，財源などが分析されることはあっても，協働の成果についての探究は不十分なようである．事例研究は非常に多いが，しっかりしたエビデンスになりうるような包括的研究はまだないと思われる．実は，こうした協働の研究上の課題は，日本に比べ研究蓄積が圧倒的に多い諸外国でも同様である．

　近年の研究ではこのような状況を問題視し，協働の成果をロジック・モデルで検証する提案もなされている（Brix, Krogstrup and Mortensen 2020）．この研究では，協働の成果は，「イノベーションの潜在力発現」，「有効性や効率性の向上」，「個人の福利増進と市民の権利強化」，「資源の動員」，「民主性の向上」の5つの観点から測定される．たとえば「イノベーションの潜在力発現」のロジック・モデルを一部省略していうと，次のようになる．［アウトプット：他分野へのネットワーク化や協働の実践］→［短期的アウトカム：社会問題の複雑性や解決策を理解する機会の増加］→［中間アウトカム：複雑な社会問題に適切に対応する取組の実践］→［最終アウトカム：公共サービスを形づくる適切な新しい手法の開発］→［インパクト：公共イノベーションの促進］という連関である．このように成果を指標化したロジック・モデルを自治体の協働施策に適用することも可能であり，今後，日本でも協働の成果の本格的な探究が期待される．

2.　協働のパートナー

（1）　パートナーの種類

　自治体の協働のパートナーには，自治会やNPOのほか，民間企業，大学・研究機関などがある．これらの組織は，それぞれの活動の性質に基づき，地縁型組織，テーマ型組織，機動的組織，専門組織に分類できる．

　地縁型組織は，自治会以外にも，婦人会や青年団，老人クラブ，子ども会，ボランティア組織，PTA，消防団，あるいは半官半民の社会福祉協議会がある．もっといえば，観光協会や商工会，商店街組合も広い意味では地縁の

ある関係組織である．たとえば，社会福祉協議会は，民生委員や児童委員と連携しながら，地域福祉活動やボランティア活動の支援，在宅介護サービスの提供など地域の福祉を守る活動を繰り広げている．また，民生委員は担当区域における市民からの相談や，一人暮らし高齢者の訪問，安否確認といった活動を行い，きめ細かく地域福祉を支えている．したがって，自治会だけが地域の活動主体というわけではないが，ここでは包括的な活動を行う地縁型組織として自治会に焦点をあてることにしたい．

(2)　自治会（地縁型組織）
①設置範囲

　自治会は，最も小さなものとして，一定の町丁目の範囲で組成された単位自治会，それらで構成される学区自治連合会（自治会連合会，連合自治会，連絡協議会，行政連絡区など呼称は多様）があり，学区自治連合会が集まり，市自治連合会（連絡協議会）になる．学区自治連合会の範囲は，概ね学区単位（基本は小学校区）に設置され，学区の課題の共有や情報交換を行っている．

　単位自治会の活動は，ごみステーションの掃除や集金，美化活動などの小規模なものである．学区自治連合会のレベルになると，防災訓練，各種イベントの開催，自治連合会だよりの作成，広範囲の清掃活動，自治体担当者との会合など，規模が大きな活動となるほか，消防団分団や自主防災会，老人クラブ，社会福祉協議会，体育協会，児童委員協議会，PTA など各種団体との連携がなされる．以下で自治会の活動について述べる際には，基本的にこの学区自治連合会によるものを想定している．

　政令指定都市など大きなところでは，組織化はさらに重層的になる．たとえば，さいたま市では，市民が住所地に基づいて加入する 800 を超える単位自治会があり，単位自治会により構成される地区自治会連合会が 50 以上ある．地区自治会連合会がいくつか集まり，北区自治会連合会や大宮区自治会連合会など，10 区の行政区単位の自治会連合会がつくられている．そして，

行政区単位の自治会連合会が集まり，さいたま市自治会連合会になる．

　一方，人口規模の小さな自治体では，細かな単位の自治会の横のつながりの連絡会のみが設置されていた地域において，協議会を組織化するところもある．これは，小学校区単位で，自治会のほかにPTAなどの他の組織も関与して組成されるもので，後述する地域運営組織や地域自治組織に位置づけることも可能である．

　実は，自治会は，市民が自分たちで新たにつくることもできる．設立準備会を組成して趣意書や会則，事業計画，予算などを作成し，市民の合意のもとで，自治体へ申請すればよい．大規模な住宅開発が新たに進められた地域では，自治会が存在しないため自治会を新たに作る必要性が高まる．あるいは，既に設置されているマンションの管理組合などは，既存組織が書類を整えて自治会設置の申請を行い，効率的に自治会を設置することができる．自治会を組成すれば，自治体からの補助金の支給対象になり，事業を組織的に実施することができるようになる．

　なお，自治会は，一般にNPOのように法人格はないため，契約行為はできない．もし法人格を取得したい場合は，規約を提出して市長の認可をもらう必要がある．規約には，不動産等保有，構成員，代表者，目的，区域，事務所所在地，会議に関する事項などを明記することになっている．

②活動内容

　自治会の活動は，テーマや分野を限定したものではなく，福祉，交通，防災などさまざまな分野を含む．その活動は，図9-1のように描くことができる．一般的活動とプロジェクトに分けているが，通常は一般的活動のみを行う．地域の課題が深刻化し，自治体職員や他の組織の協力，関係者のリーダーシップが顕在化したとき，プロジェクトを立ち上げる先進的な自治会があらわれる．

　一般的活動は，防災・防犯パトロールや資材備蓄（防災・防犯），公園や道路側溝等の清掃（環境・美化），登下校時の見守り（交通安全），一人暮ら

一般的活動	
防災・防犯	防災訓練，避難誘導，資器材備蓄，消火器の管理，防災・防犯パトロール，防犯灯の維持管理
環境・美化	公園・河川・道路側溝等の清掃，ごみステーションの管理，花壇づくり，資源ごみの回収
交通安全	交通安全活動，児童の登下校時の見守り活動
地域福祉	一人暮らし高齢者の見守り活動，相談
イベント	祭り，文化祭，盆踊り，地区運動会，発表会
交流・互助活動	敬老の集い，旅行，葬儀の手伝い，スポーツクラブ，文化サークル
調査・動員協力	調査協力（国勢調査の調査員），講演会での動員協力，審議会委員，共同募金
広報・広聴	広報紙や各種案内の配布・回覧，要望の集約と自治体への連絡
施設管理	公民館や集会所の維持管理

プロジェクト
・地域交通維持のための乗合バス ・高齢者の居場所づくり ・国際交流講座 ・野良犬対策　など

（出所）　筆者作成.

図9-1　自治会の活動

し高齢者の見守り（地域福祉），祭りや盆踊り（イベント），スポーツクラブや葬儀の手伝い（交流・互助活動）のほか，調査協力や広報紙の配布，集会所の維持管理を行う．また，自治体が行う講演会で参加者が少ない場合，講師の方に失礼になるため，事前に参加者になってもらうよう自治体からの動員協力も一般になされている．市政運営においては，きめ細かく地区ごとに市民ニーズを把握するのが基本であるため，特に要望の集約と自治体への連絡といった広聴活動は重要な取り組みである．ただし，自治会に加入していない世帯の意向は把握できず，加入世帯であっても，自治会の会合に参加しない多くの市民の意向を自治会が常に念頭においているとはいえないため，必ずしも市民ニーズを把握できているとは限らない．

　こうした一般的活動以外に，バス路線廃止後の乗合バス運行維持，高齢者の居場所としての喫茶店の開設，外国人との交流や講座の開催，野良犬対策，落書き対策など，地域の課題に応じた独自の取り組みも地域によってはなさ

れている．これらは，自治会が主導したケースと，自治体側からの打診で立案されたケースの双方のパターンがある．自治体側からの打診であっても，通常は，自治会自らが地域の課題を自治体に伝え，それをふまえてつくられたプロジェクトである．

　また，交通量の多い道路の安全を確保するため，交通安全の旗をもって子どもや高齢者の安全確保の取り組みを継続し，そうした活動が契機となり，車道にクランクやハンプが整備されるケースもある．まさに，自治会が主体的に地域の課題について行動をおこし，政策が立案された事例である．

　なお，かつては行政協力員制度といって，非常勤特別職として自治会長に広報紙の配布や要望のとりまとめ，簡易な調査などの業務を委嘱する制度があったが，地方公務員法と地方自治法の改正により，2020年3月末に制度は廃止された．これにともない，自治会業務は，2020年4月から自治体が自治会へ委託することになった．自治会業務は自治会長への報酬としてではなく，自治会への委託料として支払われ，自治会にとっては自治会費とともに委託収入が入ってくることになった．別途，これまでの行政協力員制度と同様の機能を残すために，自治会長個人と業務委託契約を行う自治体や，有償ボランティアを募集して報奨金を支払い，広報紙の配布や簡易な調査を実施する自治体もある．

③基本的性格

　中田（2007）によれば，自治会は5つの基本的性格からとらえることができる．第1は，地域区画性であり，自治会は対象とする地域の区画をもち，それらの区画が重なることはないという性格である．第2は，世帯単位性であり，必ず世帯単位で構成員になる性格である．第3は，全世帯加入性である．これは全世帯が加入しているという原則にたつという意味である．実際に都市部では自治会の加入率が50％台のところもあり，全国的に減少傾向にあるが，たとえば，市民に広報を徹底するときや，災害時の避難誘導では，自治会が全世帯を対象に行動する．

　第4は，機能包括性である．これは，地域のさまざまな課題に対して包括的に関与する機能をもつ性格である．第5は対象区域の代表としての地域代表性である．実際には，全世帯が加入しているわけではなく，また自治会長は選挙で選ばれたわけでもない．このため，彼女/彼らは地域の代表ではないが，そうはいっても地域ごとに意見を聞こうとする際に，あらかじめ代表者がいないなかでは，地域の課題などを最もよく認識している自治会に意見を聞くのが有益である．総合計画策定時に行われる地域懇談会では，自治会関係者に地域ごとの課題や方針を聴取するように，しばしば自治会が地域代表性をもつ主体として扱われる．

　これらの中で，協働の相手として特に重要な性格をあらわしているのが機能包括性である．なぜなら，地域の課題は，過疎化により地域福祉の担い手が減り，バス路線も廃止され，避難誘導してくれる人材もいないというように常に総合的であるため，包括的な対応が求められるからである．しかも，自治会は，地域に限なく存在し（地域区画性），地域を代表し（地域代表性），世帯単位により（世帯単位性），概ね全世帯が加入すること（全世帯加入性）を前提としている．

　70年代に活発化する旧自治省推進のコミュニティ政策は，その後，必要性が明確でないコミュニティセンターを各地に整備してしまい，一方，80年代の日本経済の成熟化とともにコミュニティにおける連帯感が希薄化する時代を経験する．そうした状況は，90年代以降に変化した．バブル崩壊後年々累積する長期債務，阪神淡路大震災の経験，在宅福祉を補強する地域福祉の必要性の高まりを背景に，サービス供給体制はコミュニティで支えることが強く意識されるようになった．たとえば，協働条例や関連指針などでは事実上重要な協働相手として自治会が想定されるようになった．

　なお，自治会は，市民間の互酬性の規範やつながり，それらにより醸成される信頼があるため，ソーシャル・キャピタルの例とまでいわれる場合もある（全国町村会2017）．

④補助金の既得権益化と地域予算提案制度

　自治会にも問題がないわけではない．自治会長のなり手がおらず，高齢な
市民が地域のために会長業務をほぼボランティアで行うという本当に頭の下
がる姿勢で取り組む市民がいる．また近年は，少子高齢化によりそもそも自
治会の担い手不足が深刻であり，自治会の再組織化が喫緊の課題になってい
る地域も多い．

　一方，補助金等を会長宛にうけとり批判されている地域もある．あるいは，
自治体からの補助金の供給先が，老人クラブのお祭りやスポーツ活動といっ
た高齢者向けのイベントに偏り，子ども会向け補助金が少額であるなど，世
代間の不公平感は強い．これらは，補助金の既得権益化の問題である．

　他方，愛知県豊田市や三重県名張市などのように，市民が予算を提案する
地域予算提案制度をつくっているところもある．豊田市では，自治法に基づ
く地域自治区制度を2005年から導入し，地域自治区を中学校区単位で束ね
た28の地区区長会を設置のうえ，地区ごとに事業計画書を策定・提案し，
市が予算化する制度をそなえている．たとえば，通学路の整備，空き家対策，
里山づくりなどが地区ニーズに基づき実施されている．

⑤地域運営組織

　自治会の加入率低下，会長の担い手不足などを背景に，再組織化の道を探
る必要があることから，地域運営組織への関心が高まっている．これは，市
民が中心となり地域の指針を策定し，地域の課題解決に向けた取り組みに対
処しようとする組織であり，協議機能と実行機能が一体型のものと，両機能
が別々の分離型のものがある（地域有識者会議2016）．

　同様の組織に，地方自治法や合併特例法に基づく地域自治組織とよばれる
ものがある．この地域自治組織は，自治区を市の内部機関とし市長が構成員
を選任する点で，地域運営組織とは異なるといわれる．ただし，地域自治組
織は地域運営組織より自治的ではないのかと問われると，そうでもない．た
とえば，豊田市の事例は地域自治組織であるが，規模の大きな自治体におい

て都市内分権が進められている意味において，自治的活動は先進的である．「自治的」というのは，豊田市のような先進的な事例においてさえ，組織や制度は行政主導で用意されているためであり，その意味では，地域運営組織や地域自治組織はいずれも官製自治組織ではないかという批判があるかもしれない．

　また，厄介なことに，法律に基づかずに設置されてきたまちづくり協議会は，以前は地域自治組織とよばれ，現在は地域運営組織とよばれている．このような自治組織の概念乱立の状況は，むしろ，多様によばれてきた自治関連組織が，後年になって地域運営組織として改めてまとめられたとイメージするのが理解しやすい．

　さて，地域運営組織の構成は，自治会のほか，社会福祉協議会やPTA，婦人会などが加わる．組織の名称は，地域づくり協議会，まちづくり協議会，地域振興協議会，地域自治協議会など多様であり，NPOなどの法人格を取得する場合もある．『令和元年度地域運営組織の活動状況におけるアンケート調査結果』（総務省）によれば，全国で5236の地域運営組織がある．自治体が人件費を含む事務局運営経費を補助したり，自治体職員が直接事務局運営を支援するケースが多く，取り組み内容は，地域イベントの運営，広報紙の作成発行，防災訓練，研修，高齢者交流が多いが，名産・特産等の加工販売といった積極的な事業展開を行うところもある（総務省2019）．

　地域運営組織の構成員は多様であるため，機能包括性が高まり実践的専門性もやや向上する組織となることから，地域の総合的な課題への対応能力も高まると期待される．このため，自治体にとっては欠かせない協働相手と認識されつつある．

(3)　NPO（テーマ型組織）

①基本的性格

　NPO（Non-profit organization）は，非営利の組織として，社会貢献や公共的問題の解決を目的として活動する主体であり，特定非営利活動法人

（NPO 法人）に付与される法人格の有無にかかわらず，自発的に設立され
た市民組織を含む．NPO の活動は，自治体が直接あるいは丁寧に扱うこと
のない特定テーマを対象とし，実践的知識に関して専門性が高い．自治体が
扱わないテーマとは，たとえば，薬物依存症の回復支援や不登校となった子
どもの居場所づくりなどである．自治体のサービスから漏れた政策領域で，
サービスを提供する性格があるため，きめの細かなサービスを提供する主体
として認識されている．

　また，機能包括性を特徴とする自治会とは異なり，NPO は特定のテーマ
を対象に活動するため，必ずしも市町村や都道府県の区域内に活動が限定さ
れているとは限らない．また，市町村や都道府県内の特定地域だけを対象に
活動するケースもあり，活動範囲はさまざまである．自治体が協働条例や関
連指針などで自治会を協働の中心的な主体として想定する傾向があるのは，
自治会の活動が自治体内にとじており，地区ごとに組織があり，しかも包括
的に課題を扱うからである．他方，NPO の特定テーマにおける実践的専門
性が必要とされる場合は，自治体は NPO との協働により公共的問題の解決
にあたることになる．

②活　　動

　内閣府ホームページに掲載されている特定非営利活動法人の認証数をみる
と，保健・医療・福祉分野の NPO が最も多く，次いで，社会教育，子ども
の健全育成が続いている（2020 年 3 月末）．とりわけ，福祉関係は古くから
活動が盛んな分野で，戦後の福祉制度の経営主体として社会福祉法人の役割
は大きかったという（後 2009）．福祉分野での非営利活動の役割の大きさは，
現在でも変わっておらず，活発に活動が展開されている．たとえば，ケアプ
ランの作成やデイサービス事業所などでの介護サービスの提供，障害者の自
立生活の支援，ふれあい・助けあい活動，子育て支援に関するネットワーク
の支援，あるいはホームレスへの支援などである．こうした取り組みは，市
民の居場所づくりとして貢献しており，その意味で，NPO には社会への参

加を促進する社会的機能があるといわれる（廣川 2016）．

　また，河川や道路，歩道などの環境美化，防犯，防災，イベント開催といったまちづくりに関する取り組みを行う NPO は，自治体にとって政策をともに推進する主体であるため，自治体職員が普段から NPO とネットワークを形成していることが多い．なかには，大文字の送り火を毎年実施する大文字保存会のように，多くの観光客を動員するイベントを開催し，市のブランド形成を担う NPO まである．市が五山の送り火を主催する場合，台風や防風，大雨の中での実施は，安全性の問題から生じるクレームを念頭に中止の選択がとられがちであるが，NPO が主催するため，雨天や台風の中でも五山の送り火が実行されるというように，行政にはできない合意形成や事業遂行の機能がある．

　さらに，自治体の政策を監視したり，政策提言に取り組むアドボカシー活動を行う NPO もある．こうした活動は，政府のあり方を問う政治的機能とされる（廣川 2016）．ほかに，日本 NPO センターや NPO サポートセンターなどのように，NPO を支援する NPO もある．これは中間支援団体とよばれ，NPO に対する経営・人的・金融支援，またネットワーキングのための情報提供を行っている．

③政策形成

　NPO は自らドメインとする事業領域でサービスを提供している一方で，自治体の政策形成にも関与している．1 つは，自治体から示される特定分野の施策について NPO 側から提案し採択されれば資金が供給される協働事業提案である．他の関与の方法は，自治体からの働きかけによるものであり，審議会・委員会への参画である．とりわけ環境やまちづくりの分野では審議会委員に NPO の幹部が関わることが多い（田尾 2011）．

　NPO からの政策提案は，個々の NPO からだけでなく，NPO 等がネットワーク化した非営利セクターとしてなされ，政策形成に反映されるのも重要である．ところが，自治体レベルでの NPO 間の連携は十分ではなく，

NPO と自治会の連携に至ってはいっそうなされにくい．国レベルにおいても省庁ごとに分野別 NPO の管轄や制度が異なることもあり，NPO 間の連携は十分ではない（後 2009）．

(4)　民間企業（機動的組織）

　民間企業は，資金，人材，サービスのいずれにおいても供給力が高く，さまざまな展開が可能な機動的組織である．地場産品の開発，健康づくり支援，スタートアップ企業の経営や研究開発の支援，情報基盤の整備運用支援，GIS システム開発支援，観光情報の発信，クラウドファンディング支援など広い範囲で自治体の政策に関わっている．コンビニエンスストアとの連携協定では，観光案内マップの配置，地場産品等の販売，防犯協力がなされている．

　民間企業は，自らの事業領域に重心があるが，地域で操業しているなかで，市民に迷惑がかかるようなことは避けたい思いがあり，また，企業ブランドの重要性を日常的に意識している．このため，環境保全活動や復興プロジェクト，歴史的建造物の保護，ものづくりの現場体験などの CSR（Corporate social responsibility）活動に取り組んでいる．これは，自社の商品やサービスとは直接関係がないようにみえる活動で，しかし社会の持続可能性に寄与することに自主的に取り組む企業の社会的責任活動である．CSR 活動は社会的な存在である企業の将来への投資の側面があり，長期的には企業への信頼やブランドを向上させる意味において，企業の商品やサービスと関係している．

(5)　大学・研究機関（専門組織）

　大学・研究機関は，研究，調査，マーケティングの面で自治体と協働する主体である．大学・研究機関が協働の相手として求められる理由は，研究蓄積を背景にした高い専門性による．自治体が特定の大学と包括連携協定を結んだり，個別分野での協定を結び事業展開を行うことは一般的である．たと

えば，大阪府は統計分野の人材育成のため大阪大学等と連携協定を結び，共催セミナーを実施している．大学や研究所との連携事例は，他にも汚水処理システム，特産品のブランド化やマーケティング，健康福祉関連事業の実証実験，情報セキュリティの強化など範囲は広い．また，第7章で言及したように，COVID-19パンデミックの際には，大阪府や大阪市が，大阪大学や大阪府立病院機構等との間で，予防ワクチンや治療薬の開発を推進するための連携協定を締結した．大阪大学での予防ワクチン開発の状況について府知事とともに研究者がテレビで説明する姿に，市民は強く勇気づけられた．その他，大学，企業，自治体の間で産学官連携によりプロジェクトを立ち上げることもある．

こうした連携協定や産学官連携は，古くから実施されてきたが，自治体側の普段の業務多寡や大学研究者側の社会還元への非積極性もあり，現状では，大学・研究機関の知見が自治体の政策に最大限に活用されているようにはみえない．たとえば，感染者予測の都道府県版詳細シミュレーションは，大学との連携で開発が可能なはずであり，今後の知見活用が望まれる．

3. 協働施策

(1) 協働の前提

自治体との協働の前提としては，双方の対等性，非営利セクターの組織化・専門性，政府の自律性・自立性があり，対等性を維持するためには，目的の共有，情報の共有，政策形成・実施・成果の評価の共有，双方の信頼関係が必要とされる（山﨑 2010）．要するに，組織間の信頼関係のもと，プロセスの共有（公開）がなされる関係である．山﨑の議論は，行政と協働相手の政策過程の共有に焦点をあてるが，公開性は市民の税金を使用する以上，協働相手が市民向けに公開することを必須とする．

このような協働の前提は，各自治体の協働の指針では，協働の原則として定められている．『横浜市における市民活動との協働に関する基本方針（横

浜コード)』(2012 年) における協働の原則は, 対等, 自主性尊重, 自立化, 相互理解, 目的共有, 公開である. 対等性については, 市民から信託される自治体と協働相手が完全に対等なはずはないのであるが, むしろ, 行政の単なる下請け関係になるのを避けるために宣言されたと解せられるもので, 本来は「対等」というより「役割分担の明確化」が正確であろう. また, 自主性や自立化といったことは「主体」の条件として当然の原則である. これをあえて宣言しなければならないのは, 行政の下請けや依存関係にある組織が多いためであろう. さらに税金や基金をもとに公共的問題を扱う以上, 会計や成果に関する情報公開の責任を負い, 公開性は当然の条件となる. 相互理解も公共的問題を解決しようとするうえで同様に当然である.

　一方の目的共有も当然といえばそうかもしれないが意外に難しいものである. 個々人の認識はわれわれが思う以上に論理的ではなく, あわせて組織に所属するとその組織の論理が優先されることからして, 知らず知らずのうちに, 目的が共有されていなかったという事態を招く. 政策実施研究における各アクターの認識の相違が政策を変容させる帰結からも, 目的共有は協働を成功させる主要な条件である.

(2)　協働施策の特徴

　協働を推進するための施策には, どのような課題や特徴があるだろうか. すべての都道府県において, また, 市町村でもかなり多くの地域で協働に関する条例や指針が策定されており, NPO や自治会等との協働施策が展開されている. 自治体の協働において一般に批判されてきたのは, 政策実施過程での協働が多い点である. 自治体が内容を決め, それを NPO や自治会へ下請けに出す姿勢が批判されてきた. たとえば, 自治会の活動のほとんどは, 行政主導で決めてきた内容を引き継いできたものであるし, 各種の公共施設を NPO に委託契約で管理するものや, 共催事業の多くも行政主導である. あるいは, アドプトロードプログラムといって行われる道路や歩道の清掃, 除草, 植栽は, 形式的には市民団体や NPO, ボランティアが参加して実践

するものであるが，その内容や段取りをあらかじめ決めているのは自治体であり，国土交通省が推進している．しかも下請けの問題は，委託料や補助金等の供給先が長年同じであるような場合，新たな協働相手が参入しにくいといった既得権益化の問題を生む．

ただし，自治体が企画内容を概ね決めて，それを協働相手に下請けすること自体が本当に問題かといえば，必ずしもそうとはいえない．下請けと表現すると悪いイメージであるが，民間開放といえばよいイメージになる．公共施設の管理をNPOや民間企業に開放する指定管理者制度は，求められる管理の内容と水準をあらかじめ決めておき，それにNPOや民間企業のプラスアルファのアイデアが加わるものである．共催に近いものとして，協働相手と実行委員会を設立してイベントを遂行する方式についても，自治体が前面に出て行うには諸々の制限がある取り組みについて，自由に展開するメリットを狙うものである．下請けは，協働相手による政策立案への（自治体では見当がつかないような）素晴らしいアイデアが加わる道を閉ざす点と，既得権益化に問題があるが，事業や施策に求められる内容や水準がはじめからある程度決まっているケースでは，それが予定どおり遂行できるわけであるから，問題として断罪するのは早計である．

一方，政策立案段階での協働として，一般に協働事業提案が実施されている．自治体が必要とする概ねのテーマや課題を提示したうえで，それに対して，NPO等から企画提案を受け，プレゼンテーションにより応募者間で競い合い，採択されたところへ補助金を供給し事業を実施する．さまざまなパターンがあるが，基本的に，公開のもとで成果報告会などが行われる．

たとえば，令和元年度滋賀県協働提案制度では，SDGs目標達成に資する滋賀県発の新しい消費行動の推進，交通・文化・観光が創りだす心豊かなまちづくり，バスの運転手不足に対する対応などのテーマを募集し，選定されれば，事業費の10分9の補助が受けられる．また，協働事業提案では，税金を使用するため透明性を意識した制度設計が求められるが，相模原市『協働事業提案制度　令和2年度募集要領』の完成度は高い．提案者や事業の要

件，制度のフロー，事前相談やヒアリングの段取り，詳細な審査スケジュールや審査基準，経費の費目別詳細，管理費，市の経費負担，そして透明性確保のための成果物の効果について明確かつ具体的にまとめている．

　一方，政策評価段階の協働もある．これは，NPO が評価の支援を行ったり，協働型評価の一員となって取り組むものである．ただし，現在はこうしたケースはかなり少なく，むしろ自治体が外部評価委員会をつくり外部評価を行うというかたちが一般的である．

　政策の立案，実施，評価の過程での協働施策以外に，協働相手の育成としての遊休施設を用いた NPO の拠点づくり，NPO 育成に向けた専門家（法律，会計・財務）の派遣，NPO の現場で自治体職員が学ぶ研修，NPO からの地域への人材派遣なども行われている．

　以上の協働施策のなかでは，とりわけ政策立案段階での協働が期待されるところである．行政だけでは限られた政策のアイデアになるのを多様な主体により優れたアイデアを出せるためである．しかしながら，現実はそれほど期待できるものでもなく，確かに新しいアイデアを創出する先進的な事例もあるものの，なかなかよいアイデアは見つかりにくい．全国の協働事業提案を検索してみてみればわかるように，パンフレットやちらしの作成，研修会や講演，外国人のニーズを把握するなど調査の実施，体験イベントの開催，パネル展示や相談会の開催がほとんどであり，どこに専門性やきめの細かさがあるのか判断できないものが多い．これでは協働の成果が上がるはずはないため，協働信奉になっているようであればいったん頭を冷やし，協働で実現すべき政策や協働相手の機能を再確認すべきである．

4.　協働の課題とメタガバナンス

（1）　協働の課題

　トップダウンによる対応が求められる危機管理の初動体制のように，協働に向かない分野も存在するが，さまざまな分野で協働は有効な手段と考えら

れている．そうした協働はいかなる課題があるだろうか．新川（2004）の議論を参考にしながら以下の3点に集約できる．

第1に，協働相手の主体としての自律・自立の確保である．公共的問題の解決に効果的な対応能力をもつ協働相手の場合は，自治体もはじめから学ぶ姿勢で対応する．たとえば，新型コロナウイルスのワクチン開発のために，大阪府と大阪市が大阪大学等と連携するのはそのためである．しかし，協働相手に優れた関連実績がない場合，自治体は手放しで協働に向かうわけにはいかない．協働相手に十分にアピールできる実績がない背景には，資金不足により思うように事業展開ができない点がある．このため，協働相手は，自治体の補助金や助成金，委託契約に依存し，その結果，補助金が既得権益化してしまう．資金不足はプロパーの人材を雇用する余裕を生まず，人材不足を招く．公共的問題への対応にNPOを立ち上げようとする人の中には，はじめて経営に挑む人も多く，一般に高度な経営ノウハウはない．このように協働相手は民間企業や研究機関を除き，資金や人材，経営ノウハウといった資源が不足している．主体として自律・自立が困難であるのは，すなわち，これらの資源が不足しているからである．

第2は，民主的正統性の確保である．自治会もさることながら，NPOは，市民にとって自治体運営のための民主的な代表者ではない．NPOが本当に市民ニーズを理解して地域の課題に対応できる協働相手かどうかがわからないばかりか，そもそもどのようなNPOがあり，いかなる活動をしているかはほとんどの市民に知られていない．多様な主体が相互にコミュニケーションを図り公共性が確保されている状況には全くないのである．

そうしたなかで，協働相手に税金を原資とした補助金や助成金が支給される一方，適切な成果報告や詳細な会計報告が明らかでない場合も多い．これでは民主的正統性が担保されないのは言うまでもない．このことは，自治体とNPO等との協働だけでなく，自治体も関わりしばしば組成される実行委員会のような責任主体があいまいな組織についても同様である．

第3は，協働による住民自治の体現である．今川（2005）のいう市民相互

の水平的調整こそが協働であり，自治の本質である．本来，市民相互で議論
を尽くし妥協しあいながら課題を乗り越えるところに協働や自治の醍醐味が
ある．自治体が自治会や地域運営組織等と協働を行う際に，あるいは地域運
営組織や自治会の運営において，市民相互の水平的調整がなされる場面がど
れほどあるだろうか．多くの市民がそうした協働や組織の運営に関わらない，
もしくは活動を知らないのではないだろうか．多様な主体が協働しつつ妥協
しながら公共的問題を解決していくような協働や自治には，現状はほど遠い
ようである．

(2)　メタガバナンス

　協働相手の選定は，協働による成果をふまえた議論を要する．これまでの
組織による活動実績，透明性の確保，成果の社会への還元，あるいは評判も
含めた判断が不可欠である．これらの点は，事業実施過程でのモニタリング
や成果報告会，その後の会計処理のチェックなど，たえず評価することで担
保していくしかない．

　こうした協働の監視と統制をメタガバナンスという．協働というガバナン
スをさらにガバナンスにより対応するという意味である．新川（2004）によ
れば，メタガバナンスの主体は，中間支援組織であるNPOや議会，市民自
身が担うことが期待できるという．市民が監視するうえでどのようにそれを
組織化するかは，改めて市民会議なるものをつくるのか，もしくは，地域運
営組織に期待するのか．メタガバナンスを担う主体は，地域の自治を事実上
制御する強い権限をもってしまう可能性もあり，今後，メタガバナンスの具
体的な方法論を地域ごとに模索していく必要がある．自治意識をもつ市民が
どのように協働やガバナンスを監視するのかを，自治会やNPOの代表者に
集まってもらい議論するのではなく，そろそろ広く一般に市民を集めて議論
を開始すべき時代ではなかろうか．

III. 編　成

第10章
広域連携

1. サービスの削減ニーズと連携志向

(1) 市町村がとりうる3つの選択肢

自治体のサービスの維持に必要な財源や人的資源は，地域により異なる．人口が多い市町村とそうでないところで，また企業の立地数が多いかどうかで，政策資源の保有状況は異なる．大都市であっても投資的経費が嵩み，財政難であるところも多い．しかし，大都市では事業の守備範囲が広く量も多いため，人口減少が進む市町村と比べ不要な事業の削減余地は大きい．

人口減少が進む市町村では，財源だけでなく人的資源の充足が困難である．たとえば，児童虐待防止のために，経験豊かな児童福祉司の専門職採用が必要になったとしても，そう簡単には適当な人材が見つからない．このような専門人材の不足は，福祉分野にとどまらず，医療，消防，防災，自治会，産業支援のほか，内部管理である固定資産税評価など広範な分野で生じている．

こうした課題の解決に向け，市町村がとりうる選択肢は3つある．1つは，合併である．合併は，他市町村との統合による統治単位の一元化であり，自らの組織管理の裁量はなくなるが，行財政運営の効率化と人材確保が期待できる．2つ目は行政サービスの削減である．財政難や人材難を契機に改革を進めるのも1つの方法である．本当に必要なサービスの支出に限定し，サービスの総量を削減するのである．ただし，必要なサービスの限定は簡単ではない．そこで，俎上にのるのが3つ目の選択肢，広域連携である．これは，

アメリカでサービスやその資源を共有するシェアードサービスとよばれるものである．

　本章では，はじめに上記の2つ目の選択肢に関わるサービスの削減ニーズを概観する．これはどのサービスの削減が可能かをみるためである．そして，1つ目の選択肢である市町村合併と，合併を契機に移行例が増加した大都市制度について学ぶ．そのうえで，3つ目の選択肢として，広域連携を検討する．

(2)　削減ニーズと連携志向

　実施している事業の中には，必要と判断され積み上げられてきたことから，経緯が複雑化し，また関係組織が多岐にわたり，削減が難しいものも多い．しかし，限られた財源や目下生じている人口減少を前提にすると，優先順位の低い事業の削減が必要となる．そもそも，日本の自治体の行政サービスの守備範囲は，諸外国と比べて広く，予算規模もかなり大きいため，実力以上にサービスを実施している点をふまえなければならない．

　首長は，次の選挙を強く意識しながら政策を決定するため，改革派の首長でない限り，首長主導によるサービスの削減は期待できない．議員主導も同様である．他方，自治体職員主導によるサービス削減が有効かといえば，各職員の意思決定はボトムアップであり，削減の効果には限界がある．また，枠配分予算の権限をもっている部長級職員が英断により改革を進めるのも難しい．なぜなら，定年退職を目前にした部長級職員は，禍根を残す決定より事なかれ主義を選択するからである．

　行財政改革は，一般に計画を策定したうえで全庁的に進められ，組織内の間接経費の削減や，デジタル技術の活用，国民健康保険の府県への運営移管など制度変更にともなう効率化，あるいは，民間活力の活用などが進められ，一定の効率化を図ることができる．しかし，それでも大幅な財政の効率化にはほど遠い．歳入減が続くなかで，膨れる支出を抑制するために，政策の優先順位づけが求められ，その根拠としては，やはり民意こそが重要となる．

苦渋の決断であるが削減しなければならないという根拠としての民意が必要
である.

　市町村のサービスに対する削減ニーズは，図10-1のように示すことがで
きる．これは，全国の地域別人口と年齢構成を勘案して行った調査結果に基
づくものである．市民が削減すべきと思うサービスと，連携（市町村の連携
組織，事務の委託，都道府県による補完）で維持するのがよいと思うサービ
スを示している.

　図をみれば明らかなように，削減ニーズが最も高いサービスは，生活保護
である．国民の生存権を保障する生活保護そのものが不要と考える人は少な
いと思われるが，削減ニーズが最も高いため，市民からみて総じて「批判が
強いサービス」と認識されているといえる．この背景には，不正受給や本来

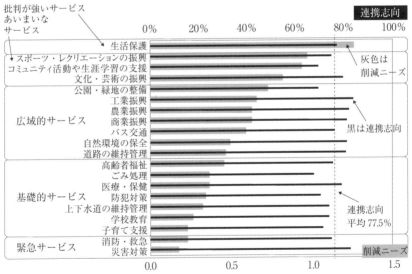

(注)　標本数2000（北海道から九州・沖縄まで全国のデータ）．削減ニーズの尺度は，支出を増
　　（−1），支出を維持（0），支出を少し削減（＋1），支出をある程度削減（＋2），支出を大きく
　　削減（＋3）．連携志向は，居住市区町村によるサービスの選択割合を100％から控除して算出.
(出所)　野田（2020b: 43）.

図10-1　市町村の行政サービスに対する削減ニーズと連携志向

支給されるべきか疑わしい受給者のニュースあるいは話を市民が聞いて不満に感じたり，また，保護費が一般的な市民感覚からして高い点があると思われる．しかも，住民税が非課税で，医療費や介護費などが保険料を支払わずに無料となり，生活扶助，住宅扶助，教育扶助などが受けられるとなると，本来受けるべき人の基準を再考すべきという感覚になる．

　次いで，スポーツ・レクリエーションや文化・芸術の削減ニーズが高い．これらのサービスは，あらゆる市町村で実施しなければならないという根拠が必ずしも明確ではないもので，「あいまいなサービス」として表現することができる．もちろん，スポーツ施設の整備やスポーツ大会の招致は，交流人口の増加につながるもので，不要というわけではない．しかし，市町村によって近隣に同様の施設があったり，県営の施設があるなど，市町村のサービスとしての優先順位は必ずしも高くはない．以下，削減ニーズが高い順に，広域的サービス（産業振興，交通，環境保全など），基礎的サービス（福祉，医療・保健，教育，ごみ処理など）が続き，最も削減ニーズが低いのは緊急サービス（消防や防災）となっている．

　財政状況が厳しい市町村において，サービス削減の合意を市民との間で得やすいのは，批判が強いサービスやあいまいなサービス，あるいは広域的サービスで，一方，比較的維持すべきものとしては基礎的サービスや緊急サービスをあげることができる．この結果をみて個々に意見がある人もいると思われるが，これが平均的にとらえた市民ニーズである．

　図 10-1 には，他の自治体との連携志向も示している．広域連携の種類は，市町村間の連携組織，事務の委託，都道府県による補完について質問し，いずれに対しても意向はなく，居住市町村による自前のサービスを選択した回答割合を 100％ から引いて連携志向を算出している．連携志向は，平均してみると 77.5％ にもなっている．なお，削減ニーズの高さと連携志向は比例関係にはなく，どの分野においても総じて連携志向を市民がもつといえる．

2.　市町村合併と大都市制度

（1）　合併の経緯

　1990 年代終盤，当時の自治省は，国と自治体を通じて財政状況が悪化するなか，市町村の行財政改革とともに，市町村の区域をこえる広域的課題や高齢化への対応のため，合併を推進する姿勢をとった．

　それまでに 2 度の大合併があった．1 つは，明治の大合併である．これは，自然発生的な村から地方自治制度上の市町村へ変革しようとしたものであり，市制町村制施行にともなって実行に移された．具体的には，戸籍や徴税のほか，教育や土木などの事務処理が可能となるよう規模の大きな市町村とするためのものであった．1888 年時点で 7 万 1314 町村であったのが，1889 年の市制町村制施行により 1 万 5820 市町村になった．

　もう 1 つは昭和の大合併である．これは，新制中学校の設置管理，消防，保健，社会福祉などの事務を担う基礎自治体とするために推進されたものである．1953 年の町村合併促進法では，町村は 8000 人以上が標準とされ，1956 年の新市町村建設促進法により，町村数を約 3 分の 1 へ減少させることが目標とされた．この結果，市町村数は，1953 年の 9868 から 1961 年には 3472 へと減少した．

　市町村数は，しばらく 3200 以上の規模で推移してきたが，90 年代終盤からはじまった平成の大合併により減少し，2005 年 4 月には 1821 となった．合併特例法の改正を重ねることで，住民発議制度の創設により合併協議会の設置を促進し，議員の定数・在任特例により合併後も現行の議員がすぐに辞職しなくてもよい環境が整えられた．そして，合併特例債や普通交付税の合併算定替の期間延長により，事実上の補助金供給が合併へのアメとして実行された．また，国は都道府県に対して，1 万人未満の小規模市町村の合併促進に向けた重点地域を盛り込む構想策定を促した．平成の大合併によって，市町村数は大きく減少したが，内訳としては，町村の減少と都市の増加であ

った．つまり，合併により外形上は都市という自律的な政府が増加した．

　市町村合併は，国の誘導ばかりが要因ではなく，国の合併促進策の市町村側の主体的利用により推進された．ただし，市町村側が選択せざるを得なかった大きな要因もあった．それは，2004 年に進められた地財ショックとよばれるもので，三位一体改革における大幅な交付税見直しであった．財政が脆弱な市町村においては予算が組めなくなる事態となり，合併に舵を切る市町村が大幅に増加した．一方，合併推進という国の意図に反し，合併を選択しない市町村が多かった長野県や北海道などでは，小規模な市町村が多く分布したままとなった．小さくても独自に政策を推進するこうした姿こそ自治であるという考え方がある．他方，こうした地域では，小規模市町村やそれを補完する道府県における自主財源はかなり限定的で，結果として多くの地方交付税に依存しながら自律的でない行財政運営がなされていることも事実である．

　総務省等でなされた市町村合併の検証では，行財政の効率化が図られたケースやサービスの高度化・多様化への評価も一定みられた（市町村の合併に関する研究会『合併の評価・検証・分析』2008 年）．一方，平成の大合併が推進された期間は，長期の景気低迷の時期と重なり，税収が伸び悩んだため，合併の効果は総じて過小評価された．

　ただし，市民からしてみれば，合併前に財政シミュレーションで基金が底をついて歳入不足になる状況や，合併後のまちづくりの基盤整備の絵をみせられたので合併に賛成したものの，現実のまちづくりが理想とは異なるという思いもあるだろう．実際には，合併特例債により着実にまちづくりを進めてきた事例も多いが，市民がそうした実感をもたないのは，自治体が市民の理解を深める情報を提供せず，市民が納得したうえで政策を推進してこなかったからである．これは広報の問題でもある．

(2)　大都市制度

①政令指定都市

　都市は，最も権限の多い政令指定都市と，次に権限を有する中核市，そして，一般市に分かれる．政令指定都市は，大都市と府県の争いの末にできた妥協の産物である．明治期には，府県から分離独立をめざした東京市，大阪市，京都市に，3 市特例が施行されるが，府県の反対にあい廃止される．大正時代には 6 大市（東京市，大阪市，名古屋市，京都市，横浜市，神戸市，当時の人口順）による分離独立のための特別市運動が展開されるが，実現には至らなかった．終戦直前の 1943 年には，戦時体制下で東京都制が施行され，6 大市から東京市が抜けて 5 大市となった．戦後の 1947 年に地方自治法上に特別市が一時期明記されたものの，5 大市を包括する 5 大府県の反対にあう．そして 1956 年に，地方自治法における特別市制の条項が削除され，最終的に妥協の産物として．府県の区域から分離独立しない政令指定都市制度が成立した．同年に，上記 5 大市が政令指定都市へ移行した（政令指定都市制度成立までの歴史については，神奈川県 1990，大都市制度史編さん委員会 1984，高木 1993，高寄 1995 を参考にした）．

　政令指定都市には，人口や事業所が集中するものの，区域内で発生する税がそのまま政令指定都市の税収になるわけではない．それらの人口や事業所から生じる税の一部は，府県民税や事業税などとして府県に徴収され，政令指定都市以外の地域のために使用される．これこそが，6 大市や 5 大市が問題視し，特別市として分離独立をめざした動機であった．

　また，昼間人口比率が高い政令指定都市では，定住していない人たちが定住する市民と同じように市内の施設を利用するが，その施設の整備や維持の費用は市民だけが支払うというフリーライドの問題が生じている．たとえば，地下鉄は市民だけが利用するものではないにもかかわらず，市民の税金で整備される．つまり，政令指定都市は昼間人口比率が高いために，受益と負担のバランスをいかにとっていくかという非常に難解な問題を内包しているのである．

　政令指定都市の指定は，法律上は50万人以上を人口要件とするが，運用上は将来100万人になる見込みがあり，5大市と同等の行財政能力が求められるなど，市からの申請に基づき国が個別に判断して指定するという不思議な仕組みに基づいていた．この運用上の要件であった100万人以上の人口は，1972年の福岡市指定（当時80万人台）により将来100万人を超える見込みのある80万人以上となった．そして，2001年には，静岡市と清水市の合併によりできた静岡市の70万人が基準となるように，合併推進策としても政令指定都市の人口要件が利用されることになる（市町村合併支援本部決定『市町村合併支援プラン』2001年）．

　政令指定都市には，国や府県の事務が移譲される事務配分上の特例や，府県の監督を廃止し，直接実施または主務官庁の監督となる行政監督上の特例がある．事務配分は，福祉，衛生，環境保全，教育，都市計画，道路，住宅，産業経済など多岐にわたり，府県並みと称されるほど多くの事務が移譲される．たとえば，市域にある国の指定区間外の一般国道や道府県道を市が管理できるほか，地域地区，市街地開発事業の決定，市街化区域や市街化調整区域における開発行為の許可，宅地造成工事規制区域の指定が可能となり，一体的な道路管理やまちづくりを推進できるようになる．ほかにも，県費負担であった教職員の任免等の権限が得られる．

　また，政令指定都市には行政組織上の特例と財政上の特例がある．行政組織上の特例としては，市域を区に分けて区役所を設置できるほか，区長や区農業委員会等の組織をおくことが可能となる．そして，戸籍，住民基本台帳，外国人登録，土地収用，電気通信，地方税，土地改良，農地，地価公示，健康保険，学校教育などの分野において，市長の権限が区長へ付与されるため，各種のサービスを身近に享受できるようになる．政令指定都市では規模が大きすぎるため市民の声が届きにくくなることから，職員任免や予算についての意見具申といった区長の権限を拡大させた総合区の設置が2016年から認められている．もっとも，総合区の検討事例は少ない．

　一方，財政上の特例は，課税計算上の変更により一部増額となるものであ

る．市民税や固定資産税などの地方税，道路特定財源，国・道府県支出金，使用料・手数料，普通交付税，当せん金付証票の発売収益金などが該当する．これらのうち，財源増として見込める主要なものは，普通交付税と道路特定財源である．しかし，中核市からの政令指定都市移行の場合，移譲される事務の歳出と比べ増額される歳入分が見合わず，財政的に厳しくなる可能性もある（野田 2004）．

　2020 年 4 月 1 日時点で，政令指定都市は全国に 20 市ある．かつての大都市は，人口が集中し高度な都市機能が集積していたことから，指定都市市長会が扱う大都市問題といえば，そうした大都市固有の事情に基づき共有できるものであった．ところが，2007 年以降，新潟市，浜松市，岡山市，相模原市，熊本市が政令指定都市に移行し，必ずしも大都市固有の事情を共有できる地域とはいえない都市が増え，大都市問題について共通の認識をもつのがやや難しい状況にある．

②中 核 市

　中核市は，1995 年に創設（1996 年 4 月から移行）されたもので，福祉，保健，衛生，環境保全，教育文化，土地利用などの事務配分上の特例や福祉に関する行政監督上の特例がある．このため，一般市の中には，合併等により人口拡大を狙って中核市移行をめざす動機をもつところがある．

　2000 年 4 月には，合併を促進するために，人口 20 万人以上で移行が可能な特例市制度が施行された．1 市 6 町 2 村で合併した鳥取市は，特例市に移行し，保健や環境など一部の事務が移譲された．ただし，特例市制度は，2014 年の自治法改正により廃止された．これにともない既に特例市であったところ（施行時特例市とよばれる）は，2020 年 3 月までに中核市に移行することが認められ，中核市の人口要件は 30 万人から 20 万人に引き下げられた．2020 年 4 月の中核市の数は 60 市で，鳥取市も 2018 年 4 月に中核市に移行している．

③都区制度

　日本には都区制度という大都市制度がある．東京都には，島しょ部を除くと 30 市町村から成る多摩地域と，23 の特別区がある．この特別区と東京都の関係を決める制度が現在の都区制度である．戦時中，神奈川県から多摩地域が東京府に編入され，終戦間際の 1943 年には防空体制の一元化を図る必要から東京市が廃止され，東京府の範囲を対象に東京都制が適用された．東京市の 35 区は，東京都の内部的下級組織となった．東京市の範囲が現在の特別区の範囲である．

　戦後，1947 年に憲法ならびに地方自治法が施行され，現在の特別区（練馬区が同年 8 月に独立し 23 区）となった．その後，地方自治法は何度か改正され，区長公選や人事権を保有できるようになった．2000 年には，地方自治法改正により，法律上，特別区は基礎的な地方公共団体とされたが，普通地方公共団体とみなされることはなかった．

　特別区の固定資産税や市町村民税法人分，特別土地保有税（2003 年度以降新たな課税は停止）は，都区の共有財源（調整税）とされ，2020 年度では，55.1% が乗じられ配分される都区財政調整制度に基づき，交付金が決定されている．特別区の事務は，一般の市町村では行わない保健所などを担うが，市町村が通常担っている消防や上下水道などは大都市の一体的管理のために都が担い，特別区は担わない．しかし，特別区の自治の観点からすれば，税金を都にとられてサービスの範囲が限定されるのは問題であり，特別区側は自治権拡充志向の態度を有する．一方，都側は東京大都市圏の一元的管理志向である．

　ただし，こうした都と特別区の対立姿勢は行政における話で，都民感覚としては異なる様相を呈する．区部の人口比重は支配的であり，戦時中の政治家が，東京市は東京府より格上と受け止め東京市が東京府を包括するようなイメージをもっていたように，東京都は東京市の延長ととらえられる（金井 2007）．実際，特別区民は，区への権限・税源移譲の必要性の意識はあまり高くはなく，都知事のリーダーシップを信頼する志向をもち，都の政策への

期待は高い（野田 2013b）．すなわち，特別区民は都民意識が強く，これは他府県には見られない東京都民の自治意識の特徴である．市町村ではなく都のレベルでもつ自治意識に基づく都制も自治の 1 つのあり方である．

3. 広域連携

(1) 広域行政圏施策

市町村間の連携を通じて行政サービスの効率的な維持を図るため，1960年代終わりから，国により広域行政圏施策が推進されてきた．都市と農山漁村の連携を促す広域市町村圏に加え，大都市周辺地域広域行政圏が設定された．大都市周辺地域広域行政圏は，広域市町村圏の設定のみであると，大都市と周辺地域の圏域が抜け落ちることを念頭に，市街地のスプロール化への対応に向けたものであった．広域市町村圏と大都市周辺地域広域行政圏をあわせて広域行政圏とよばれている．

広域行政圏を設定する市町村には，地方交付税の措置や補助金を供給するかたちで，広域行政圏施策が国により誘導された．しかし，そうした誘導はむしろ，市町村間の一部事務組合による消防や救急，ごみ処理，し尿処理など，単独市町村では対応が困難なサービスを市町村の連携で対応する編成を促進した．

逆に，国の誘導による悪い例もみられた．広域市町村圏計画以外に，地域の自立的発展と銘打ち，ふるさと市町村圏の策定が誘導された．これは，人口 10 万人程度で，従来から共同事業を行ってきた市町村間の基金運用益によりソフト事業を展開するものであったが，広域観光やふるさと塾とよばれて実施されたソフト事業には，効果に疑問をいだかざるをえないものも多かったように思われる．

その後，2008 年には，合併による市町村数減少を背景に広域行政圏施策は廃止され，それに代わり，少子高齢化への対応のため，定住自立圏構想が提示される．ただし，2014 年からは，定住自立圏構想とよく似たスキーム

で連携中枢都市圏が展開されており，わかりにくい広域連携施策の展開状況となっている．定住自立圏構想は生活機能の強化，連携中枢都市圏構想は経済成長の牽引というように主要目的が異なっており，また，連携中枢都市圏構想では，KPI（Key Performance Indicator）といった，5年間の取り組みを指標で管理する仕組みが内包されている点で相違がある．ただし，いずれの構想も中心都市自らが中心市または連携中枢都市として宣言し，周辺市町村と1対1で協定や協約を締結したうえで，行政サービスの維持を図ろうとするものである．このようによく似たスキームで施策が展開されているが，連携中枢都市圏の方が交付税措置の金額が大きく，今後はこちらが重視されていくものと思われる．

（2）　広域連携の制度

表10-1のとおり，広域連携の制度には，法人設立が必要なものとそうでないものがある．市町村間で設立される組合そのものは古くから存在したが，1952年に協議会や機関等の共同設置，1963年に地方開発事業団，1974年に

表10-1　広域連携制度の種類と概要

法　人	制　度	概　要
法人設立 不要	連携協約	連携して事務を処理するために，基本的な方針や役割分担を決める制度
	協議会	共同で管理執行，連絡調整，計画作成を行うための会議体
	機関等の共同設置	自治体の委員会や委員，行政機関，長の内部組織等を共同で設置する制度
	事務の委託	事務の一部の管理・執行を他の自治体に委ねる制度
	事務の代替執行	事務の一部の管理・執行を委託元の名において委託先の自治体に行わせる制度
法人設立 必要	一部事務組合	事務の一部を共同して処理するために組織を設置する制度
	広域連合	広域にわたり処理することが適当と認められる事務を処理するために組織を設置し，国や府県から直接権限や事務の移譲を受けることができる制度

（出所）　総務省HP（http://www.soumu.go.jp/main_content/000196080.pdf）より一部抜粋のうえ修正．2020年12月1日閲覧．

複合的一部事務組合，1994 年に広域連合の制度がつくられた．その後，利用が少なかった制度をスリム化するため，2011 年には，組合が一部事務組合と広域連合のみになった．また，機関等の共同設置は，範囲が議会事務局や長の内部組織等へ拡大された．2012 年には組合等からの脱退手続きが簡素化され，議会設置が不要な特例一部事務組合も用意された．

　2014 年には，連携中枢都市圏のための連携協約制度ができ，あわせて事務の代替執行の制度がつくられた．2014 年 1 月には，既に，総務省の基礎自治体による行政サービス提供に関する研究会が，平成の大合併時に前提としていたフルセット主義（あらゆる分野のサービスを単独の自治体で備える考え方）からの脱却を標榜し，同じく総務省主催の自治体戦略 2040 構想研究会では，その方針を強く打ち出した．

　連携中枢都市圏においては，連携協約を結んだ連携中枢都市とその他の市町村の間で，役割分担に基づく多様な連携施策が展開される．役割分担といっても着実に足並みをそろえて事業実施を推し進めるためには，事務の委託や一部事務組合などの具体的な広域連携制度の利用が必要となる．また，連携協約制度においては，市町村間の連携だけでなく，鳥取県日野郡や静岡県賀茂地域のように県と市町村の連携もある．

　ところで，広域連携制度のなかで特に多いのが事務の委託であり，共同処理件数のおよそ 7 割を占める．次いで多い順に，一部事務組合，機関等の共同設置，広域連合となっている．一部事務組合は市町村が共同で取り組む標準的な制度で，ごみ処理，し尿処理，救急の順に共同処理の対象とされることが多い．

　図 10-2 は，サービスの管理と生産の軸で広域連携制度を類型化したものである．最も利用頻度の高い事務の委託は，サービスの管理と生産を委託先自治体が担うため，統合的なサービスの実施となる．管理の仕方の決定は委託元自らが判断し，図の中では，B の自治統合に位置づけられる．委託元にとってみれば委託先に管理を任せるため，自ら管理していることにはならないが，図中の管理の自治は，委託に出すことも含め管理の仕方を自ら単独で

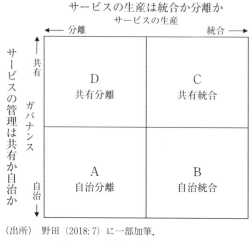

サービスの生産は統合か分離か

図10-2　連携編成の4類型

（出所）野田（2018: 7）に一部加筆.

判断するという意味である．事務の委託は，組織の新設を必要としないため市町村間でもめることもなく政治的コストは低いというメリットもある．

　一部事務組合や広域連合などの組織設立を要する連携組織は図10-2のCに当てはまる．サービスの管理を共有し生産を統合的に行うため，サービスの成果を確実に得られる一方で，市町村間の調整を要し政治的コストは高くなる．

4.　広域連携の改善の方向性

(1)　アメリカのシェアードサービス

　アメリカの自治体は，近隣の自治体やカウンティとの間で，政策資源を共有するシェアードサービスが盛んである．これは日本の広域連携のことである．アメリカでは，他の自治体の政策資源を共有した効率的な行財政運営を行う自治体をハイブリッド・ガバメントとよび（Holzer and Fry 2011），シェアードサービスをサービス維持のための自治体の積極的な創意としてとら

えている．シェアードサービスの種類は，日本の広域連携と同様であり，た
とえば，アメリカの Special purpose districts, COG (Council of Govern-
ments), Contracted services, Joint facilities は，それぞれ，日本の一部事
務組合，協議会，事務の委託，施設の共同化（共同管理，共同利用）に該当
する．

　シェアードサービスの概念には，民間企業や NPO，ボランティア，市民
組織との協働も含まれるが，本書では，自治体間の連携を念頭においている．
アメリカにおいても国がシェアードサービスを誘導した側面はある．COG
はシティやカウンティが任意に加盟して様々な分野の政策を立案・調整する
組織である．1960 年代以降，連邦政府補助金の獲得要件として自治体連携
が示されたため，COG が全米で急速に設置されるようになった（野田
2016）．また，州法で地域が区切られ，地域ごとに COG が設置されるよう
な，州主導によるシェアードサービスの展開事例もある．なお，COG は 20
以上の自治体が加盟する場合もある大きな組織である．

　他方，事務の委託や施設の共同化など，具体の連携を自治体主導で行うの
は，アメリカの自治体の日常的な姿である．その意味で，国の誘導もなされ
てきたが，それは COG のような大きな枠組み形成を促進する場合であり，
個々の政策資源の共有は自治体間で積極的に行われてきた．さらに，そうし
た積極性の結果として，アメリカのシェアードサービスは，制度が多様に運
用されているという特徴がある．この多様性を念頭におきながら，日本の広
域連携の改善点を思案すると，人的資源の共有，共有範囲の拡大，圏域レベ
ルでの連携促進の 3 点が今後追求できる方向性である．以下，野田（2018）
に基づき，関連事例ついて具体的にみてみよう．

(2)　人的資源の共有

　他の自治体の人的資源の共有事例は，図 10-2 では B に当てはまる．ミシ
ガン州のデルタタウンシップでは，自治体の規模が小さく固定資産税の評価
を行う人材確保が困難なことから，固定資産税評価員をカウンティに委託し

ている．同様の理由で，同州のメリディアンタウンシップにおいては，イーストランシング市から水道サービス等を供給してもらっており，建築物や配管等の行政の規則に基づく検査員を委託契約でイーストランシング市と共有している．このように，小規模な自治体が近隣の自治体の人材を共有する事例はアメリカでは非常に多い．

　日本では，数十名規模の自治体職員による体制で固定資産評価業務が行われることがあり，電子化や支援業務を民間に委託しながらも，職員にとってはかなり大きな負担となっている．このような高度な専門性が求められる業務は，とりわけ小規模な市町村における対応が困難である．このため，日本においてもアメリカで人的資源を共有するように，他都市や都道府県への委託，または機関等の共同設置を活用し，専門的ノウハウをもつ人的資源を共有することはもっとあってよいはずである．

(3)　共有範囲の拡大

　日本では信じ難いことであるが，アメリカでは，自治体のほとんどの事務を多様な主体に委託しながら運営している自治体が存在する．カリフォルニア州の8万人弱のメイウッド市や3万人弱のレイクウッド市がそうした自治体であり，外注先の運営状況のモニタリングに徹するかたちで経費節減を図っている．

　たとえば，メイウッド市では，ロサンゼルスカウンティに警察業務をはじめ経済開発，福祉，動物管理などほとんどの事務を委託している．市長はじめ公選役職者はパートタイムで，定例会議以外は自ら時間を決めて勤務し，市長（他に本業をもつ）の報酬は，驚くことに年350ドルと非常に少ない．他の公選役職者も弁護士やレストランオーナー，コンサルタント等の本業をもちつつ自治体の経営につとめている．

　また，レイクウッド市は，市長，副市長，3名の議員の計5名で市政が運営される契約都市として著名な自治体で，警察，ヘリコプターパトロール，建物検査，道路維持，交通管理，産業廃棄物監視は，ロサンゼルスカウンテ

ィに，ごみ収集，公営住宅，防犯灯，道路清掃，森林保全，情報サービス，動物管理，公共事業，歩道整備，法務，郵便，施設管理，バス，消防等は，民間企業を含む他の主体に委託している．

こうした事例を日本にそのまま適用することはできないが，事例からの重要な示唆は，委託困難と思われている事務も，ほとんどが委託可能ということである．このため，日本の自治体も委託の対象をあらためて確認し直す意義はある．カリフォルニア州のこの2つの市では，自治体が政策を自律的に管理するイメージが先行しており，市民は決して市が他の組織に吸収されているとは思っていないところが重要である．管理に徹することも自治の1つのあり方であるという象徴的な事例である．

(4)　圏域レベルの連携

圏域レベルの連携事例は，既に論じてきた COG についてである．これは，図 10-2 では D にあてはまり，管理を地域として担い，実施は各自治体にゆだねられる．日本の協議会は，圏域で地域振興や産業政策について検討がなされるものの，事業実施に至らない議論に終始しがちである．これに対して，アメリカの COG は各自治体の首長や議員が理事となる理事会をつくり，その下にプロパー職員を雇い，圏域にかかわる交通計画や産業振興ビジョン，環境計画などを策定している．アメリカでも COG が実施組織をもたないのが通例であるが，連邦政府や州政府の補助金の獲得が内包されたプロジェクトを遂行しているため，参加自治体にとって COG の計画への事業掲載が財政的裏付けの担保になり，それをもとにプロジェクトを推進する．

財源については，補助金以外は，COG への加盟自治体の少額の加盟料と，プロジェクトごとに関係自治体が支払う拠出金がある．また，カウンティと市町村の別なくアドホックに複数の自治体が参加し，加盟数は数十に及ぶものまである点は，一般的な日本の広域連携組織とは異なり，柔軟な組織であるといえる．このように，一定の予算とアドホックに参加する自治体により，圏域レベルの計画が策定され，それに基づき各自治体の事業が遂行されてい

る.

どのように，自治体間のプロジェクトを調整するかは，決まった方程式があるわけではなく，理事会での議論と，プロジェクトごとの予算拠出で決まる．たとえば，ミシガン州の CMAP（The Chicago Metropolitan Agency for Planning）の場合，理事会には，各自治体から 2 名（市長や議員）が参加し，そこでの交渉によりプロジェクトの優先順位が決定される．CMAP のプロパーの職員は 5 名いるが，業務は計画づくりであり，政策決定そのものは各自治体の理事間の交渉をもとに理事会で決められる．また，プロジェクトは加盟する自治体のすべてが関係するとは限らない．このため，関係するプロジェクトにはその役割や効果に応じて，関係自治体が資金を拠出することになっている．こうした資金拠出方法が採用されているため自治体間の不公平感はない．

なお，CMAP では企業立地の分析や企業からの立地相談にのるなどコンサルティング機能も担っており，企業側からみても都市圏での事業所や工場の立地に際してまず相談するワンストップ窓口になっている．

COG のような圏域レベルの連携は，関係自治体の資金拠出と政治家間の本気の交渉により連携が推進されるもので，九州や東海，関西，関東といった都道府県をこえるレベルで産業や環境，交通など，広域サービスの実施を戦略的に展開するのに適している．

5. 広域連携の民主主義

日本の広域連携は，国の誘導のもと制度や方法が模範として示され，自治体間で学びあいつつも国からの交付税措置に後押しされ，広域連携組織や共同処理を行う事務を増やしてきた．総じていえば，事務の委託や一部事務組合を適宜設置することにより，単独の自治体では維持が困難であったサービスを展開することができるようになり，サービスの効率性に一定寄与してきた．こうした中で，地域の課題や目的に応じて多様な自治体構成で柔軟に連

携し，個々の自治体の自治尊重や資源最適化をめざす東三河地域のような先
進的な取り組みを行うところもでてきた（今里 2017）．

　ただし，一部の地域では，一部事務組合の数が必要以上に多いにもかかわ
らず十分に集約されない状態のところもある．これは，同様の自治体の組み
合わせであるのに別々の組合を設立するからである．また，複数の一部事務
組合を 1 つに統合したにもかかわらず余剰人員のスリム化や制度の統合がで
きない事例もある．特に，小規模な市町村が多い長野県や北海道では，広域
連携に積極的な市町村ほど財政が効率的でない点が検証されている（Noda
2017b）．

　一方，広域連携の民主主義は確保できているだろうか．ダールの民主性の
規準である市民有効性とシステム容力に，政策や制度の認識とアカウンタビ
リティを加えて判断すると，広域連携の民主主義をどう評価できるだろうか．
システム容力とは，政策対応能力や応答性，レスポンシビリティと同じ意味
であり，ここでは第 2 章や第 8 章での表現と同じように，政策対応能力とよ
ぶことにしよう．

　市民の多くは，自分が居住する市町村がどの自治体と連携し，どのように
税金が支払われているかについて知らない．法人を設置しないタイプの広域
連携では，市民の代表者である議員による議会はない．また，法人を設置す
るタイプのものであっても構成市町村の議員が組合等の議員になっているだ
けで，新たに選挙で代表者を選んでいるわけではないので，市民有効性は低
い状態である．あわせて，市民が十分に政策や制度について認識しないなか
でアカウンタビリティを確保するための自治体からの情報提供はそれほど活
発ではなく，市民側から自治体を統制する意識も芽生えない．一方，政策対
応能力については，広域連携によりサービスが作り出されるため，あるいは
質が向上するため，高くなるといえる．単独自治体で対応が困難なサービス
を実施できるようになるためである．

　このようにしてみると，広域連携の民主主義は，政策対応能力だけが向上
し，その他の認識や市民有効性，アカウンタビリティは低くなる．関係する

表 10-2　広域連携の民主主義

民主主義の規準	広域連携		自治体単独
	事務の委託 一部事務組合	連携協約	
政策や制度の認識		△	○
市民有効性		△	○
政策対応能力	○	△	
アカウンタビリティ		△	○

（出所）　筆者作成.

政府の数が増えれば，政府が行うことへの認識は弱まり，政府に与える影響の有効感も弱まる．ただし，政策対応能力は高まる．ところが，成果を説明し，それに基づき統制することは難しくなるのである．

　表10-2は，事務の委託，一部事務組合，連携協約，自治体単独の民主主義を比較したものである．広域連携の代表的な制度である事務の委託や一部事務組合は，自治体単独のときと比べ，政策対応能力だけしか向上せず，他の民主主義の程度は低下する．ちなみに，連携協約については，事務の委託などの具体の取り組みを行う前の役割分担の明確化にとどまるものであるため，いずれの民主主義の程度も中途半端なものとなる．

　広域連携は，サービスを維持するための政策対応能力の向上には必要なものである．しかしながら，広域連携は市民から目が行き届かない行政編成であり，自治体運営に必要な民主的統制が弱まる点をしっかりと認識しなければならない．民主的統制を担保するための妙案があるわけではないが，市民の参加促進，議員によるパブリックヒアリング，広域連携に関する積極的広報など，一般に市町村で必要とされる民主的統制の手段を適用するのが先決である．

第11章
都道府県と市町村の関係

1. 2つの自治体

　日本では，すべての地域に，市町村と都道府県があり，市町村民は必ず都道府県民である．このことは，2つの自治体に住民税を支払い，それらの自治体の総合力によりサービスが提供され，また，それらの自治体を市民が統制することを前提としている．ところが，わたしたちは，最も身近な市町村と比べ都道府県のことをあまり理解していない．第1章から一貫して念頭においてきた民主的かつ効率的な自治体運営は，市町村のみならず，都道府県に対しても行われるべきことをつい忘れがちである．市町村と都道府県の2つの自治体において市民の意向をいかにくみ取り，2つの自治体がいかに協力し合いサービスの効率的供給が実現できているかを問題にしなければならない．わたしたちは，民主的かつ効率的な税金の使用を，市町村と都道府県に信託しているからである．

　本章では，市町村と国の中間に位置する都道府県の機能について再検討する．はじめに，府県制の歴史を学び，次いで市町村と都道府県の役割分担がいかなる状態かを把握したうえで，都道府県に求められる機能を検討する．

2. 府県制の歴史

　1871年の廃藩置県の直後，府県数は，それまでにあったものをあわせて3

府302県を数えた．その後，地域としてのまとまりや土地の連続性が勘案され，分割編入，分立，境界変更，統合が進められ，1887年には3府43県となった．この時期に現在の府県の区域と同様の府県制ができあがった．1943年には東京府が東京都へ移行し，1972年に沖縄県が返還され，1都1道2府43県となった．

　1890年の府県制の制定当時，府県の自治権は，きわめて限定的なものであった．府県の議会に相当する府県会で選挙を行う権利を有する者は，市会議員や市参事会員のほか，府県とともに1890年に成立した郡の議員や参事会員のみであった．ちなみに1923年に郡制，また1926年に郡役所が廃止された．府県知事は官選により決められ，府県会は裁量的な権限が抑制されたほか，内務大臣や官選知事の監督のもとにあったため，府県の自治は限定されていた．

　その後，1926年に，府県会議員の普通選挙制度が実施されることになるが，自治権が拡充されるのは戦後であった．1946年に府県知事は直接公選となり，1956年には地方自治法において「市町村を包括する広域の地方公共団体」というようにようやく自治体の位置づけが明記された．

　府県の存在を揺るがす契機は，これまでに何度かあったが，激震が走ったのは，1957年の第4次地方制度調査会答申であった．この答申は，国と市町村の間にある府県を廃止し，全国をブロック単位に分け，新たに中間団体である「地方」を設置しようとするものであった．これに対して，全国知事会等により，府県は市町村自治の防波堤の機能をもち，市町村自治の擁護支援機能や先導的機能が主張されるようになる．

　平成の大合併時には，各府県が自らのあり方に関する調査研究を行い，広域的な課題への対応のために，府県は必要であると強調した（たとえば，県のあり方研究チーム（新潟県）『広域行政のあり方と地方自治の未来』2003年）．ところが，このような主要と思われる機能に対してでさえ，平成の大合併は疑問を投げかけることになった．なぜなら，大合併は市町村数を大幅に減少させ，自律的な都市を増加させるとともに，府県が補完してきた町村を減少

させ，府県の役割が希薄化したからである．この結果，道州制の機運が高まることになった．

　地方分権一括法が施行される 2000 年までは，府県は，機関委任事務制度のもと，市町村と比べ国の機関として事務を処理する性格が強い存在であった．そして，2000 年に機関委任事務制度が廃止されたときには，府県は完全自治体化したと表現された（今村 2001）．もっとも，府県の政策現場では，機関委任事務制度下においても国の指揮監督が日常的にあったわけではなく，法施行以前の実情は，自治体として機能してきたとされる（礒崎 2010）．

　さて，第 10 章でみたように，市町村は 3 度の大合併を経てその数を大きく減少させたが，一方の府県は，自治の単位としてしばらく変化していない．次に，市町村と都道府県の役割分担についてみてみよう．

3. 市町村と都道府県の役割分担

(1) 市町村と都道府県のサービスに対する認識

　都道府県は，市町村より広域の行政課題に対応するため広域自治体とよばれる．一方，市民に最も身近な政府として基礎的なサービスを提供する市町村は，基礎自治体とよばれる．これら都道府県と市町村はいうまでもなく市民から信託を受けた自治体である．アメリカの自治体は，州政府のもとにあるカウンティと市町村から構成され，市町村が設立されないエリアでは，市民が自ら共有施設を管理する組合を設置しゲーテッドコミュニティ（Gated community）をつくることもあるが（菊地 2020），カウンティ内の非法人地域も多い．そうした非法人地域では，市民にとっては，税を支払い，サービスを受けるのは，広域自治体のカウンティのみとなる．これに対して，日本の市民は，必ず都道府県と市町村に税金を支払わなければならず，これら両政府は別々の政策主体であるが，政府間関係や政策の関係は調和のとれたものでなければならない．

　ところが，都道府県と市町村の役割分担について，わたしたちはどれだけ

認識できているだろうか．よく知っているのは，市町村の窓口で住民票の写しを発行してもらったり，転出入届を提出するといった住民基本台帳に基づくサービスを市町村が行っていることである．また，ゴミ捨てのルールが記載された市町村の広報紙を確認することも多いため，一般廃棄物の処理は市町村が担っていることも認識しやすい．消防や救急を市町村（または一部事務組合）が担っている点は，消防車や救急車の側面に記載された市町村名や組合名から，比較的認知されているほうかもしれない．

　都道府県のサービスの中では，警察行政や運転免許の管理を都道府県が担っているのは知られている．しかしながら，警察に関しては警視正以上が国家公務員となる全国組織であり，都道府県議会で事実上コントロールできないことは市民にあまり知られていない．また，道路の管理主体も市民にとってわかりにくいものである．都道府県道や市町村道というように名称から判別しやすいものもあるが，実際に身近な道路であっても，どの道路が市町村道，都道府県道，あるいは国が整備した農道であるかを知っているかと問われると，心もとない．このように少し思いを巡らせてみただけでも，都道府県と市町村のサービスの役割分担は，一般に市民の感覚からしてかなり判別が難しい．

(2)　市町村と都道府県の事務配分

　表11-1は，主要な政策を対象に，都道府県と市町村の事務配分を示したものである．まちづくりにおいては，都道府県が都市計画区域を指定し，市町村（町村においては知事が指定する都市計画区域がある場合）はその区域における都市計画決定を行う．市街地の再開発事業は，認定するのは都道府県であるため，市町村は都道府県知事に監督されながらまちづくりを進める．政令指定都市になると区域区分を独自に決めたり，中核市になると開発行為を許可できるなど権限が増える．

　福祉においては，児童相談所の設置は都道府県や政令指定都市，保育所や養護老人ホームの設置は市町村であるが，保育所や養護老人ホームの設置認

可と監督は都道府県や政令指定都市，中核市が行っている．また，民間の介護サービス事業者の指定も，都道府県や政令指定都市，中核市の事務になっている．国民健康保険は，従来市町村の事業として遂行されてきたが，財政基盤の弱い市町村が保険事業を担うのは困難であるため，2018 年から財政運営の中心的な役割は都道府県が担うことになった．

　その他，一般に保健所の設置は都道府県が担い，市町村は保健センターを設置する．保健センターは，広域的かつ専門的サービスを提供できる保健所とは異なり，地域密着で身近なサービスを提供する．保健所では，感染症対策や難病対策，精神保健から一般的なサービスまで対応できるが，保健センターが行う一般的なサービスは，保健指導や予防接種，その他各種検診などである．保健所政令市といって，保健所を設置できる都市もある．これは，政令指定都市や中核市，その他，政令で認められた小樽市や藤沢市，四日市市，大牟田市などの都市である．

　市町村と都道府県で役割が最も交錯している分野は教育である．例外はあるが，基本的に小中学校は市町村立，高等学校は都道府県立であることは一般に知られている．市町村は，小中学校の設置と管理，県費負担教職員の服務の監督を行うのみで，小中学校の学級編成基準や教職員定数の決定のほか，県費負担教職員の任免・給与の決定は都道府県が行っている．政令指定都市になれば，それらの教職員の任免や給与の決定ができるようになるものの，ほとんどの市町村では，自ら教職員を採用したり，給与水準を決めることができず，加えて学級編成基準をフリーハンドで描くことはできない．

　第 4 章でも言及した県費負担教職員とは，市町村立学校職員給与負担法に基づき，安定的な財源のもと教育水準を保つために，例外的に都道府県が給与を負担する市町村職員である．教育は自治を推進するうえで，市民の関心が最も高く，最も重要な政策分野の 1 つである．特に教育水準が高い地域は，所得が高い世帯が移り住み，治安も維持されることを考えると，市町村としてもそうした地域を増やしたいはずである．そうした取り組みが市町村の権限だけでは自由にできないのである．とはいえ，それでは教職員の人件費を

表 11-1　主な政策分野における市町

	まちづくり	教　育	福　祉
府県	・都市計画区域の指定 ・市街地再開発事業の認定 ・指定区間の1級・2級河川の管理	・小中学校学級編成基準・教職員定数の決定 ・私立学校・市町村立高等学校の設置許可 ・高等学校の設置管理	・保育士・介護支援専門員の登録 ・障害者更生相談所の設置 ・国民健康保険の財政運営
	・区域区分に関する都市計画決定 ・指定区間外の国道および府県道の管理 ・指定区間の1級・2級河川の一部の管理	・県費負担教職員の任免・給与の決定	・児童相談所の設置
	・屋外広告物の用例による設置制限 ・サービス付き高齢者向け住宅事業の登録 ・市街化区域または市街化調整区域内の開発行為の許可 ・土地区画整理組合の設立の許可	・県費負担教職員の研修	・保育所・養護老人ホームの設置の許可・監督 ・介護サービス事業者の指定 ・身体障害者手帳の交付
市町村	・上下水道の整備・管理運営 ・都市計画決定 　（町村は都市計画区域がある場合） ・市町村道・橋梁の建設・管理 ・準用河川の管理	・小中学校の設置管理 ・幼稚園の設置運営 ・県費負担教職員の服務の監督・勤務成績の評定	・保育所の設置・運営 ・生活保護 　（市・福祉事務所設置町村） ・養護老人ホームの設置・運営 ・障害者自立支援給付 ・介護保険事業 ・国民健康保険の資格管理・給付・保険料率の決定・賦課・徴収等

（出所）　総務省ホームページ.
（https://www.soumu.go.jp/main_content/000180882.pdf，2020 年 12 月 1 日閲覧）を筆者が一部修

各市町村が自ら負担できるかというとそれも難しい．ただ，政令指定都市においてすべての教職員の服務監督権と任命権があるように，現場の実情をもっともよく理解している市町村において，服務監督だけでなく任命権を認めたほうが自治の実現には近道である．

村と都道府県のサービス

保健衛生	環　境	
・麻薬取扱者(一部)の免許	・第一種フロン類回収業者の登録	
・精神科病院の設置 ・臨時の予防接種の実施	・公害健康被害の補償給付	
・精神障害者の入院措置 ・動物取扱業の登録	・建築物用地下水の採取の許可	政令指定都市
・保健所の設置 ・飲食店営業等の許可 ・温泉の利用許可 ・旅館業・公衆浴場の経営許可	・一般廃棄物処理施設の設置の許可 ・産業廃棄物処理施設の設置の許可 ・ばい煙発生施設の設置の届出の受理	中核市
・市町村保健センターの設置 ・健康増進事業の実施 ・定期の予防接種の実施 ・結核に係る健康診断 ・埋葬・火葬の許可	・一般廃棄物の収集や処理 ・騒音・振動・悪臭を規制する地域の指定 ・上記の規制基準の設定（市）	

正.

4.　府県機能

(1)　自治法上の3機能

　地方自治法第1条の2では，自治体は，地域の行政を自主的かつ総合的に実施する役割を広くもつものとされており，そのうえで，第2条では，市町村は，基礎的な自治体として，都道府県の事務を除き，サービスを提供すると規定されている．また，市町村と都道府県は相互に競合しないようにする

必要性が明記されている．国際関係や全国的政策展開を担う国と，地域の政策を担う自治体という区分は，不明瞭なところも残るが，ある程度はイメージできる．ところが，市町村と都道府県の役割分担になると不明瞭な部分がいっそう増える．

都道府県の役割については，地方自治法第2条の5で，3つの府県機能が明らかにされている．広域機能（広域にわたるもの），連絡調整機能（市町村に係る連絡調整に関するもの），補完機能（規模や性質において一般の市町村の処理が適当でないもの）がそれらである．広域機能は，市町村の区域をこえる需要に対応する政策を担う役割である．また，補完機能は，特に財政力の弱い市町村に代わり政策を担ったり，支援を行う機能である．他方，連絡調整機能は，国と市町村の間で双方に円滑に情報を提供したり，広域機能を遂行するうえで市町村に情報を提供するもので，他の機能を果たす際の手段である．したがって，自治法上の機能を吟味するうえでは，特に広域機能と補完機能の検討が重要である．

さて，広域機能については，市町村の区域をこえるような広域幹線道路や広域河川，橋梁，ダム，コンベンション施設などの社会資本整備，産業政策，環境政策などを担うものである．これらの政策は，対象が個々の市町村に限定されないし，また，都道府県より広域の自治体が存在しないため，都道府県の役割となる．需要が散在し発生頻度は高くないが，緊急性が高いものとして，危機管理や高度医療といった政策も都道府県が担う広域的な機能といえる．75歳以上の高齢者を加入者とする後期高齢者医療制度は，全都道府県で広域連合が設立されており，このような保険制度は，市町村単独では本来対応が困難なため都道府県の役割といえる．2018年に財政運営の中心的役割が市町村から都道府県に移管された国民健康保険制度も同様である．その意味では，現在市町村で担っている介護保険制度も都道府県に移管するほうが効率的である．

補完機能については，たとえば，保健所を設置していない市町村に代わって，保健所の業務を都道府県が担ったり，水道施設の整備が困難な市町村に

代わり，ダムからの貯水を各地で浄水処理のうえ各市町村に水道水として提供している．これらの補完機能は，市町村の政策を代替する役割ととらえたものである．一方，市町村が行う政策を都道府県が代わりに行うのではなく，側面から支援することを含めて補完機能ととらえる場合がある．これは，市町村が従来行ってきた事業について，財源や人的資源などの政策資源を提供する役割である．

(2)　自治法に定めのない府県機能

自治法に定めのない府県機能としては，全国知事会をはじめ，さまざまな論者が先導的機能や擁護支援機能をこれまでに主張してきた．先導的機能は，公害対策や消費者行政の推進など，都道府県が市町村や国に先駆けて公共的問題を認識し，その解決のために調査研究を行ってきたもので，将来の公共的問題を探索する機能である．しかし，地球温暖化対策，情報公開，感染症予防対策，公共事業決定への市民参加など，市町村が先導してきた政策は非常に多く，したがって，都道府県のみが先導的機能を担ってきたわけではない．

擁護支援機能とは，国の集権的な統制から市町村を擁護するとともに，市町村自治のために支援する機能である．擁護支援機能における「擁護」に関しては，市町村連合の事務局的な役割を都道府県が担うものである．ただし，合併を経て規模が大きくなった都市が増加した現状を勘案すると，擁護の必要性はかなり低い．

擁護支援機能の「支援」は，市町村のサービス提供を代替まではしないが，必要に応じて人的資源や財源などの行政資源を支援する役割である．この意味においては，市町村単独で実施できる事業について，必要以上に支援がなされる蓋然性がある点に注意を要する．都道府県が自らの役割であると主張し，市町村を積極的に支援すると，競合や市町村自治の侵食につながるからである．なお，擁護支援機能の「支援」は，先述の「側面から支援することを含めて補完機能ととらえる場合」を別表現にして主張されるものである．本来は，擁護支援機能に含めるより，補完機能において，必要以上の支援に

ならないようそのあり方を模索するほうがおさまりがよい.

(3) 都道府県に固有の機能

　以上のように, これまでに主張されてきた府県機能は, その固有性を明示するのがなかなか難しい. 自治法に定めのない機能は, 上述のとおりいずれの機能もその根拠は乏しい. 一方の自治法上の機能についても同様に根拠を示しにくい. 規模の大きな都市が複数ある都道府県と, 小規模な市町村が多い県では, 都道府県の役割は相当変わるはずである. にもかかわらず, 府県機能の議論は, 全国知事会や各府県が, 都道府県に固有の役割があると必死に説明しようとしてきた. ところが, データによる検証では, 都道府県の広域機能や連絡調整機能は果たされてこなかったという結果になっている (野田 2007).

　もちろん, 都道府県の広域機能が常に不要というわけではなく, 広域自治体である都道府県は, 道路や河川をはじめとした社会資本の整備, 環境政策, 産業政策などの効率的実施が期待されている. 問題は, 規模が大きくなった都市に対して, これまでと同じように都道府県が関与する点である. 日本では, 都道府県が市町村に対して監督や支援をしつつ, それらの 2 つの自治体が融合的に事務を遂行するスタイルをとっている. このことは, 自治法に示された「競合しない」という要件に抵触する可能性を有する. 特に合併自治体が, 市移行により権限が増え, 財政基盤や人的資源が強化され, 自律的な行財政運営に近づいたにもかかわらず, 都道府県がそうした都市に対して, 同様に関与するようでは, 市町村自治の侵食と受けとめられる.

　実際, 合併にともなう都市増加により, 道府県の役割は本来縮小するはずであるが, 市町村合併を経ても道府県は歳出額を縮小させてこなかった (野田 2007, 2008). 都道府県と市町村の関係において, 都道府県に権限が集中すると, 都道府県による過大な課税と支出拡大の可能性があり, こうした政府観はリヴァイアサンモデル (ブレナン＝ブキャナン, 邦訳 1986) とよばれている.

　片や，多くの県では，財政が逼迫する市町村が分布しているため，補完機能を求める地域も比較的多いと思われる．もちろん，必要以上の支援は回避されなければならないという留保付きである．近年の広域連携における県の補完事例としてよくあげられる奈良県のように，県内のほとんどの市町村の財政状況が芳しくないところでは，今後の市町村サービスの維持のため，都道府県による補完需要は大きい．これも市町村側のニーズがあってはじめて求められるものであるが，市町村でのフルセットをあきらめ広域連携に舵を切った状況下では，財政が厳しい市町村に対する補完機能への需要は高まるものと見込まれる．

(4)　危機管理機能

　危機管理時の府県機能は，これまで十分に議論されてきたわけではないが，度重なる災害や COVID-19 感染リスク拡大下で，市民の認識として高まることになった．COVID-19 の問題に対しては，2020 年 4 月，国が緊急事態宣言を行い，各都道府県の知事に対して，臨時の医療施設・土地の使用や，医薬品・食品の収用について強制力ある権限が付与された．そして，外出自粛要請や商業施設の使用制限の対策がとられ，出口戦略や対処方針が提示された．府県民は一部の知事が対策についてリーダーシップを発揮するのを目の当たりにしたのであった．こうした都道府県による危機管理機能は，トップダウンによる指揮命令と管理を特徴とする．基礎自治体重視の分権が重視される一方で，危機管理の中軸として，広域自治体の集権的対応の必要性が近年認識されるようになっているのも事実である．

5.　補完性の原則と二重行政

(1)　補完性の原則

　市民や自治会ができることは自分たちで担い，できない場合に市町村が対応し，市町村ができなければ都道府県が対応する．それでも難しい場合，よ

り広域的な組織，あるいは国が対応するというように，市民から近い組織の対応を優先し，広域的な組織はそれを補完する考え方を補完性の原則という．この原則は，もともとカソリック教会における社会回勅にさかのぼるもので，欧州連合基本条約において EU の役割と限界を記す際に盛り込まれた．

　補完性には，従属性の意味があり，「主」である市町村の意思に基づき，補完する側の都道府県は「従」の立場にある．市町村のニーズがなければ都道府県の補完は不要ということである．平成の大合併時には，補完性の原則は，都道府県の補完機能への期待としてではなく，市町村の規模拡大による自律のためにうたわれた．地方分権一括法で基礎自治体重視の分権が推進されると，最も身近な政府である市町村が基本的なサービスや施設整備をすべて単独で管理するフルセット主義が前提とされ，市町村は合併に向かった．

　ところが，人口減少社会に入ると，合併を選択しなかった市町村のサービスの維持が大きな課題となった．このため，前章で言及したように，総務省主催の自治体戦略 2040 構想研究会では，フルセット主義からの脱却を標榜し広域連携が主張されるようになる．このようにして，市町村はサービスを補完されなければ持続が困難な対象にもなった．

　市町村ニーズに則したものとして，市町村事務を都道府県に移管し都道府県で実施する場合（府県補完で実施する場合），市町村のサービスは必ず効率化できるといえるだろうか．筆者は，日本の行政学や政治学ではおそらくはじめて分位点回帰分析という手法を用いてこの問題を検証した．すなわち，1 人当たり経費が多寡になっている非効率な市町村を重視した府県補完の推定を行った．この結果，政策の分野や小規模市町村の分布により，府県補完の効率化効果が異なる点を明らかにした（野田 2011）．特に，農水や土木といった広域サービスにおいて，また，北海道や長野県などの小規模市町村が多い地域で，効率化効果が高くなったが，都道府県によっては，補完の効果が非効率になるケースもみられた．このように，府県補完は市町村事務の移管に関して必ずサービスを効率的にするとは限らないのである．したがって，フルセットから府県補完に移行する際には，サービスの効率的供給を改めて

検討する必要がある.

　市町村事務を都道府県に移管すると, 市民から遠い政府がサービスを担うようになるため民主主義の程度も低下する. フルセットをあきらめようとする市町村は, 効率的供給と民主主義の両面から, サービス供給の編成を決めることになる. このような難しい判断は, 自治のあり方の再考に関わり, 市民とともに選択すべきものでもある.

(2)　二重行政

　二重行政とは, 知事や主務官庁大臣による二重監督や, 同一または関連事業の実施という 2 つの意味を含むものである. 市町村の公園, 美術館, 博物館, 体育施設があるのに, なぜ, 都道府県立の同様の施設があるのか. 融合的に行われている各施策は, 都道府県と市町村の間で本当に十分に調和のとれたものか. これが, 都道府県と市町村間で検討すべき二重行政の主要課題である.

　二重行政の弊害は, 特に, 都道府県の監督を要しない広範囲の政策を有する政令指定都市と都道府県の間で問題となる. 特別市運動は, 二重監督の撤廃を求めるものであったし, 戦後の地方行政調査委員会議勧告 (神戸勧告) でも都道府県と大都市の二重行政の弊害是正を求めていた (本田 1995a). たとえば, 政令指定都市は産業やビジネス, 文化の中心地として, 独自に産業支援施設や試験研究機関, 文化施設, スポーツ施設, コンベンション施設を整備しているが, 都道府県でも同様の施設を整備している. 計画についても産業振興プランや科学技術振興プラン, 文化振興プランなど, 同様のものをそれぞれで策定しているのに, 相互に十分に調整されない.

　二重行政の弊害が生じないようにするためには, 市町村が主体的に行ってきた政策分野においては, 都道府県が関与, あるいは並行して政策を実施していても, 基本的に市町村が「主」で, 都道府県を「従」の立場に位置づけるべきであり, 市町村による補完ニーズがあるときにだけそれに則した府県補完により政策を推進するのがよい. 自治に積極的な姿勢の市町村ほど道府

県から財政面での分権が進む傾向も析出されているが（横田 2020），都道府県は改めて市町村の自治に対する意向をくみ取る必要がある．その意味で，都道府県が行っている施設整備やサービスの管理について，都道府県内の市町村と，その必要性や移管可能性，今後の役割分担について実際に確認し調整する作業が強く求められる．

6. 都道府県における民主主義

　都道府県のサービスが広域的なものであるからといって，民主的な運営がなされなくてよいわけではない．そのため，市町村と同じように，民主的運営のための都道府県民の参加制度がある．それらは，条例の制定・改廃の請求，議会の解散請求，首長・議員・主要公務員の解職請求，事務監査請求などの直接請求制度である．その他にも，パブリックコメント制度，ワークショップや住民懇談会のほか，メールや知事への提案制度など，市町村とほぼ同様のハード，ソフトの参加手法が用意されている．しかし，市町村では総合計画をはじめとした行政計画の策定の際に，市民懇談会を開き，地区ごとの問題を市民から直接伺うのが通例であるのに，都道府県の場合は都道府県民と直接接する取り組みは非常に少ない．こうした市民との対話姿勢の相違も影響し，市民に身近な政府と認識される市町村とは異なり，都道府県の民主主義の程度は低くとらえられている．

　表 11-2 は，市町村と府県に対する民主主義の程度について比較したものである．これは，第 6 章で言及した九州 7 県と関西 2 府 4 県の市民に実施したアンケート調査に基づくものである．府県より市町村のほうが，政策や制度の認識，市民有効性，政策への期待（政策対応能力）のいずれも高くなっている（野田 2012a）．市民が府県にいだく民主主義の程度は，一般に市町村に対するそれよりも低いのである．

　第 6 章でも言及したことであるが，規模の小さな市町村の市民は，規模の大きな都市の市民と比べて，丁寧な参加手法を求めることがわかっている．

丁寧な参加手法とは，地域で開催される懇談会のように直接対話の機会を設けるものである．都道府県の本庁は県庁所在地に立地しているが，日本では一般に県庁所在都市は都道府県内の中心都市であり，逆にそう

表 11-2　府県と市町村の民主主義の程度の比較

政策や制度の認識	府県＜市町村
市民有効性	府県＜市町村
政策対応能力 （政策への期待）	府県＜市町村

（出所）　野田（2012a: 168）の表を一部修正.

した中心都市以外の市民にとっては，都道府県庁の敷居は高い．都道府県内の縁辺部に位置する小規模市町村の市民にとって，他の地域の市民と同じように税を支払っているのに都道府県が遠い存在で，民意は反映されにくいと感じとられてしまうわけである．

　こうした市民の心理的距離感からみた「中心都市，周辺市町村，都道府県」の間のいびつな関係は，都道府県レベルの政治家の選挙での得票数と市町村に対する都道府県サービスの矛盾という民主主義の実情でみると，異なる様相を呈する．都道府県の知事や議員は人口が集積する中心都市（政令指定都市など）から多くの票を獲得して選出される．ところが，都道府県が実施しうる行政サービスの多くは中心都市（政令指定都市など）を除く市町村に向けられているといった問題である．

　都道府県知事・議員の選挙基盤の矛盾や，小規模市町村の市民の心理的疎外感の問題を改善していくためには選挙制度の改正などの制度改革が求められるが，第一歩としては，そもそも都道府県民の都道府県の政策や制度に対する認識向上が必要である．さらに，都道府県による都道府県民に対する参加促進の取り組みが欠かせない．都道府県民の認識向上により，都道府県の議員や職員も常に都道府県民から統制されている意識をもつ必要がある．そうした民主主義の強化を図ることができれば，都道府県が真の意味で完全自治体になる．

7. これからの都道府県補完

　フルセット主義をあきらめた日本では，都道府県の補完機能に対して，財政が脆弱な市町村からの需要が当面増加していくものと予想される．人口減少社会における市町村運営には，特に，基礎的サービスを担う補完機能と，高コストのサービス基盤の共通化で平均コストを下げるための補完機能の2点が注目に値する．

(1)　市町村の基礎的サービスを担う補完機能

　長野県では，県と市町村の協議の場を設けている．定期開催の頻度は年に2度と少ないものの，協議の場を他府県に先行して設け継続してきたことは評価できる．知事や市町村長らが参加し，震災対策，少子化対策，子育て支援，森林管理などの県と市町村の連携促進のための意見交換を行っている．そうした中で県施策のあり方が再確認され，県による市町村補完の機能が模索されている．

　市町村の基礎的サービスの維持に踏み込む事例が奈良県の取り組みである．奈良県では，この取り組みを奈良モデルとよび，県と市町村の首長の間で課題共有を図る奈良県・市町村長サミットなどの会議や懇談会を定期的に開催し，市町村への財政的・人的支援を積極的に行っている．県はあくまで市町村を下支えするとしているが，市町村の実情を把握したうえで国に積極的に提案し，国からの通知は市町村の実情に適合するように県が市町村に提案していくというスタンスがとられている（「奈良モデル」のあり方検討委員会『奈良モデル　人口減少・少子高齢社会に立ち向かう県と市町村の総力戦』2017年）．取り組みの成果として，奈良県広域消防組合の発足，南奈良総合医療センターの設立のほか，ごみ処理の広域化に向けた一部事務組合の新設や水道広域化の協定締結などが進められている．

　このように，財政状況が厳しい市町村が多い県では，広域自治体としての

広域機能にも増して，都道府県が市町村の基礎的サービスを代わりに担う補完機能がますます重要になっている．

(2)　サービス基盤の共通化を推進する補完機能

　単独の市町村で整備するには高コストである内部事務が存在する．その典型は情報システム基盤に関するものであり，従来は全国の市町村や都道府県が個別に民間の IT サービスベンダーにシステム構築や保守を依頼してきた．こうした高コストのサービスは一度構築すると，その後は同じ企業に依頼しなければならない関係が継続してしまい，巨額の支出が固定化してしまう．

　このような問題への対処として，都道府県が市町村共通の情報システム基盤やソフトウェアを開発することが考えられる．たとえば，京都府では，文書管理，GIS（地理的情報システム），公共施設の案内予約，電子申請のほか，税務について府と市町村の共同システムを構築している．税務については広域連合（京都地方税機構）を 2009 年に設立し，法人関係税や自動車関係税の税額算定，固定資産税償却資産の価格等の算定，地方税や国民健康保険の滞納処分等を進めている．

　また，特徴的な取り組みとして，愛知県では，あいち AI・ロボティクス連携共同研究会を 2019 年に立ち上げ，AI や RPA を用いた内部管理ツールを自治体クラウド上で構築し，総合行政ネットワーク（LGWAN）により共同利用する．政令指定都市である名古屋市は参加していないが，県内で 30 以上の市町村が参加し，AI-OCR の共同利用や AI による総合案内サービスの共同利用に向けて取り組んでいる．研究会のもとに作業部会がつくられ，この部会が開発を担当する事業者を選定する．現在のところ，研究会や部会は法人格がなく契約主体になれないため，事業者は参加市町村と個々に契約するという非効率な問題も残っているが，個々の市町村がはじめから事業者選定や契約を行う場合よりコストを抑制できる．

　このような高コストのサービス基盤を都道府県が共通化するという役割への需要は大きいと思われる．都道府県は市町村自治に競合しない存在でなけ

ればならないが，地域により都道府県の機能が異なること，また，サービスによっては都道府県が前面に出る役割もある点をふまえ，いま一度，都道府県は市町村との間で，自らの役割を再確認する姿勢が必要である．

第12章
多様な地方自治制度の許容

1. 自治体間関係と地方自治制度

　市町村合併や大半の広域連携は，市町村間関係におけるサービス維持の手段として位置づけられる．また，都道府県による補完は，府県－市町村関係によるサービス維持の手段といえる．本章ではまず，府県－市町村関係におけるもう１つの手段である基礎自治体と広域自治体の統合政府の事例を検討することからはじめる．

　基礎自治体と広域自治体の統合政府は，圏域の中心都市がそれを包括する広域的な政府と統合するもので，世界でも数多く存在する．日本では，東京都の都区制度や2012年成立の大都市地域特別区設置法に基づく特別区制度が該当する．後者の特別区制度は，2020年11月の住民投票で大阪都構想がめざした制度である．結果は，大阪都設立よりも大阪市分割のイメージが投票直前に先行し，反対が賛成を上回ったのであった．前者の都区制度を東京都以外に適用するには地方自治法の改正が必要であるが，後者の特別区制度でも特別区設置協定書により特別区と道府県の間の事務分担や税源配分等を調整し都区制度と同様の編成が可能である．都の名称を付けるには別途法の定めを要するが，事実上，同様の制度を実現できるため，以下では，大都市地域特別区設置法に基づく特別区制度も都区制度に含むものとして，単に「都区制度」とよぶ．

　日本では，東京都を対象にした都区制度の研究はそれなりになされてきた

が，基礎自治体と広域自治体が統合政府を創設した場合にどのような効果があるのかを実例により議論することはあまりない．しかし，諸外国でそうした統合政府が多数ある現実をふまえると，依然，地方自治制度の1つの選択肢であるといえ，今後の制度利用の可能性を想定して，統合政府の民主的運営を検討しておくことは有益である．既に第10章で都区制度に言及していることもあり，ここでは，アメリカの統合政府の実例をふまえ制度のあり方について検討する．

　次いで，府県間関係から導かれる府県連携を検討対象にして連携による事業実施の困難性を論じる．府県連携による事業実施が難しいことと，広域自治体の規模拡大による供給効率性の両面を勘案すると，都道府県域を越える道州制に期待が向けられる．そこで，そうした広域自治体として提案されてきた道州制について主要な論点を整理する．最後にそれらの地方自治制度を所与として，効率性と民主主義の両面から行政編成のあり方について検討する．

　以上，本章では特に広域自治体のあり方について議論を進め，望ましい行政編成を吟味する．これは，国と基礎自治体の間にある広域自治体のあり方が地方自治制度のかたちを決めるからである．はじめに，都区制度の民主的運営を考えるうえで，アメリカでの統合政府の事例を野田（2014）に基づき概観することにしよう．

2.　基礎自治体と広域自治体の統合政府

（1）　アメリカにおける統合政府の導入目的

　アメリカでは，基礎自治体と広域自治体の統合によるシティ・カウンティ統合政府の事例がすでに40以上もある．カリフォルニア州のサンフランシスコ・サンフランシスコカウンティやハワイ州のホノルル・ホノルルカウンティもこれに該当する．アメリカの統合政府は，インディアナポリス・マリオンカウンティ（85万人），ジャクソンビル・デュバルカウンティ（78万

人），ナッシュビル・デイビッドソンカウンティ（Metropolitan Government of Nashville and Davidson County，以下「ND カウンティ」という）（57 万人）というような規模の大きなものから，アテネ・クラークカウンティの 10 万人少々というところまであるが，50 万人を超える統合政府は少ない．日本では，1400 万人の東京都や 920 万人の神奈川県など，非常に大きな都道府県がいくつもあり，最も人口が少ない鳥取県でも 50 万人を超えるため，シティ・カウンティ統合政府とは単純に比較できないという意見もあろうが，制度の目的や効果，民主的運営について十分に参考になる．

　シティ・カウンティ統合政府の導入目的は 3 つある．それらは，経済発展（人口増加，投資対象都市圏の規模拡大），サービス供給の効率性向上（二重行政の撤廃，規模の経済，範囲の経済），公平性の向上（マイノリティを含む対象者に広く質の高いサービスを提供できる応答性）があげられる．アメリカでは，これらの目的をめざして，統合が推進されている．ただし，実証研究ではこれらの目的は，明らかに効果があるという結果にはなっていない．個々の事例により，効率化できたものとそうでないものが一定数ある．とはいえ，2 つの組織が統合するのであるから，通常，二重行政はいずれ解消されるはずである．筆者が行ったシティ・カウンティ統合政府の関係者へのインタビュー調査では，いずれの地域でも重複する組織を 1 つにして経費削減が図られたという市民の認識であった．もちろん，統合初期は，かつての別々の自治体所属であった職員間の賃金が調整できないなど，人件費が嵩むケースも多々みられた．時間の経過にともないそうした非効率は改善していくものと思われるが，初期に効率化が現れないのはいずれの国でも同様である．

　一方，事例研究を網羅的に評価する研究においては，経済発展の効果が一定確認されている（Leland and Thurmaier 2010）．シティ・カウンティ統合は，周辺地域の編入を通じた中核づくりという認識がある．つまり，統合は中核都市が周辺市町村を補完するのが目的ではなく，中核形成により地域経済の発展に寄与するものとして位置づけられている．2020 年に否決され

た大阪都構想の住民投票では，一元行政による新たな中核づくりという発想が市民に伝わらなかった．都道府県と政令指定都市の二重行政撤廃がかねてからの課題であった日本では，中核となる圏域で一元行政を展開する効果にこそ本来もっと目を向けるべきである．

　なお，指定都市市長会が 2010 年に提案した特別自治市によっても一元行政を実現できるが，政令指定都市の区域からの府県税が府県に入らなくなるため，特別自治市実現への合意調達はかなり難しい．

(2)　アメリカでの統合政府の決定のされ方

　基礎自治体であるシティと広域自治体であるカウンティの統合はどのように決められるのであろうか．インディアナポリスは，法律で統合が決められた事例であるが，ほとんどは，住民投票で統合が決定されている．複数回否決されても後に何度か投票が実施され可決されるケースもある．このようにして，行政編成それ自体を民主的に決めることが重視されている．基礎自治体の自治が広域自治体に吸収され低減してしまうと思われがちであるが，実は市民の選択により統合が決定されているのである．

　ここで，日本ではほとんど議論されることのない注意すべき点がある．それは，アメリカでの住民投票が中心市の市民だけでなく，郊外の市民にも投票権があり，双方の市民で決定されることである．この点は，2015 年と 2020 年に実施された大阪都構想の住民投票方式とは異なっている．日本の法律では，市廃止と特別区設置を住民投票で問うが，アメリカでは，基礎自治体と広域自治体の政府統合を問うものとなっている．日本の場合も，協定書で決めた事務・税源配分に基づく特別区設置であるため，特別区設置は統合政府実現の手段として，基礎自治体と広域自治体の統合の是非を問うものと同義である．にもかかわらず，こうした住民投票の聞き方の相違からか，日本で投票権をもつのは特別区設置地域の市民のみとして議論が進められた．

　アメリカでは中心地と郊外でサービスと税の水準が異なるため，中心・郊外の双方の市民の民主的決定手続きを重視している．日本の都区制度の議論

では，特別区と他の自治体のサービスや税の相違についてあまり充実した議論がなされない．大阪都構想の検討の際にこの民主的決定の手続きの論点が議論されなかったのは，郊外市民にとって広域自治体からのサービスや税が変わらないと受けとめられているという理由からかもしれないが，統合前後の府（都）の職員による郊外サービスへのエネルギーの振り分けは変わるはずである．また，税源の配分は変更になり，税金の使用についても中心市向けと郊外向けでこれまで細部まで明確な根拠で区分してきたようには思えないため，統合前後でサービスの力の入れ方が変わると考えるほうが厳密な意味では正しい．郊外市民も広域自治体に税金を支払っていることを改めて思い返せば，郊外市民向けにもっと説明があってもよいが，なぜか日本では，こうした民主的運営に関わる重要な点が活発に議論されない．

(3)　異なるサービスと税

　1963 年に，テネシー州のナッシュビル市とデイビッドソンカウンティが統合してできた ND カウンティについてみてみよう．図 12-1 は統合直後の1966 年の状況である．統合政府では，GSD（General Service District）とUSD（Urban Service District）という 2 つの区域に分けられ，GSD のサービスは広域自治体全域で実施され，USD のサービスは中心市にだけ実施される．GSD においては，日本のようにすべての区域で市町村があるわけではなく，基礎自治体がない非法人地域も含まれる．サービス水準が高い USDでは追加的な警察サービスやごみ収集などが行われているが，GSD ではそれらの追加的なサービスは実施されない．GSD には，6 つの郊外都市があり，それらは独自にサービスを提供しており，GSD のサービスや郊外都市から供給されないサービスは，必要に応じて市民が自分で個々の事業者と契約する．非法人地域では，GSD のサービス以外はすべて自分で必要に応じて事業者と契約する．

　こうした状況は，一見不公平なように思えるが，支払う税金が異なり，USD の市民は GSD の市民よりも高い税の支払いが必要となる．2020 年に

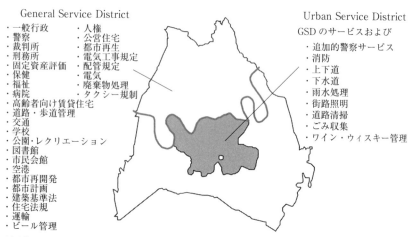

General Service District
・一般行政　　　　・人権
・警察　　　　　　・公営住宅
・裁判所　　　　　・都市再生
・刑務所　　　　　・電気工事規定
・固定資産評価　　・配管規定
・保健　　　　　　・電気
・福祉　　　　　　・廃棄物処理
・病院　　　　　　・タクシー規制
・高齢者向け賃貸住宅
・道路・歩道管理
・交通
・学校
・公園・レクリエーション
・図書館
・市民会館
・空港
・都市再開発
・都市計画
・建築基準法
・住宅法規
・運輸
・ビール管理

Urban Service District
GSD のサービスおよび

・追加的警察サービス
・消防
・上下道
・下水道
・雨水処理
・街路照明
・道路清掃
・ごみ収集
・ワイン・ウィスキー管理

（出所）野田（2014: 33），（原典は McArthur, R.E.. 1971. *Impact of City-County Consolidation of the Rural-Urban Fringe : Nashville-Davidson County*, Tenn, Economic Research Service, U.S. Department of Agriculture (BiblioGov. 2012), pp. 6-7).

図 12-1　ND カウンティの区域とサービス（1966 年）

実現しなかった大阪都構想でいえば，大阪都の大阪市区域の市民が高い税を支払い，その代わりに追加的なサービスを受けるという構図である．日本では，このような議論をすると，中心市だけが恩恵を受けすぎであると声をあげる人がいるが，郊外地域である GSD の市民のほとんどは中心市の USD のサービスを受けるうえで必要となる高い税を支払うことを望んでない．カウンティ内のナッシュビル市以外の市民は，農村地域で生活に必要なサービスが政府から十分に提供されており，政府が提供していないサービスは自らが民間事業者と契約するため事足りるという意識をもっている（野田 2014）．ちなみに，郊外の都市住民が追加的な税を支払い，当該都市が事後的に統合政府に加わることもできる仕組みになっている．

　なお，ND カウンティでは，設立から 20 年後，消防や水道施設を USD に限らず GSD 全域に整備することになった．この決定は，施設整備にともない郊外市民も税を支払う内容で，市民ニーズに基づいてなされたものである．こうした状況をふまえると，広域的に実施しなければ効率性や効果が得

られないサービスがあるという点も明確になる．民主的決定により，事後的
にサービスの所管が変更された事例である．

　大阪都構想の議論では，2015 年，2020 年のいずれの住民投票時も，サー
ビスや税について，中心と郊外での統合前後の相違はあまり詳しく議論がな
されなかった．しかし，大阪市の区域とその他の区域でサービスや課税の水
準を変え，市民が高サービス高負担と低サービス低負担のいずれを望むかに
ついて議論すべきであった．なぜなら，世界的にみて重たい政府である都道
府県のサービスと税の水準を民意により決める好機であり，現状の都道府県
による必要以上に実施されているサービスを再確認したり，あるいは，広域
的にしか実施できないサービスをより明確にする議論が可能だったからであ
る．

(4)　アメリカの統合政府の組織

　アメリカの自治体の政府形態には，①市長－議会型（Mayor-Council），②
議会－支配人型（Council-Manager），③理事会型（Commission）など多様な
ものがある．①は日本の二元代表制とよく似たもので，日本と同じく市長に
強い権限がある場合と，日本とは異なり議会側に強い権限がある場合に分け
られる．②は，議会に選任されたカウンシル・マネージャーが市の計画や運
営を機動的に行い，もし問題があった場合は，議会から罷免され責任を負う
形態である．③は議会の代わりに理事会をおき，理事の合議で市の方針や運
営を決めるものである．シティ・カウンティ統合政府になった場合，それま
での中心市の政府形態を引き継ぐケースが多く，ND カウンティでは市長－
議会型を継続している．

　議員数は ND カウンティの場合は人口 57 万人に対して 40 名であり，他
の事例より多いほうである（たとえば，ルイビル・ジェファーソンカウンテ
ィでは人口 70 万人に対して議員は 26 人である）（野田 2014）．議員は地域
ごとに選出される定数以外に，全域から選ばれる定数もあり，ND カウンテ
ィではそれぞれ 35 名と 5 名である．また市長以外に，市民から選出される

公選公務員職があり，NDカウンティの場合は9名が就いている．統合前は市とカウンティをあわせた市長と公選公務員数は11名であったことから，統合により1名だけ減少したという計算になる．

(5)　民主的運営の工夫

アメリカの統合政府の場合，大都市が広域自治体を担う意識が高い．大阪都構想の議論では，大阪市が分割されたり権限が奪われるなど自治が低減するという意見が根強かったが，そのような懸念の声は，アメリカではまったく聞こえてこない．ただし，統合後の政府は統合前より複雑な構造となるため，民主的運営については日本の広域自治体より一歩進んだ工夫が施されている（野田2014）．

1つは，統合政府の議員は，受けもつ地区（ディストリクト）が決められ，市民の声をくみ取る担当になるとともに，市民の要望を首長につなぐ役割を担う．ケンタッキー州のルイビル・ジェファーソンカウンティでは，統合前は全域の代表であった個々の議員を統合後に地区担当とした．統合前は，中心市20万人に1人の議員であったのが，統合後には，全域をいくつかに区分して設定された地区ごとの2万7千人に1名の議員になった．たとえば，頻発する放置自動車の問題について，地区担当議員から首長へ連絡が入れば3日以内に対処する仕組みになっている．

第2は，統合後は統合前より頻繁にパブリックヒアリングを行っている点があげられる．NDカウンティの各施策の委員会（図書館委員会や公園・レクリエーション委員会，教育委員会等）の委員は，市長及び議会から任命され，毎月1回パブリックヒアリングを開催し，市民と意見交換を行っている．

第3は，各種の行政計画に掲載された主要事業について，目標値を具体的に示し，その達成度を市民に提示している点である．こうした取り組みは，アメリカでは，数値の精緻さはともかく多くの自治体で行われているが，統合政府においても同様に，計画で取り組んできた施策等をできる限り定量的に示し，市民との間のアカウンタビリティを強化しようとしている．

　以上の民主的運営の工夫は，都区制度を採用する中心地域では，基礎自治体の管理が広域自治体と同一になるため，民主主義低減の懸念解消に向けて効果的である．しかも，これらの民主的運営の工夫は，中心地だけでなく，全域で取り組まれている点をふまえると，都区制度の地域に限らず，あらゆる都道府県で配慮すべき取り組みでもある．日本では広域自治体である都道府県の人口規模があまりに大きいため，地区担当をつくるのは難しい側面もあろうが，都道府県議会議員は市町村議会議員と比べ，地域の市民との接点が少なく，市民から統制されている意識もかなり低い．こうした点を考えると，地域内を細分化しながら担当議員を決めて民主的運営を強化する努力は，日本の広域自治体においてもやはり必要である．パブリックヒアリングや具体的な成果を示す活動のほか，第 6 章でみた地域懇談会などの丁寧な参加を進め，規模が大きな政府においても民主的運営に注力すべきである．

3.　府県連携

(1)　府県連携と事業実施

　府県間関係は，府県域をこえる行政課題への対応に必要な組織間関係である．産業政策を行おうとしても，対象とする産業やその支援産業，あるいは同じ産業でも構成する企業の本社や支社，事業所は，府県域をこえて立地している．物流や生産など特定の機能しか持たない事業所のための支援よりは，他府県にまたがる企業を包括的にみて産業支援や産業育成のためのインパクトある政策を発動させなければならない．河川管理においても，たとえば吉野川水系は徳島県，香川県，愛媛県，高知県，また，筑後川水系は福岡県，佐賀県，大分県，熊本県にまたがるように，規模の大きな河川は，現在の行政編成では国の出先機関に加え，近隣都道府県と連携した管理が必要である．都道府県の広域機能の範疇に入る産業，環境，危機管理，交通，治山・治水のいずれにおいても課題は都道府県内にとじたものではないため，府県連携が必要なケースが多々ある．

　府県域をこえる広域的な行政需要に府県単独では対応できないとき，政策
資源（権限，財源，人的資源）の共有を念頭に，他の都道府県との連携が俎
上にのる．これまでにも交通や地域活性化，医療・保健などの分野で府県間
の協議会組織を設置し，さまざまな連携の取り組みが検討されてきた．第
10章では，圏域レベルで計画を策定し，構成自治体の事業実施へと展開す
る連携組織としてCOGについてみたが，日本の府県間の連携では，自治体
共同の事業実施がなかなかなされないという課題がある．かつて先進的な府
県連携事例とされた北東北の取り組みでも，連携事業はソフトなものが中心
で，インフラ整備といったハード事業はほとんど見つからない．そのようす
は，表12-1の政策の性質でみたハード事業の割合の低さに示されている．
具体的には，ハード事業は1割ほどで，その中身は観光案内板や共同事務所
の設置であり，府県連携という場合に期待されるダイナミックな社会資本整
備は見当たらない．

　府県連携が困難な理由は，広域にわたる課題の解決策が，特定府県の利益

表12-1　北東北の連携事例にみる府県連携

政策特性					例　示
実質的	形式的				
便益	明確性	過程	性質	コスト	
小	低	検討	－	低	観光振興アクションプラン策定，共同研究，広域連携のあり方の検討　等　（3割）
中	高	実施	ソフト	高	観光物産展の開催，フォーラム開催，スポーツ交流，健康づくりの推進，地方債の共同発行，人事交流　等　（6割）
大			ハード	高	3県共通の観光案内板設置，共同事務所の設置　等　（1割）

（出所）　野田（2007），第6章から作成．

にはなるが，その他の府県の利益にはならないといった便益の偏在が生じるからである．逆に，廃棄物処理施設など NIMBY（Not in my back yard）施設とよばれる迷惑施設の立地場所を検討する場合でも，どの自治体に負の便益を担ってもらうかという議論になり，府県連携による事業実施は一般にかなり難しい．

(2)　圏域のマネジメントと行政区域

　圏域の経済的発展のためには，効果が中心地から放射状に，周辺に向けて波及していくことを想定しながらまちづくりを進めるのが有益である．首都圏や名古屋都市圏では交通網が中心地から放射状に発展している．つまり，中心地から徐々に周辺に投資していくのが効果的である．ところが，圏域の中心と周辺で異なる都道府県である場合，投資はバラバラに行われる．各都道府県は，圏域を人工的に区分した各行政区域の政策主体であるため，都道府県でそれぞれ別々の考えに基づき投資が行われると，圏域全体の発展からみた優先順位に沿った投資にはならない．

　筆者が行った時系列解析では，中心地への投資は当然中心地を活性化させるが，一方，周辺地域の発展のためには，周辺地域に投資するよりもむしろ中心地に投資するほうが効果的である現象を検証している（野田 2007）．たとえば，和歌山県に投資するより大阪府に投資して放射状の発展を促したほうが和歌山県の持続的な発展に寄与すると考えられる．

　過疎対策や半島振興対策においても同様のことがいえる．過疎対策や半島振興が必要な地域に投資をしても過疎の問題は解決しない．むしろ，それらの地域の近隣にある中心地の経済活動を拡大させ，その効果が周辺に拡がるような投資のほうが有益である．1970 年に成立した過疎地域対策緊急措置法は，その後，過疎地域振興特別措置法（1980 年），過疎地域活性化特別措置法（1990 年），過疎地域自立促進特別措置法（2000 年成立，2010 年延長，以降継続的に延長）へと受け継がれ，過疎地域に補助金供給を続けてきたが，過疎地域から脱出できた地域はどれだけあるだろうか．

このように，地域全体を戦略的にマネジメントするためには，府県による足並みの揃わない個々の政策実施には限界がある．府県連携では，ハード基盤の整備を共同で行うことが難しい点を検討したとおり，圏域全体のマネジメントは府県連携では対応できないのである．圏域全体の政策について，圏域を行政区域で分割された政府で効果的に対応することはそもそも困難を極める．このため，府県をこえる広域自治体が期待されるのであり，それを具体的に提案してきたのが道州制案であった．

4. 道 州 制

(1) 背　　　景

道州制が必要とされる理由は，概ね4点に集約できる．それらは，①府県の行政区域を越える「広域的行政需要への対応」，②府県よりも広域的な政府を創設することによる「サービス供給面の効率性の追求」，③府県と市町村の間で生じる「二重行政の解消」，④東京一極集中是正を背景とした「地方分権の受け皿づくり」である（野田2007）．これら4つの理由を1つにまとめて，「地方政府の自律・自立」と表現することもできる．

4つの重要性の強弱は，論者により異なる．ただし，とりわけ②のサービス供給の効率性は，財政難である日本社会において，活動量の大きすぎる個々の都道府県の支出肥大化を抑制するうえで重要性が高い．道州制により規模が大きくなれば，政府の自立のために，道州政府自体の支出が肥大化するおそれもあるため，制度設計上，財政規模を抑制し，民主的な統制を強化することが必要である．道州制導入には，規模の経済を通じてサービス供給の効率性確保を重視した議論が基本的な前提として求められる．

(2) 道州制とは

道州制とは，都道府県よりも広い区域の統治権限をもつサブナショナルな政府のことである．統治権限とは，立法，課税，執行に関わる権限のことで

ある．日本の道州制論議では，アメリカ，カナダ，スイスなどにおける立法
権の分割が明記される連邦制のように，主権や憲法を道州政府が保有すると
ころまでは求めない．

　道州制は，戦前には，田中義一内閣における行政審議会による提案があり，
戦後も政府の審議会，経済界，新聞社等により区割りや権限・財源配分の提
案がなされてきた．これらの道州制案では，道州政府が必ずしも自治体では
なく，国の行政機関として位置づけられたり，第 4 次地方制度調査会答申の
ように，国の行政機関と自治体の中間団体の性格を有するものとして提案さ
れることもあった．国の行政機関の位置づけになると，道州制により政府の
数が少なくなってしまうため，国からいっそうコントロールされやすい環境
へ移行する懸念があった．また，都道府県を残して道州と都道府県，市町村
の三層制を主張するものもあった．ただし，近年の道州制案では，道州政府
は自治体として位置づけられ，市町村と道州政府の二層制として提案されて
いる．

　第 4 次地方制度調査会の「地方」案では，激しく議論が交わされた．自治
体の性格と国の行政機関の性格の双方をもつ「地方」を全国 7 ないし 9 に設
けることが提案された．議会は市民の直接公選であったが，地方長は議会の
同意を得て，内閣総理大臣が任命する国家公務員（官選）という提案であっ
た．地方制度調査会では，出席委員 33 名中，17 名の賛成でぎりぎり答申そ
のものは成立した．ただし，少数派による「府県統合案」（知事直接公選）
の両論併記となった．

　平成以降で，自治体や国の出先機関（地方整備局や地方経済産業局など）
に大きなインパクトを与えたのは 2006 年の『道州制のあり方に関する答申』
（第 28 次地方制度調査会）である（表 12-2）．道州制の位置づけは，広域自治
体であり，府県を廃止のうえ市町村と道州の二層制を前提とし，区域は東京
都，北海道，沖縄県を除き複数の府県をあわせた単位となっている．道州の
事務は，主要な社会資本形成の計画・実施や環境保全，産業政策がメインで，
地方整備局や地方経済産業局などの国の出先機関による事務は，国が本来果

232

表 12-2 『道州制のあり方に関する答申』の概要

主な項目	概　　　　　要
道州の 位置づけ	・広域的な自治体 ・都道府県は廃止 ・地方政府体系は二層制
道州の 区域	・数府県をあわせた広域的な単位を基本とする ・ただし，北海道と沖縄県は地理的特性から単独で道州となることができる ・東京都も単独で道州とすることも考えられるが，この場合周辺の道州と広域連合等 　を設置することが必要となる ・地方支分部局の管轄区域に依拠するパターンなど3つの区域例を提示 ・都道府県は市町村の意見に基づき国に対して区域に関する意見を提出 ・道州制への移行は原則全国同一
道州の 事務	・主要な社会資本形成の計画・実施 ・広域的環境保全・管理 ・人や企業の活動圏・経済圏に応じた地域経済政策や雇用政策 ・これまで担ってきた補完事務は，規模が大きくなった市町村に移譲し道州は高度な 　技術や専門性が求められ，行政対象の散在性のある事務に特化 ・地方支分部局が実施する事務は国が本来果たすべきものを除き道州に移譲
道州の 組織	・道州の長は市民の直接選挙による ・道州議会の議員は市民の直接選挙による ・議会と長の関係は現行の都道府県に関する制度を基本とする ・長の多選は禁止
地方財政 制度	・国からの税源移譲 ・偏在度の低い税目を中心とした地方税の充実（地域の財政運営の自立性を高めるた 　め，地方税中心の財政構造） ・財政調整の制度の検討 ・大都市との関係においては，事務配分の特例とそれに見合った税財政制度等の創設

（出典）　第 28 次地方制度調査会『道州制のあり方に関する答申』（2006 年 2 月 28 日）より作成.

　たすべきものを除き道州に移譲される前提である．組織については，首長や議員の選び方は直接公選である．二元代表制を基本とし，多くの人口を有し権力集中の懸念があることから多選は禁止される．そして，税源は国からの移譲が想定され，地方税を充実させ，地域によっては財政基盤が弱い道州政府もでてくることから，同時に財政調整制度の維持が念頭におかれている．なお，この答申では，区域例として 9，11，13 区域の 3 つのパターンが示された．

　第 28 次地方制度調査会答申（2006 年 2 月）の直後，いくつかの県は自らの存在意義を示そうと府県のあり方について検討する報告書をとりまとめた．一方，自民党は，『道州制に関する第 3 次中間報告』（2008 年 7 月）をまとめ，道州制ビジョン懇談会で議論を進め，道州制基本法案の国会成立に向けた準備を進めていた．ところが，2009 年に入りリーマンショックから連鎖した世界金融危機が生じ，麻生政権の支持率が急落するとともに自民党内の統一性もいっそうなくなり，道州制の議論は立ち消えとなった．2012 年に道州制基本法骨子案が自民党内で検討されたが，その後は，他の緊急性の高い政策課題が優先されるなか，議論が深まらない状態が続いている．

(3)　道州制の論点

　道州制の論点は，第 1 に，広域自治体の機能の明確化である．これは，道州政府の役割をどのように考えるか，市町村との関係における道州政府の機能をどのようなものとするかについてである．道州政府が担う機能の明確化は，別言すると政府規模を決めることでもある．自律的な都市が多い地域であれば，道州政府は主要な広域機能に特化すればよいし，補完が必要な市町村が一定含まれる地域では，道州政府が補完機能の一部も担うべきかどうかを検討しなければならない．

　道州政府に，大量の補完事務を含むさまざまな機能を担わせ，規模が大きすぎる政府になるようでは，サービス供給の効率性は図られず，都道府県のままのほうがよかったという話になる．少なくとも，道州政府の財政規模が構成組織の財政規模合計より小さくなければ，道州制導入のメリットは半減する．たとえば，A 県，B 県，C 県と a 国出先機関の権限や事務を道州政府に移管するのであれば，当該道州政府の財政規模は，A 県，B 県，C 県と a 国出先機関の財政規模合計より少なくなければならない．個々の都道府県が普段から裁量的財政行動により支出が肥大化しているため，道州政府の導入には，そうした支出肥大化を抑制する意味がある．

　なお，機能を明確にするため，具体的にどのような事務を担うかという議

論になるが，階級が上昇し途中から国家公務員として扱われる警察行政など
の国の事務を包含すると，国から容易にコントロールされる問題も指摘され
ている（西尾 2008）．

　第 2 は，道州政府に求められる機能を実現するための手段についてである．
これは，道州政府の組織や財源をいかなる水準とするかである．組織は，都
道府県の職員をそのまま移行するのか，国の出先機関の職員も含めた数を想
定するのかで異なる．執政制度はどうするか．つまり，都道府県や市町村と
同じく首長の強いリーダーシップを維持する現状の二元代表制にするか，ま
たは政党政治で政策選択を行う政治に期待するため議院内閣制にするのかに
ついて検討しなければならない．管轄する人口規模が大きくなると独断専行
的執政の要素が強くなる可能性があるため，首長の多選は禁止すべきである．
そもそも立法や執行に関する権限をどの程度認めるかといった国との関係に
おける大きな論点も関わる．

　財源については，現行の都道府県の地方税以外に，国からどの税源の移譲
を想定するか，財政権をどの程度認めるか．また，大都市圏の道州政府と他
の道州政府間の財政調整を行う制度をいかに組み込むかなどが検討されなけ
ればならない．

　第 3 は，移行の方法と範囲についてである．全国一斉に道州制に移行する
のか，府県連携や特区を利用して統合機運が熟したところから道州政府に移
行するのか．後者の場合は，全国の特定地域だけ道州制に移行することを許
容することになる．移行方法に関する問題の背景には，そもそも全国の区域
割をいかに考えるかという難解な問題が存在する．北海道や沖縄県の位置づ
けをどうするか．東京都は南関東（神奈川県，千葉県，埼玉県）と一緒にす
ると大きすぎるため，第 28 次地方制度調査会答申では東京都を単独とし，
他県と広域連合で対応する案が提示されていた．道州政府をどの範囲とする
かは，都道府県間の政治的衝突を内包する問題である．このため，道州制移
行にともない周辺地域になる県の知事は道州制に反対する．

（4）　道州制の区域

第 28 次地方制度調査会答申で示された区域はあくまでも例としてであっ
た．各省庁の出先機関で示された管轄区域，電力会社や郵便局，新聞社の管
轄エリアなどにより，区域例のバリエーションはいくつも考えられる．答申
の区域例は，既存の管轄区域をもとに導かれたものであり，民意に基づき設
定されたものではない．もし，民意に即して区割りを行った場合，どのよう
な姿になるだろうか．47 都道府県の県庁所在地の市民 50 サンプルずつ計

（出所）　野田（2010：130）．

図 12-2　市民の一体化意向からみた道州制区域例

2,350 名に道州制導入時にどの府県との組み合わせが望ましいか（選択肢は，第 28 次答申の 9 道州区域例の道州内府県と道州の隣接府県）を質問し，得られた都道府県間の民意をもとに作成した区域案が，図 12-2 である（野田 2010）．

野田（2010）の分析で最も難しかったのは，新潟県と長野県の扱いであった．新潟県民の一体化意向は，強い順に長野県，群馬県，富山県，山形県，福島県，石川県となっており，北関東，南東北，北陸に関わり，長野県民は，一体化意向が強い順に，新潟県，山梨県，群馬県，富山県，静岡県，愛知県，岐阜県，埼玉県となっており，北関東，南関東，北陸，東海と関わるというものであった．そして，この 2 県相互の一体化意向は，2 県の市民が他県との間でもっている一体化意向よりも強かった．これらの県をどこかに含める必要があることから，北関東信越州に含まれるものとしている．

このように，民意に基づき道州制の区域を検討するといっても誰もが不満に思わない解などない．こうした民意と，圏域としての経済的自律性などを勘案して，区域を考えるとなると，さらに困難をきわめる．

(5) 道州制特別区域と広域連合

道州制に関連する制度として，2006 年に成立し 2007 年に施行された道州制特区推進法に基づく道州制特別区域（道州制特区）がある．2004 年の地方自治法改正において都道府県の発意に基づき都道府県議会の議決と国の承認を経て都道府県合併ができるようになっていたが，道州制特区は，この都道府県合併をさらに発展させた制度である．これは，北海道知事の提案が発端で成立した制度で，内容は，北海道は単独で，その他は，3 つ以上の合併した都府県が特定広域団体となり，国から事務移譲を受けるものである．国の基本方針に対して変更提案が可能で，特区計画策定のもと特例として事務移譲が実施される．

道州制が全国一律に実施する制度というイメージがあるのに対して，道州制特区は特定の地域だけで道州政府になる制度といえる．ただし，法律では，

道州制特区になれば，国の出先機関の事務や権限については移譲されるとはいうものの，そのすべてが自治体のものになるとは言っていない．事務権限の移譲は，自治体側からの提案に基づき段階的に行われる特例である．したがって，広域自治体の区域で政策を実施する国の出先機関が廃止されたり，各省庁からの関与がなくなるわけではない．国の出先機関の存在意義を否定する根拠として，合併都道府県で道州制特区に移行しようとしても，国の出先機関の管轄区域を包括するように都道府県が構成されないと，管轄区域の残余部分が生じてしまい，出先機関の存立理由となってしまう．そもそも出先機関の管轄区域は，省庁により異なり，それらすべてを含む都道府県で合併することは広域すぎてできない可能性が高い．道州制にもさまざまな提案があるが，道州制特区は，国の出先機関の廃止を念頭におく一般的な道州制のイメージとは大きく異なるといえる．

　道州制特区では，たとえば，児童福祉や母子保健などの保健福祉関連事務，商工会議所の監督，鳥獣保護における麻酔薬の使用などのほか，治水，砂防，河川改良，開発道路の整備等において，国が実施した場合の費用を換算し，自治体が行う場合の交付金として受けられる．このように特例と交付金を受けられる分，現状の都道府県や広域連合よりは，前進している．なお，北海道は 2007 年に特定広域団体に指定されたが，北海道以外には道州制特区の利用はない．

　一方，府県合併をともなわずに，広域連合を用いた府県連携として，関西広域連合の事例をあげることができる．関西では，府県や政令指定都市，関西経済連合会等の経済団体の間で，連携組織である関西広域機構を 2007 年に設置し連携を模索してきた．そして，2010 年に，関西 2 府 4 県と，関西の 4 政令指定都市，ならびに鳥取県，徳島県の間で関西広域連合が設立された．

　関西広域連合は，広域防災の検討，ドクターヘリの府県間展開，広域的な観光・文化・スポーツ振興，産業振興，医療，環境保全のほか，資格試験・免許，職員研修の事務を実施してきた．また，関西にある近畿地方整備局や

近畿経済産業局などの国の出先機関からの事務や権限移譲をめざしている．仮に関西広域連合の構成府県が合併し道州制特区を採用すれば，国の出先機関から事務や権限移譲の特例を受けられる．とはいえ，上述のとおり道州制特区を導入しても国の出先機関を廃止できるわけではなく，また特区導入には都道府県の合併手続きを経る必要もある．このため，広域自治体の改革に熱心な関西経済連合会などでは，広域連合からそのまま道州政府に移行し，国の出先機関を廃止のうえ，事務や権限移譲を受けられる道州制導入の意向をもっていると思われる．

　他方，実際に道州政府に移行するとなると，どこを州都にするか，どこが中心地域，周辺地域になるかといった各府県の政治的衝突に発展する問題が予想される．比較的まとまりのある関西広域連合でさえ，合意形成はかなり難しいと思われる．

5．多様な地方自治制度の許容

（1）道州制一斉導入か多様な地方自治制度の許容か

　平成の大合併が終わり，市町村レベルではフルセットから広域連携にシフトしつつある状況をふまえると，地方自治制度改革の主たる対象は，広域自治体レベルになる必然性がある．規模の経済や範囲の経済を勘案すると，広域自治体は規模が大きなほうがサービス供給の効率性が高まる．また，府県連携ではハード基盤の事業実施に結びつかない点を考慮に入れると，道州政府を採用するメリットは効率性の面から理解しやすい．道州制はけしからんという専門家は，一般に都道府県や市町村の自治の低減を懸念しており，サービス供給の効率性確保の必要性は否定していないと思われる．自治の低減回避は，むしろ広域自治体の民主的運営への熟慮を通じて対応できるはずである．

　市町村財政が脆弱な地域は，広域自治体による補完を必要とするが，道州政府が補完機能を担うことができ，道州制の全国一斉導入がありうるものと

して考えてみよう．そのうえで，道州制の全国一斉導入と，多様な地方自治
制度の許容のいずれが現実的であろうか．サービス供給の効率性確保のため
には，道州制一斉導入は望ましい選択である．都道府県の裁量的な財政行動
や肥大化する歳出，調和のとれない府県連携を念頭におくと，機が熟した地
域から制度導入という悠長な方法ではサービス供給の効率性は徹底できない．

　ところが，一斉導入には，全国のすべての都道府県と国の出先機関の廃止
が前提になる．プラスアルファとしての制度創設は合意が得られやすいが，
全国的な都道府県廃止や国の出先機関廃止に関する合意調達は，よほどの非
常事態でない限り難しい．市町村の財政難によりサービス維持が困難になっ
てくるとした場合，国民健康保険の財政運営移管のように，都道府県による
補完が先に検討されるだろう．都道府県の財政逼迫が全国的にきわめて深刻
な状態になり，制度の抜本的改革が必要になったのなら，組織の統廃合の意
味で，道州制の全国一斉導入も想定できる．しかし，そうした状態になるま
でに，多様な地方自治制度の許容が前面に押し出されると思われる．道州制
一斉導入と多様な地方自治制度のどちらが望ましいかは，サービス供給の効
率性の徹底に向けては，前者といえるが，既存制度の一斉廃止の合意調達困
難性から民主的に進めるとなると，後者が現実的な対応となる．

(2)　多様な地方自治制度の充実

　多様な地方自治制度の許容とは，広域自治体の改革において，特定地域の
道州政府導入，都区制度，県の基礎自治体化，都道府県合併，都道府県間の
広域連合といった各制度の利用の併存を意味する．先述のとおり，市町村レ
ベルでは全国的に合併が推進され広域連携に舵を切ったなかで，広域自治体
レベルの改革が待たれる状況である．

　特定地域の道州政府導入は，道州制特区の利用で一定程度実現できる．都
区制度や都道府県間の広域連合は，既に実施されている．県の基礎自治体化
については，基礎自治体化といってよいほどには進んでいないものの，奈良
県など市町村ニーズに則して府県補完を積極化する県も出はじめている．都

道府県合併が自然に促進されるかといえば，地方交付税制度で財源が必要な分を移転される限り，財政が脆弱な県が財政難だけを理由に合併に向けて自ら検討しはじめることはそれほど考えられない．もっとも，道州制特区利用に向けて，都道府県合併が利用される可能性そのものは否定できない．

このように，広域自治体レベルの改革に必要な制度はある程度用意されているが，道州制特区については制度的魅力としては弱い．そもそも道州制特区の利用検討例がほとんどないのは，国の出先機関廃止をともなわない点にあり，都道府県間の政治的衝突を超えてでも利用するメリットのある制度としてうつらないからである．都道府県が自ら改革に向かうほど，魅力的で多様な地方自治制度として充実を図るためには，やはり国の出先機関廃止と当該出先機関からのまとまった事務権限や税源の移譲に直結する特定地域対象の道州政府移行制度が必要である．

なお，全国一斉に道州制区域を決定する困難性をふまえると，先行的に道州政府になる地域を許容することになる．そうなると，残余地域で道州政府をめざそうとする都道府県の選択肢が狭まっていくというデメリットが生じる．一方で，既に道州政府になっているところに加わる仕組みがあればそうした問題も一定軽減される．

(3)　広域自治体の民主的運営

民主主義の観点から広域自治体の運営について考量すると，政府規模が大きくなるにつれ，市民有効性や政策の認識が低下するということであった．しかし，現時点の都道府県は，市民有効性をはじめ民主主義の程度が低い点を思い出さなければならない．都道府県が道州政府に移行することで生じる民主主義の低減程度は，市町村合併で規模が大きくなることによる民主主義の低減程度ほどには，市民からみて大きくはない．これは，もともと都道府県の民主主義が不十分で，府県の政策が認識されておらず，有効感もなく，アカウンタビリティが十分に果たされていないからである．むしろ，道州政府や都区制度の導入，県の基礎自治体化などの制度改革は，民主的運営の再

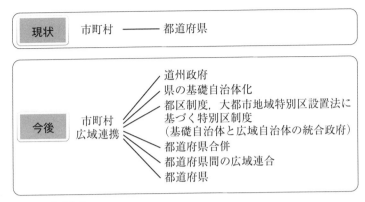

（出所）　筆者作成.

図 12-3　多様な地方自治制度の許容

考契機になるものである.

　広域自治体の民主的運営は，丁寧な参加をはじめ，さまざまな参加手法を駆使したり，政策議論を活発にするための政府形態を採用するなど，検討すべきことは多い. また，運営対象の2つの自治体について，市町村と道州政府にするか，都区制度を利用して基礎自治体と広域自治体の統合政府にするか，あるいはそのまま市町村と都道府県とするか. 現行の市町村と都道府県のままとする場合でも，市町村への分権をいっそう進めるか，あるいは，財政が脆弱な市町村の事務を都道府県に代替させ，県の基礎自治体化を図るか. 2000年以降進められてきた分権に自治の魂を注ぐためには，サービスの効率的供給と民主的運営の徹底を図る行政編成について吟味しなければならない. これらの行政編成は地域により多様なものが考えられ，そのあり方は，市民が最終的に判断するものである. そして，市民の判断には，民主的決定のための積極的な自治体広報が求められる. さらに，行政編成の善し悪しを判断する市民の自治意識が前提となる.

参考文献

赤井伸郎・佐藤主光・山下耕治（2003）『地方交付税の経済学―理論・実証に基づく改革』有斐閣．

縣公一郎（2002）「行政の情報化と行政情報」福田耕治・真渕勝・縣公一郎『行政の新展開』法律文化社，59-86 頁．

足立忠夫（1971）『行政学』日本評論社．

「新しい時代の公」推進調査委員会（三重県）（2005）『「新しい時代の公」推進調査報告書』．

阿部孝夫（1999）「地方自治の意義と形態」『地域政策研究』第 1 巻第 3 号，249-265 頁．

天川晃（1986）「変革の構想―道州制論の文脈」大森彌・佐藤誠三郎編著『日本の地方政府』東京大学出版会，111-137 頁．

天川晃（2009）「自治体と政策」天川晃・稲継裕昭『自治体と政策―その実態と分析』放送大学教育振興会，9-21 頁．

荒木昭次郎（1990）『参加と協働―新しい市民=行政関係の創造』ぎょうせい．

アリソン，G.T. 著，宮里政玄訳（1977）『決定の本質―キューバ・ミサイル危機の分析』中央公論社（Allison, G.T. (1971). *Essence of Decision : Explaining the Cuban Missile Crisis*. Boston, MA : Little, Brown and Company）．

飯尾要（2004）「公共性とはなにか―公共性の本質と二つの『公』」『経済理論』第 320 巻，23-44 頁．

出雲明子（2012）「地方公務員制度と人事管理」柴田直子・松井望編著『地方自治論入門』ミネルヴァ書房，157-174 頁．

礒崎初仁（2010）「都道府県制度の改革と道州制―府県のアイデンティティとは何か」礒崎初仁編著『変革の中の地方政府―自治・分権の制度設計』中央大学出版部，1-80 頁．

市川喜崇（2012）『日本の中央―地方関係―現代型集権体制の起源と福祉国家』法律文化社．

井出嘉憲（1967）『行政広報論』勁草書房．

伊藤修一郎（2002）『自治体政策過程の動態―政策イノベーションと波及』慶應義塾大学出版会．

稲継裕昭（2013）『自治体ガバナンス』放送大学教育振興会．

井上誠一（1981）『稟議制批判論についての一考察―わが国行政機関における意思決

定過程の実際』行政管理研究センター.

今川晃（1993）『自治行政統制論への序曲―住民は何を統制できるか』近代文藝社.

今川晃（2005）「私たちが『まちづくり』の主人公」佐藤竺監修・今川晃・馬場健編著『市民のための地方自治入門―行政主導型から住民参加型へ［改訂版］』実務教育出版，1-13 頁.

今川晃（2011）『個人の人格の尊重と行政苦情救済』敬文堂.

今川晃（2013）「政策学と民主主義」新川達郎編著『政策学入門―私たちの政策を考える』法律文化社，89-101 頁.

今里佳奈子（2017）「地域資源の最適化を図る―東三河地域におけるマルチ・レベル・ガバナンスの様相」白石克孝・的場信敬・阿部大輔編著『連携アプローチによるローカルガバナンス―地域レジリエンス論の構築に向けて』日本評論社，90-112 頁.

今里滋（1995）「情報の保護と公開」西尾勝・村松岐夫編『講座行政学　市民と行政（第 6 巻）』有斐閣，189-224 頁.

今里滋（2000）『アメリカ行政学の理論と実践』九州大学出版会.

今村都南雄（1997）『行政学の基礎理論』三嶺書房.

今村都南雄（2001）「問われる都道府県の役割」『都市問題』第 92 巻第 3 号，3-28 頁.

今村都南雄（2009）『ガバナンスの探求―蠟山政道を読む』勁草書房.

岩崎正洋（2011）「ガバナンス研究の現在」岩崎正洋編著『ガバナンス論の現在―国家をめぐる公共性と民主主義』勁草書房，3-15 頁.

岩崎正洋（2012）「なぜガバナンスについて論じるのか―政治学の立場から」秋山和宏・岩崎正洋編著『国家をめぐるガバナンス論の現在』勁草書房，3-18 頁.

上田誠（2012）「二元代表制と議会の機能」真山達志編著『ローカル・ガバメント論―地方行政のルネサンス』ミネルヴァ書房，40-64 頁.

後房雄（2007）「ローカル・マニフェストと二元代表制―自治体再生の胎動と制度の矛盾」『名古屋大学法政論集』第 217 号，223-259 頁.

後房雄（2009）『NPO は公共サービスを担えるか―次の 10 年への課題と戦略』法律文化社.

江藤俊昭（2011）『地方議会改革―自治を進化させる新たな動き』学陽書房.

大西淳也・日置瞬（2016）「ロジック・モデルについての論点の整理」『PRI Discussion Paper Series』No. 16A-08.

大森彌（1995）『現代日本の地方自治』放送大学教育振興会.

大森彌（2006）『官のシステム』東京大学出版会.

大森彌（2008）『変化に挑戦する自治体―希望の自治体行政学』第一法規.

大山耕輔（1999）「クリントン政権の行政改革と NPM 理論」『季刊行政管理研究』第 85 号，24-31 頁.

大山耕輔（2010）『公共ガバナンス』ミネルヴァ書房.

岡本全勝（2002）『地方財政改革論議―地方交付税の将来像』ぎょうせい.

小田勇樹（2013）「政策評価論」大山耕輔監修・笠原英彦・桑原英明編著『公共政策の歴史と理論』ミネルヴァ書房，250-264 頁．

風間規男（2013a）「新制度論と政策ネットワーク論」『同志社政策科学研究』第 14 巻第 2 号，1-14 頁．

風間規男（2013b）「政策実施をめぐるネットワークと環境」新川達郎編著『政策学入門―私たちの政策を考える』法律文化社，145-159 頁．

金井利之（2007）『自治制度』東京大学出版会．

神奈川県自治総合研究センター編（1990）『指定都市と県』神奈川県自治総合研究センター．

川手摂（2006）「自治体職階制の誕生と消滅―弘前市を中心に」『都市問題』第 97 巻第 10 号，91-102 頁．

河中二講（1957）「府県制―その機能の現状」『行政研究叢書』第 1 号，64-81 頁．

菊地端夫（2020）「米国における公私主体による"自治創造"の動態の把握の試み―HOA と自治体の関係性を中心に」日本地方自治学会編『自治の現場の課題』敬文堂，157-184 頁．

北村亘・青木栄一・平野淳一（2017）『地方自治論―2 つの自律性のはざまで』有斐閣．

北山俊哉（2015）「能力ある地方政府による総合行政体制」『法と政治』第 66 巻第 1 号，59-89 頁．

木寺元（2018）「地方選挙制度改革と政治工学―総務省『地方議会・議員に関する研究会報告書』の検討と分析」『自治総研』第 44 巻第 3 号．63-97 頁．

これからの「公の領域」のあり方研究会（京都府）（2006）『これからの「公の領域」のあり方に関する研究報告書』．

坂弘二（2004 年）『地方公務員制度（第 7 次改訂版）』学陽書房．

佐藤一光（2019）「税源移譲の理想と現実―課税自主権行使による地方財源充実の困難性」『都市とガバナンス』第 32 号，64-76 頁．

佐藤俊一（2001）「戦後日本の地方自治制度の形成と広域行政（一）」『東洋法学』第 45 巻第 1 号，17-55 頁．

佐藤満（2003）「基礎的自治体と府県の関係―京都府の場合」京都府の未来研究会（京都府）『京都府の未来像に関する研究　提言・報告書』1-15 頁．

人事評価の活用に関する研究会（総務省研究会）（2019）『人事評価の活用に関する研究会平成 30 年度報告書』．

砂原庸介（2017）『分裂と統合の日本政治―統治機構改革と政党システムの変容』千倉書房．

全国町村会（2017）『町村における地域運営組織』．

総務省（2019a）『地域運営組織の形成及び持続的な運営に関する調査研究事業』．

総務省（2019b）『地方公会計の推進に関する研究会報告書（平成 30 年度）』．

曽我謙悟・待鳥聡史（2007）『日本の地方政治―二元代表制政府の政策選択』名古屋大学出版会．

大都市制度史編さん委員会（1984）『大都市制度史』ぎょうせい.

田尾雅夫（2011）『市民参加の行政学』法律文化社.

高木鉦作（1993）「特別市制の制定と実施」東京市政調査会編『大都市行政の改革と理念—その歴史的展開』日本評論社，1-35 頁.

高橋克紀（2014）「ストリートレベル官僚制論の見直し」『姫路法学』第 55 号，33-55頁.

高寄昇三（1995）『地方分権と大都市—府県制度批判』勁草書房.

竹内直人「遅い昇進の中に隠れた早い選抜—自治体ホワイトカラーの昇進パターンと組織の機能」（2019）大谷基道・河合晃一編著『現代日本の公務員人事—政治・行政改革は人事システムをどう変えたか』第一法規，157-178 頁.

武智秀之（2013）『政策学講義—決定の合理性』中央大学出版部.

田中優（2012）「職員の政策形成能力」真山達志編著『ローカル・ガバメント論—地方行政のルネサンス』ミネルヴァ書房，65-86 頁.

谷聖美（1990）「インクリメンタリズム」白鳥令編著『政策決定の理論』東海大学出版会，37-64 頁.

地域の課題解決のための地域運営組織に関する有識者会議（地域有識者会議）（2016）『地域の課題解決を目指す地域運営組織—その量的拡大と質的向上に向けて—最終報告』.

辻陽（2019）『日本の地方議会—都市のジレンマ，消滅危機の町村』中央公論社.

都丸泰助（1982）『地方自治制度史論』新日本出版社.

中田実（2007）『地域分権時代の町内会・自治会』自治体研究社.

中邨章（2000）「アメリカの危機管理行政—カリフォルニアの事例と連邦政府の取り組み」行政管理研究センター監修，中邨章編著『行政の危機管理システム』中央法規出版，236-253 頁.

中邨章（2016）『地方議会人の挑戦—議会改革の実績と課題』ぎょうせい.

中邨章（2020）『自治体の危機管理—公助から自助への導き方』ぎょうせい.

中村紀一（1976）「広報と広聴」辻清明編著『行政学講座　行政の過程（第 3 巻）』東京大学出版会，265-300 頁.

南島和久（2017）「行政管理と政策評価の交錯—プログラムの観念とその意義」『公共政策研究』第 17 号，83-95 頁.

名取良太（2009）「『相乗り』の発生メカニズム」『情報研究』第 31 号，67-86 頁.

新川達郎（2004）「パートナーシップの失敗—ガバナンス論の展開可能性」『年報行政研究』第 39 号，26-47 頁.

新川達郎（2007）「政府のガバナンスを考える」『季刊行政管理研究』第 118 号，1-2頁.

新川達郎（2011）「公的ガバナンスの変化とサード・セクター—NPO・NGO の登場とそのインパクト」新川達郎編著『公的ガバナンスの動態研究—政府の作動様式の変容』ミネルヴァ書房，214-251 頁.

西尾隆（2013）「公務員制度改革と世論」『季刊行政管理研究』第143号，4-20頁．

西尾勝（1990）『行政学の基礎概念』東京大学出版会．

西尾勝（1993）『行政学』有斐閣．

西尾勝（1995）「省庁の所掌事務と調査研究企画」西尾勝・村松岐夫編著『講座行政学　政策と管理（第4巻）』有斐閣，39-76頁．

西尾勝（2013）『自治・分権再考―地方自治を志す人たちへ』ぎょうせい．

西尾勝・大森彌編著（1986）『自治行政要論』第一法規出版．

西村弥（2010）『行政改革と議題設定―民営化にみる公共政策の変容』敬文堂．

野田遊（2000）「政策評価の潮流と行政活動における内部マネジメント」『年報行政研究』第35号，144-157頁．

野田遊（2004）「中核市の政令指定都市移行効果からみた政令指定都市制度の課題」『年報行政研究』第39号，147-166頁．

野田遊（2007）『都道府県改革論―政府規模の実証研究』晃洋書房．

野田遊（2008）「平成の大合併と府県－市町村関係」『地方自治研究』第23巻第1号，1-13頁．

野田遊（2009）「地方公務員の対応と地方自治体に対する信頼」『長崎県立大学経済学部論集』第43巻第1号，91-112頁．

野田遊（2010）「都道府県の一体化に対する住民意向」『長崎県立大学経済学部論集』第44巻第1号，113-152頁．

野田遊（2011）「基礎自治体に対する垂直補完の効果」『年報行政研究』第46号，126-143頁．

野田遊（2012a）「広域自治体における民主主義」真山達志編著『ローカル・ガバメント論―地方行政のルネサンス』ミネルヴァ書房，161-183．

野田遊（2012b）「参加の目的と府県政参加」『地方自治研究』第27巻第1号，1-14頁．

野田遊（2013a）『市民満足度の研究』日本評論社．

野田遊（2013b）「東京都区制度と住民意識」『地方自治研究』第28巻第1号，1-14頁．

野田遊（2014）「米国のシティ・カウンティ統合政府と都構想への示唆」『地域政策学ジャーナル』第4巻第1号，25-42頁．

野田遊（2016）「自治体の連携組織と政策実施―米国の Council of Governments の事例を手がかりに」『政策実施の理論と実像』ミネルヴァ書房，268-289頁．

野田遊（2018）「自治体のシェアードサービスの可能性―米国の事例を手がかりにして」『地方自治研究』第33巻2号，1-15頁．

野田遊（2020a）「大阪都構想の賛否の程度は情報提供で変化するか？」『同志社政策科学研究』第21巻第2号，171-183頁．

野田遊（2020b）「広域連携と市民」『公共政策研究』第20号，39-48頁．

狭間直樹（2012）「公共サービスの質とグレーゾーン」『ローカル・ガバメント論―地方行政のルネサンス』ミネルヴァ書房，117-139頁．

橋本圭多（2017）『公共部門における評価と統制』晃洋書房．

馬場健（2005）「住民と自治体をつなぐ」佐藤竺監修・今川晃・馬場健編著『市民のための地方自治入門―行政主導型から住民参加型へ［改訂版］』実務教育出版，115-129頁．

林昌彦（2010）「監査」橋本行史編著『現代地方自治論』ミネルヴァ書房，179-203頁．

林沼敏弘（2016）「自治体における参加と協働の概念」真山達志編著『政策実施の理論と実像』ミネルヴァ書房，139-159頁．

晴山一穂（1989）「職階制の現状と展望」『行政社会論集』第1巻第3・4号，170-223頁．

ヒジノケン・ビクター・レオナード著，石見豊訳（2015）『日本のローカルデモクラシー』芦書房．

ピーターズ，B.G.著，土屋光芳訳（2007）『新制度論』芦書房（Peters, B.G.（2005）. *Institutional Theory in Political Science : The New Institutionalism*. Second edition. London and New York : Contimuum）．

廣川嘉裕（2016）「NPO―政治的・社会的機能の維持・発揮のための方策」縣公一郎・藤井浩司編著『ダイバーシティ時代の行政学―多様化社会における政策・制度研究』早稲田大学出版部，228-247頁．

藤井功（2016）「生活保護における政策実施」真山達志編著『政策実施の理論と実像』ミネルヴァ書房，176-198頁．

ブレナン＝ブキャナン著，深沢実・菊池威・平澤典男訳（1984）『公共選択の租税理論―課税権の制限』文眞堂（Brennan, G., and Buchanan J.M.（1980）. *The Power to Tax : Analytical Foundations of a Fiscal Constitution*. New York, Melbourne : Cambridge University Press）

本田弘（1995a）『大都市制度論―地方分権と政令指定都市』北樹出版．

本田弘（1995b）『行政広報―その確立と展開』サンワコーポレーション．

松井望（2012）「組織・権限と機構管理」柴田直子・松井望編著『地方自治論入門』ミネルヴァ書房，175-195頁．

松下圭一（1975）『市民自治の憲法理論』岩波書店．

松田憲忠（2008）「市民参加と知識活用―政策分析者に期待される役割とは何か？」『北九州市立大学法政論集』第36巻第1・2号，91-151頁．

真山達志（1986）「行政研究と政策実施分析―行政研究の分析モデルに関する一試論」『法学新法』第92巻第5・6号，97-162頁．

真山達志（1991）「政策実施の理論」宇都宮深志・新川達郎編著『行政と執行の理論』東海大学出版会，211-236頁．

真山達志（1994a）「実施過程の政策変容」西尾勝・村松岐夫編『講座行政学　業務の執行（第5巻）』有斐閣，33-69頁．

真山達志（1994b）「政策実施過程とネットワーク管理」『法学新報』第100巻第5・6号，181-201頁．

真山達志（1999）「公共政策研究の一つの捉え方―主として行政学の立場から」『日本

公共政策学会年報 1999』
(http://www.ppsa.jp/pdf/journal/pdf 1999/1999-01-009.pdf)

真山達志（2001）『政策形成の本質―現代自治体の政策形成能力』成文堂.

真山達志（2002）「地方分権の展開とローカル・ガバナンス」『同志社法学』第 54 巻
　　第 3 号，91-114 頁.

真山達志（2012）「危機管理と自治体」真山達志編著『ローカル・ガバメント論―地
　　方行政のルネサンス』ミネルヴァ書房，87-113 頁.

真山達志（2013）「問題の発見と問題の分析」新川達郎編著『政策学入門―私たちの
　　政策を考える』法律文化社，17-29 頁.

宮川公男（1994）『政策科学の基礎』東洋経済新報社.

村松岐夫（1988）『地方自治』東京大学出版会.

村松岐夫（1999）『行政学教科書―現代行政の政治分析』有斐閣.

森田朗（1981）「インクリメンタリズムの論理構造―Charles. E. Lindblom の政策決定
　　理論に関する一考察」『千葉大学法経研究』第 10 号，139-175 頁.

山﨑克明（2010）「公―民パートナーシップと協働」北九州市立大学都市政策研究所
　　（地域づくり研究会）編『「地域づくり」に関する調査研究報告書』85-102 頁.

山谷清志（1997）『政策評価の理論とその展開―政府のアカウンタビリティ』晃洋書
　　房.

山谷清志（2002）「行政の評価と統制」福田耕治・真渕勝・懸公一郎編著『行政の新
　　展開』法律文化社.

山谷清志（2006）『政策評価の実践とその課題―アカウンタビリティのジレンマ』萌
　　書房.

山谷清志（2012）『政策評価』ミネルヴァ書房.

山谷清秀（2017）『公共部門のガバナンスとオンブズマン―行政とマネジメント』晃
　　洋書房.

横田早紀（2020）「市町村の自治の積極性が都道府県―市町村関係に与える影響の一
　　考案」『地方自治研究』第 35 巻第 1 号，1-13 頁.

リプスキー，M 著，田尾雅夫・北大路信郷訳（1986）『行政サービスのディレンマ―
　　ストリート・レベルの官僚制』木鐸社（Lipsky, M. (1980). *Street-level
　　Bureaucracy : Dilemmas of the Individual in Public Services.* New York, NY :
　　Russell Sage Foundation).

Arnstein, S.R. (1969). "A Ladder of Citizen Participation," *Journal of the American
　　Institute of Planners*, 35(4) : 216-224.

Brix, J., Krogstrup, H.K., and Mortensen, N.M. (2020). "Evaluating the Outcomes
　　of Co-production in Local Government," *Local Government Studies*, 46(2) :
　　169- 185.

Holzer, M., and Fry, J. (2011). *Shared Services and Municipal Consolidation : A*

Critical Analysis. Alexandria, VA : Public Technology Institute.

James, O. (2009). "Evaluating the Expectations Disconfirmation and Expectations Anchoring Approaches to Citizen Satisfaction with Local Public Services," *Journal of Public Administration Research and Theory*, 19(1) : 107-123.

James, O., and Moseley, A. (2014). "Does Performance Information about Public Services Affect Citizens' Perceptions, Satisfaction, and Voice Behaviour? Field Experiments with Absolute and Relative Performance Information," *Public Administration*, 92(2) : 493-511.

James, O., and Olsen, A.L. (2017). "Citizens and Public Performance Measures : Making Sense of Performance Information," O. James, S.R. Jilke, G.G. Vav Ryzin (Eds.) *Experiments in Public Management Research : Challenges and Contributions* (pp. 270-290). Cambridge, United Kingdom : Cambridge University Press.

Kelly, J.M., and Swindell, D. (2002). "A Multiple-Indicator Approach to Municipal Service Evaluation : Correlating Performance Measurement and Citizen Satisfaction across Jurisdictions," *Public Administration Review*, 62(5) : 610-621.

Larsen, M.V., and Olsen, A.L. 2020. "Reducing Bias in Citizens' Perception of Crime Rates : Evidence from a Field Experiment on Burglary Prevalence," *Journal of Politics*, 82 (2) : 747-752.

Leland, S.M., and Thurmaier, K. (2010). *City-County Consolidation : Promises Made, Promises Kept?* Washington, D.C. : Georgetown University Press.

Melkers, J., and Thomas, J.C. (1998). "What Do Administrators Think Citizens Think? Administrator Predictions as an Adjunct to Citizen Surveys," *Public Administration Review*, 58(4) : 327-334.

Miller, T.I., and Miller, M.A. (1991). "Standards of Excellence : U.S. Residents' Evaluations of Local Government Services," *Public Administration Review*, 51(6) : 503-514.

Noda, Y. (2017a). "Trust in the Leadership of Governors and Participatory Governance in Tokyo Metropolitan Government," *Local Government Studies*, 43(5) : 776-797.

Noda, Y. (2017b). "Forms and Effects of Shared Services : An assessment of Local Government Arrangements in Japan," *Asia Pacific Journal of Public Administration*, 39(1) : 39-50.

Noda, Y. (2020). "Performance Information and Learning Effects on Citizen Satisfaction with Public Services," *Public Management Review*. in Latest Articles. doi : 10.1080/14719037.2020.1775281.

Oates, W.E. (1972). *Fiscal Federalism*. New York, NY : Harcourt Brace Jovanovich.

Olsen, A.L. (2017a). "Human Interest or Hard Numbers? Experiments on Citizens' Selection, Exposure, and Recall of Performance Information," *Public Administration Review*, 77(3) : 408-420.

Olsen, A.L. (2017b). "Compared to What? How Social and Historical Reference Points Affect Citizens' Performance Evaluations," *Journal of Public Research and Theory*, 27(4) : 562-580.

Olsen, A.L. (2018). "Precise Performance : Do Citizens Rely on Numerical Precision as a Cue of Confidence?" *Journal of Behavioral Public Administration*, 1(1) : 1-10.

Peterson, P.E. (1981). *City Limits*. Chicago, IL : University of Chicago Press.

Peterson, P.E., and Rom, M.C. (1990). *Welfare Magnets : A New Case for a National Standard*. Washington D.C. : Brookings Institution.

Poister, T.H., and Henry, G.T. (1994). "Citizen Ratings of Public and Private Service Quality : A Comparative Perspective," *Public Administration Review*, 54(2) : 155-160.

Shand, D., and Amberg, M. (1996). "Background Paper," In OECD (eds.), *Responsive Government : Service Quality Initiatives* (pp. 15-38), Paris, France.

Tiebout, C (1956). "A Pure Theory of Local Expenditures," *Journal of Political Economy*, 64(5) : 416-424.

Walters, L.C., Aydelotte, J., and Miller, J. (2000). "Putting More Public in Policy Analysis," *Public Administration Review*, 60(4) : 349-359.

索引

著者紹介

野田 遊（のだ ゆう）

同志社大学政策学部／大学院総合政策科学研究科教授．1973 年大阪府高槻市生まれ．同志社大学大学院総合政策科学研究科修了．博士（政策科学）．三和総合研究所研究員，長崎県立大学准教授，愛知大学教授を経て，2018 年 4 月から現職．2014 年 9 月～2015 年 8 月ジョージタウン大学客員研究員．
専攻：地方自治論，行政学．
Fulbright Scholar Program 受賞（2014 年）
著書に『都道府県改革論―政府規模の実証研究』（晃洋書房，2007 年），『市民満足度の研究』（日本評論社，2013 年）．主要論文に，Performance Information and Learning Effects on Citizen Satisfaction with Public Services, *Public Management Review*, 2020 (published online Jul 07), doi：10.1080/14719037.2020.1775281；Trust in the Leadership of Governors and Participatory Governance in Tokyo Metropolitan Government, *Local Government Studies* 43(5), 2017；Forms and Effects of Shared Services：An assessment of Local Government Arrangements in Japan, *Asia Pacific Journal of Public Administration* 39(1), 2017.

自治のどこに問題があるのか

実学の地方自治論　　　　　　　　　　［シリーズ政治の現在］

2021 年 2 月 25 日　第 1 刷発行

定価（本体 3000 円＋税）

著　　者　　野　田　　遊

発 行 者　　柿　﨑　　均

発 行 所　　株式会社　日 本 経 済 評 論 社

〒 101-0062 東京都千代田区神田駿河台 1-7-7
電話 03-5577-7286　FAX 03-5577-2803
E-mail: info8188@nikkeihyo.co.jp
振替 00130-3-157198

装丁・渡辺美知子　　　　　　　　　中央印刷／根本製本

落丁本・乱丁本はお取替えいたします　　Printed in Japan

© NODA Yu 2021

ISBN 978-4-8188-2580-2　C 1331

グローバル・ヒストリーと国際法

C.H. アレクサンドロヴィッチ著／D. アーミテイジ・J. ピッツ編
大中, 佐藤, 池田, 幡新, 苅谷, 千知岩, 周 訳 本体 6500 円

政党システム

岩崎正洋著 本体 2600 円

新版 現代政治理論

W. キムリッカ著
［第 7 刷］訳者代表 千葉眞・岡﨑晴輝 本体 4500 円

［シリーズ政治の現在］

自治のどこに問題があるのか：実学の地方自治論

野田遊 本体 3000 円

〈以下続刊〉

公共の利益とは何か：公と私をつなぐ政治学

松元雅和

変化する世界をどうとらえるか：人々の国際関係論

杉浦功一

自由を考える：西洋政治思想史

杉本竜也

戦争と民主主義の国際政治学

宮脇昇

日本経済評論社